Contemporary Political Process

新編
現代政治過程

三和書籍

はしがき

　世界の政治が大きく変わりつつあると実感されるようになってきた。しかも変化は希望ではなく不安を伴っての変化である。このような時こそ実態を正しく認識し適切に対処することが求められる。本書を刊行するに際しての思いが　偏にこの点にあることを強調しておきたい。内容は、混迷する日本政治の実態を理論的に考えるために、政治過程に注目して理解することを目指し、以下の3部構成とした。

　「第Ⅰ部　権力・理念・制度」では、政治学の基本概念である権力について学び、現代大衆社会の前提をなす近代政治の原理と理念についての理解を深め、現代政治を考える際の前提となる知識を学ぶことに配慮した。加えて、現代政治がどのような仕組み（ルール）の基で行われているのかを理解するために、行政の長と国民、行政権と立法権の関係を規定する執政制度について説明している。さらに、政治を担う国民の代表である政治家を選出するためのルールである選挙制度について扱い、一票の較差やマイノリティの問題など、選挙をめぐる諸問題についても言及している。

　「第Ⅱ部　日本の政治過程」では、我々の住んでいる日本の政治が、いかなる人々（アクター）によって、行われているのかを理解するために重要な問題を各章で取り上げた。まず、政治過程とは何かについて説明し、日本の政治過程全体についての概要を扱った。さらに、有権者、政党、圧力団体や市民団体、政治家、官僚、マスメディアといった政治行為の主体が、さまざまな政治制度を背景にしながら、どのように世論形成や立法、予算編成といったプロセスに関与し、どのような流れで政策が形成・実施されていくのか、具体的に述べている。

　「第Ⅲ部　混迷する世界と日本」では、近年成長著しい中国の政治について取り上げた。日本の隣国であり、政治的、経済的にも重要な国でありながら、その実態はあまり知られていない中国政治について、グローバリゼーションとの関わりにも言及しつつ説明をしている。最後に日本政治の諸問題について触れたが、ここでは第Ⅱ部までの、各章の内容をふまえつつ、一人ひとりが有権者の立場から、わが国の政治にどのように対処すべきかに関心を注いでいただきたい。

　本書は、大学の半期講義にも対応できるよう全14章（14回分）とし、激動・変革期を迎えた「日本政治」を中心として扱いつつも、政治を考える上での基礎的な概念、理論にも逐次言及している。本書が日本の政治の現状と将来について考える読者の一助となれば幸いである。

編者を代表して　秋山和宏

新編 現代政治過程　目次

第Ⅰ部　権力・理念・制度

1章　政治権力 …………………………………………………… 3
1. 政治権力とは何か ………………………………………… 3
2. 政治権力の様態 …………………………………………… 5
3. 政治権力の機構 …………………………………………… 9
4. 政治権力と権威・威信・政治的神話の関係 …………… 12
5. 政治権力の特色 …………………………………………… 15

2章　近代政治原理と国民国家 ………………………………… 17
1. 国民国家 (nation state) の形成 ………………………… 17
2. 国民国家の政治原理 ……………………………………… 22
3. 国民国家の変容 …………………………………………… 29

3章　政治の制度・仕組み ……………………………………… 35
1. 大統領制 …………………………………………………… 36
2. 半大統領制 ………………………………………………… 39
3. 議院内閣制 ………………………………………………… 40
4. 民主集中制 ………………………………………………… 43

4章　選挙制度 …………………………………………………… 49
1. 民主主義における選挙 …………………………………… 49
2. 選挙制度の類型 …………………………………………… 52
3. 日本の選挙制度 …………………………………………… 56
4. 選挙制度をめぐる諸問題 ………………………………… 57

5章　官僚制 ………………………………………………… 65
1. 官僚制とは何か ……………………………………… 65
2. 官僚制の変遷 ………………………………………… 66
3. ウェーバーの官僚制の特質 ………………………… 68
4. 官僚制の逆機能とその統制 ………………………… 70
5. 日本の官僚（制） …………………………………… 72
6. 官僚と行政指導 ……………………………………… 77
7. 行政改革 ……………………………………………… 78

第Ⅱ部　日本の政治過程　A. アクター／B. プロセス

6章　政治過程の概説 ……………………………………… 83
1. 政治過程とは何か …………………………………… 83
2. 政治システムと政治過程 …………………………… 85
3. 日本の政治過程 ……………………………………… 89
4. 政治システムを規定する諸制度 …………………… 91

7章　有権者 ………………………………………………… 97
1. 有権者資格の変遷と有権者人口の推移 …………… 97
2. 選挙権年齢と政治への関心 ………………………… 98
3. 新有権者と投票行動 ………………………………… 101
4. 有権者とメディア …………………………………… 104
5. 有権者と政治意識 …………………………………… 106

8章　政党 …………………………………………………… 113
1. 現代政治における政党の意義 ……………………… 113
2. 政党の定義 …………………………………………… 114
3. 政党の活動・機能 …………………………………… 115

4．野党の機能 …………………………………… 118
　　5．政党制 ………………………………………… 120
　　6．「一強多弱」「安倍一強」体制の要因 ………… 123
　　7．日本における政党の離合集散 ………………… 125
　　8．立憲君主党の誕生 ……………………………… 127

9章　圧力団体・市民団体 ……………………… 131
　　1．圧力団体の概念 ………………………………… 131
　　2．圧力団体の機能 ………………………………… 133
　　3．わが国の圧力団体 ……………………………… 134
　　4．政党・官僚・圧力団体＝鉄の三角同盟 ……… 137
　　5．ＮＰＯ、ＮＧＯ、市民運動 …………………… 141

10章　政治家と官僚 ……………………………… 149
　　1．政治家の役割 …………………………………… 149
　　2．誰が政治家になるのか ………………………… 152
　　3．わが国の政治家の特徴 ………………………… 155
　　4．政治家に求められる資質 ……………………… 158
　　5．政治主導と官僚主導 …………………………… 161

11章　マスメディア ……………………………… 165
　　1．現代政治とマスメディア ……………………… 165
　　2．テレビと政治：テレポリティクスのはじまり … 170
　　3．マスメディアと政治権力 ……………………… 174
　　4．記者クラブ ……………………………………… 177

12章　立法と予算編成の過程 …………………… 181
　　1．日本の立法過程 ………………………………… 181

2．内閣提出法案の作成過程 ……………………… 183
　3．国会の制度と過程 ……………………………… 187
　4．予算過程 ………………………………………… 193

第Ⅲ部　混迷する世界と日本

13章　グローバリゼーションのなかの中国 ……… 201
　1．はじめに ………………………………………… 201
　2．グローバリゼーションのなかの中国政治…… 204
　3．習近平の政治とイデオロギーの統制 ………… 206
　4．反腐敗と権力闘争 ……………………………… 209
　5．不変の「党国」体制 …………………………… 210
　6．中国憲法の特色と権威の確立手段 …………… 212
　7．終わりに ………………………………………… 213

14章　日本政治の諸問題 ……………………………… 215
　1．理念・構想なき政治 …………………………… 216
　2．劣化する政治家 ………………………………… 219
　3．政治文化の観点からの問題点 ………………… 221
　4．政治制度の観点からの問題点 ………………… 223
　5．政治過程の観点からの問題点 ………………… 225

　　索引 ………………………………………………… 229

第Ⅰ部
権力・理念・制度

1章　政治権力

本章のねらい
・政治権力の内容とその機能について知る
・政治権力の機構について知る
・政治権力と権威・威信・政治的神話の関係を知る
・政治権力の特色について知る

1．政治権力とは何か

　この概念の定義は困難を極める。なぜなら、古今東西多くの政治学者によってさまざまな定義がなされてきたからである。しかし、一般的にいえば権力とは、他人を自己の意思に従わせる能力であり行為である。そして、政治とは、社会に存在する物質、地位、利害などの社会的価値を調整し、社会や集団の秩序を維持することである。したがって、政治権力とは社会の諸集団の社会的価値争奪において政策決定過程で影響力を行使し、支配・服従関係を形成し、維持する能力ということになる。この政治権力に対して、社会的権力というものも存在する。企業であれ、大学であれ、その他の社会的諸集団の中にも権力は存在しそれぞれの範囲でその機能を発揮している。しかし、これらは政治権力に及ぶものではない。なぜなら、政治権力の典型が国家権力であり、社会の中においては国家を存続せしめる最強の権力だからである。R.M.マッキーバーは、多元的政治論者の立場からこの2つの権力の違いについて論じるとともに、政治権力がいかに社会的権力を効果的に調整することができるかに依拠していることを述べている。
　政治権力とは具体的どのような力なのであろうか、以下のように3つ考

えられている。

1) 強制力

　一方が他方をその意志に逆らっても支配をするときにとる手段で、相手に対し有無をいわせず服従を強いる行為である。この強制の力にもさまざまな種類があり、まずは物理的強制で、これは警察や軍隊などにより、反抗者を物理的力で鎮圧や制圧をすることで、最終的手段としてとられることが多い。しかし、権力者にとっては一時的に効果を発揮するが、必ずしも有効な手段とは限らない。服従者の内面を支配できなければ早晩反発や反抗がおこり、以前にも増した混乱が生じる恐れがあるからである。次に心理的強制という相手を内面から逆らえないようにしてしまう方法ある。相手に対し恐怖心や不安感を心理的に醸成して、抵抗心を奪ってしまうやり方で、反抗者のみでなくその周辺にいる者にも効果がある。威嚇や見せしめなどにより恐怖心を植え付け、反抗心を削いでしまう方法である。さらに価値剥奪的強制のやり方である。社会的価値といわれている名誉や地位や職業を剥奪することにより、反抗者やその周辺者を支配してしまう方法で、直接的に実行する場合と間接的に実行する場合の両方ある。

2) 説得力

　これは、強制とはまったく逆の方法で、権力者が服従者を内面から納得させたうえで支配を遂行するということから、うまく成功すれば有効な手段となる。そこでは、直接的対話、公の場での議論、マスメディアを通じての喧伝などにより、服従者を納得させることになる。しかしこれは、納得させる側の人物的条件、納得させられる側の社会的条件、さらにその内容のいかんに大きく影響される。民主的な側面を持ち正当な方法ではあるが、時間的、人数的、内容の限界もある。しかし、強制の力に比べるとはるかに賢明な方法であることは間違いなく、「権力の経済」（服従調達のためのコスト）の観点から見ても効率的で優れた手段ということができる。

3) 操作力

権力者はまた情報や世論を操作する力を持っている。説得が、合理的・理性的側面からの機能とすれば、操作は非合理的・感情的側面からの機能ということになる。どちらかといえば、人間の精神がもつ非合理的なものや感情的なものの方が操作されやすいとされている。マスメディアの発達は、その機能的側面において、時間的にも質量的にも権力者の操作機能の効率化に貢献した。権力者は、マスメディアなど巧みに利用して大衆操作を行うことができる。マスメディアを使って、直接的に感情や情緒に訴えるアピールは、即効的でインパクトもある。またそれを使った間接的なシンボル操作は、持続的で浸透力がある。前者は国民が新たな変化を求めていると察知すれば、それなりの変化と結果の可能性を強調し服従者の心をつかむのである。対外的には、伝統的感情や民族的感情に訴え、国内の結束を図る方向に誘導していくやり方もある。後者は国旗や国歌、個人写真やポスターなどのシンボルを服従者の心に刷り込むことで持続的に心理的に服従を強いていくものである。独裁的な国であればあるほどこの操作力と強制力の両輪は貫徹され、強力な政治権力の実態が出現することになる。

2．政治権力の様態

　政治権力はそのダイナミズムにおいてさまざまな様態を呈している。これはまた1つの政治権力の発動がいくつにも見てとれるということであり、どの見方が正しいということではない。以下いくつかの視点をあげてみよう。

1）　実体モデルと関係モデル

　これはC.J.フリードリッヒにより提起された政治権力の本質に関する見解で、2つのモデルとして古くからある。前者は、権力者たる者が、現実に何らかの力を有しており、その力を実際に行使して、意識的に服従を強いるというものである。この力を実体としての権力と見て、その源泉に「権力の資源」（強制力・説得力・操作力など）をもっているものとしている。実際には、この資源を基に権力発動が行われ、そのことにより他者の

諸価値を剥奪したり付与したりということが起こる。また、「権力を手に入れる」とか「権力の座に就く」という言い方も権力を1つの実体としてとらえている表現である。ここからわかるように、この見解は、権力者の持つ権力を重視し、服従者の同意や合意というモメントを捨象してしまうところに特色がある。つまり、権力の本質を強制という要素に求めるのである。このような見解は、T. ホッブスに代表される。後者は、これに対して対極にある見解である。むしろ実体モデルの説明の不十分なところを埋め合わせる見解でもある。つまり、権力者が権力により服従者を支配することは一時的には可能であるが、これでは決して長続きはせず、支配の安定を図れない。長期的な支配の安定を図るためには、服従者の積極的であれ消極的であれ何らかの服従の合意がなければならず、少なくとも服従への意識や関心がないところには実現不可能である。政治権力を支配者の手中にある実体とは考えず、集団間の相互関係ないし相互作用とする見解である。この見解は、J. ロックに代表される考えである。

しかし、政治権力の実態を見ると、両モデルが包含されているようにおもわれる。独裁的国家を見れば、支配者と被治者の関係においては、明らかに、権力の実体モデルからの方が説明しやすい。しかし、物理的強制的手段が不変でいかに強力であっても、その状態が長続きをするわけでもない。民主的国家を見ると、支配者はたえず権力行使の方法を新たに探らなければならないし、そこには服従者の何らかの合意を得なければならないところがある。このような視点からは、関係モデルのほうが説明しやすい。C.J. フリードリッヒも権力の実態は両側面を原理的に持ち合わせるものであり、あるときには強制が前面に出現し、ある時には合意が前面に出現するという相互補足関係にあるともいっている。したがって二者択一的にとらえると、その実態の把握が困難になるといえるのである。

2） ゼロ・サム・ゲームモデルとプラス・サム・ゲームモデル

社会学者 T. パーソンズは、自らの「社会の相互交換体系」（AGIL 範式）モデルにより政治権力を理解しようとした。つまり、政治権力を社会の様々な下位体系との構造機能的関連の中でそのダイナミズムを解明しよ

うとしたのである。C.W. ミルズは、この機能主義的視点から、権力の関係モデルをさらに進化させ、権力の比較や測定を前提にその実態に社会学的観点から迫ろうとした。それは、権力をゼロ・サム・ゲーム現象としてとらえるもので、一方の権力の行使が、他方の権利や価値の剥奪に関係するという考え方である。彼はアメリカ社会の調査の中で、権力の集中化に注目して、その権力の所有者の構成と変化を分析した。権力者としての地位にある者こそ名誉や富に接近する可能性が高く、さらなる名誉を実現し、富を保持し続ける手段として、権力の行使を行うのである。かつてのアメリカ社会の多元的権力構造は、今日多分に変化して、一部の軍事や経済や政治のトップエリートに権力が集中してしまっている。これこそが、「パワーエリート」と呼ばれるもので、これに対抗するエリートは存在しないということになる。パワーエリートによる支配が貫徹すれば、その対極にある大衆は大衆操作の対象となり富や価値の剥奪を徹底的に行使されてしまうのである。ミルズはこの構造をアメリカ社会の中に見て、階級なき社会の夢は果て、まさに二極化した社会の現実を告発したのである。
さて後者のプラス・サム・モデルにあっては、前者とはまったく異なるモデルとなる。つまり権力は二極化した社会の一方にのみ存在するのでなく、関係者全員に価値を実現する手段として賦与されており、そこでの主体間相互の協力や調和と一体感と不可分な関係にあるものだとするのである。この立場にくみする思想家として、H. アレントを挙げることができる。彼女によれば、権力は単なる個人の所有物ではなく、集団に属するものである。したがって、他者の富や価値を剥奪するものではなく、他人と協力して行為する能力ということにもなる。集団に存在する権力は、集団が存続する限り存在し、それが消滅しないかぎり存続することになる。権力は、意見の合意と一致に基礎をもち、集団の能力であり、正当性にも関連するものである。さらにこの観点に立てば、権力こそが、人々の自由と責任を実現するモメントであり、この力によってのみ公的空間が生き生きと出現することになる。権力と暴力の相違を明確にし、後者は、支配者による服従者の抑圧や強制にかかわるもので、権力とは無縁なものであり、むしろ権力は人間の自由や個性にかかわってくるものとするのである。こ

こに権力のプラス・サム・ゲームモデルを見ることができる。

3） 階級的権力モデルと構造的権力モデル

　これは、佐々木毅がL. ミリバントとN. プーランツァスとの資本主義国家論争から提起しているところであるが、国家機能をどのように見るかに関わる問題である。前者は、国家の機能を国家エリートと呼ばれる上層階級の出身者による支配の道具としてとらえ、その実行手段となるのが政治権力だとするのである。ここでは国家の機能は上層階級の利益を実現する機関として、政治権力はそれらの人々の利益を実現する実行手段なのである。マルクス主義的国家観の典型に近い考えである。これに対し、論争を挑んだプーランツァスの考えは、国家機能を単なる支配階級やエリートの支配の道具ととらえるのでなく、政治、経済、そしてイデオロギーの3つの装置が構造的に作用しているものととらえるのである。したがって、政治権力は、かならずしも支配階級にのみ所有されるものではなく、多様な人々に、多様な形で行使される可能性があることになる。ここに構造的権力モデルがある。これをさらに哲学的分野まで深めると、M. フーコーの権力論に至る。彼の理論においては階級対立や社会対立と関係した権力概念は消滅して、新たな権力概念の創出を見ることができる。社会の中に構造的に存在する権力を剔出することにより権力概念の逆転を図ったのである。つまり、人間や個人が権力の主体となるのではなく、権力そのものが主体となり、人間や個人は権力の僕となり、その関係からは決して逃れられる存在ではなくなるのである。この考え方からすれば、権力の自己運動や、自己展開の中に人間は飲み込まれているのであり、その呪縛からは決して解放されることはないのである。人間の主体的権力行使が他者の利害や自由の侵害に関係するという従来の定式の放棄は、また人間には自由の存在というものはなく、自由について語る必要もなくなるという議論になる。フーコーは監獄（パノプティコン）の例から見事にこのことを説明している。監獄では看守は実際監視する必要はなく、監視する装置があれば、いやそれがあると囚人に思い込ませておけば、それで十分なのである。やがて囚人は監視される自分を自ら監視するようになる。現代社会を

見れば、この考えは納得いくものになる。先進諸国の中で特に繁華街での「監視カメラ」設置の普及は監獄の社会化でもある。私たちは、普段特に権力の行使や、また支配者の権力の行使を実感していない。しかし、確実に権力の影響下にさらされていることがわかる。普通に生活しようとすることは、社会体制や政治体制の要請であり、また眼に見えない権力の要請でもある。日常生活において、目立つことはもちろん目立たないことを心がけるのも眼に見えない権力の要請である。この観点立てば人間からは完全に自由という観念は消失してしまっていることになる。フーコーの権力論は政治権力からは、逸脱しているようにもおもえるが、むしろ、政治権力があえて不透明性を装って出現している今日、その本質を暴くためにも重要な視点のように思える。

3．政治権力の機構

　政治権力が支配・服従を形成維持するためには、組織化が行われなければならず、この組織化を持って効率よく政治権力が実行されるのである。その組織は当然、人的配置を持って構成されるものであり、最高権力者をトップに階層的に形成されている。ここで、政治機構と政治権力の機構の違いを明確にしておこう。一般的に政治機構といえば立法機関、行政機関、司法機関を含めて国全体の機関と機能を示しているが、政治権力の機構といえば、行政機関をさすことになる。そして、政治権力の機構は権能と機能の視点から大きく2つに分け考察することができる。

1）権力核

　権力核は政治権力の中枢に位置して、ごくわずかな人間によって構成されている。絶対主義国家の下では、絶対君主がそれであり、現代国家では大統領や首相及びその他の閣僚や補佐官などがこれにあたる。ごく少数の者が政治権力を手中に入れ、圧倒的多くの服従者を掌握するということは、どんな時代にあっても共通の原則である。専制国家は当然のこととして、その対極の民主国家であろうと、少数の者が政治権力を手中にして、

それを独占的に実行していることに変わりはない。それは政治権力掌握の手続きが違うだけである。民主主義国家は一般的には主権在民で国民の民意により政治が行われ、国民主体の政治のように理解されるが、被選出者がひとたび権力を手中にすれば、国民はあらゆるところで、すべからく拘束されることになる。主権在民のパラドクスである。この権力核による政治権力の発動は現代国家においては、非合理的・感情的要素は排除され、あくまでも法律という拘束と手続きを経てから実行されることになる。しかし、これらの要素がまったく排除しきれているかというと、必ずしもそうではない。なぜなら、この権力核を構成する人物やメンバーはあくまでも人間である。そのことにより、権力発動のための法律や手続きを無視してしまうこともある。民主主義国家の宿命でもあり限界でもある。

　権力核の構成員はなぜ少数であらねばならないか。つまり、少数者の支配の法則がなぜ成り立つのかの問題である。それは、政治の本質、つまり政治とは、社会に存在する物質、地位、利害などの社会的価値を調整し、社会や集団の秩序を維持することであるということに立ち返ることになる。そして、政治権力の本質、つまり政治権力とは社会の諸集団の社会的価値争奪において政策決定過程で影響力を行使し、支配・服従関係を形成し、維持する能力という原点に戻ることになる。治者と被治者、支配者と服従者、これらの対極の関係は、一方の少数者と他方の多数者という関係であり、この関係と政治および政治権力は運命をともにしているのである。

2) 権力装置

　権力核を助け、奉仕する機関が権力装置といわれるものである。この機関は専門的知識と技術ともった集団から構成され、政治権力の実行・実力部隊となる。この典型が官僚機構と軍・警察機構である。官僚機構は、政治的決定の事項を執行する機関である。これは行政事務の質的・量的拡大に伴い発生した制度であるが、いったん成立すると、強固な組織となり自立することになる。つまり、権力核の交代が生じても、官僚機構は持続性を獲得して現れてくることになるのである。日本の戦後政治は保守党政権の長期化と相まってますますこの傾向を顕在化してきたし、フランスなど

でも、内閣が次から次へと交代するにもかかわらず、政治が比較的安定しているのは、この官僚機構の自立化にあるともいわれている。この機構には強固なヒイラルヒーが見られ、中央官庁から地方行政機関へと、上意下達として政治権力が完遂する。今日では、法律案の作成も官僚が主導権を握っており、許認可権や行政の裁量権が拡大し、また法令に根拠の薄い行政指導なども盛んに行われ、官僚の権限がますます強まっている。この官僚の権限の拡大と強化は、「天下り」というような負の政治文化を作り上げ、今日大きな問題となっている。もともと官僚といわれる人材は、高度な専門知識をもって職務の遂行にあたり、正確性、客観性、能率性、持続性、合理性などが要求される洗練された政治的職業である。しかしこのように洗練された政治的職業も逆機能としての落とし穴があり、形式主義、文書主義、前例主義、事なかれ主義などとしてその負の部分が指摘されている。官僚政治の顕在化に伴う議会政治の凋落と、汚職や天下りに象徴される官僚の堕落は、権力装置としての官僚機構を危ういものにしているともいえるのである。

　さてもう1つの権力装置である軍・警察機構は、どのような働きをしているのであろうか。これこそは、権力核と一体となった物理的強制力を持った権力装置である。もちろんクーデターのような権力核と対立するケースもままあるが、一般的には権力核の意向に忠実に従う実力部隊である。主に軍隊は、対外的な危機に対応するように編成・出動され、警察は、国内的秩序と安全の維持のために出動されるものである。しかし、ケースによってはこの区別をしない場合もあるし、また、両者に対立が起こるというようなケースもまれにある。軍隊は戦術的分け方をすれば、空軍、海軍、陸軍、というようなことになるが、危機対応的分け方をすれば、正規軍、予備軍というような分け方もある。前者は、プロの集団であり平時より訓練をして、いつでも出動が可能な軍隊である。後者は平和時においては、他の職業につきながら、危機の到来には軍を編成し軍隊として出動する部隊である。

　物理的強制力を持ち、国内の治安と国民生活の安全と安心を守ることに専念しているのが警察である。その中で国民を犯罪や危険から守るという

司法警察の側面は、権力核との関連性が薄いように見えるが、このことによって国民が権力核への信頼を強化するとなれば、大いに権力核に奉仕することになる。警察にはもう1つの側面があり、それが政治警察である。この機能は権力核に対立する勢力を監視し、やがては消滅を目的とするものであるから、おのずと秘密性と陰湿性を備えた機能となる。直接権力核と連携して、権力核の僕となることは必然である。このことから、犯罪に近いような捜査が行われ、強権的手段がとられることもある。

　近代国家は、この軍・警察機構を重要視してその存続を図ろうとしてきた。ことに、社会主義国家や全体主義国家はこのことが顕著であり、そのことによる負の遺産も数多く露見している。国民がコミットする権力装置がなければ、独裁国家のような国民の悲劇が、自由主義国家であろうともいつでも起こり得るのである。

4．政治権力と権威・威信・政治的神話の関係

　政治権力は、「権力の経済」からは逃れることはできない。したがって、強制力・説得力・操作力を駆使しながらも経済の原理が働くことになる。強制力には即効的効果はあっても持続的効果はない。むしろそれを図るなら説得力の方がよい。説得力はまた操作力により補完されるのである。しかし政治権力者は、これらの力をもってのみ支配・服従の関係が完遂するものとは思っていない。また、服従者もこれだけによって支配・服従の関係を維持していると思ってもいない。ここに力の関係から意識の関係が生まれるのである。権威・威信・政治的神話などは、支配者と服従者の意識の関係である。C.E. メリアムはミランダとクレデンダという概念でこれらの意識の関係を分類している。前者は情緒的、情動的、呪術的なものに訴えて支配者と服従者の意識の関係を形成・維持しようとするもので、旗や記念碑や音楽などの政治的シンボルを使って行うことが特色である。後者は理性的、知的、合理的なものに訴え、その関係を形成・維持しょうとするもので、政治理論やイデオロギーなどを浸透させることで、それが図られることになる。政治権力者はこれらの才能を持ち合わせなければなら

ない。H.D. ラスウェルは政治的人間（ホモ・ポリテクス）の概念を提起し、政治的活動に資する政治的人間の形成過程に注目した。政治的人格の客観的分析を通して民主的指導者の重要性を指摘している。

1）権威

権威は、服従者が内面において正しいと判断した時に生じるものであるから、その導出源はまず服従者側にあることになる。したがって、支配者側としては、服従者側によって形成された権威は願ったり叶ったりの産物であり、それを獲得することにより、支配をより完璧なものに仕上げることができる。こうした権力関係の正当性の信念が、支配者と服従者の間に生じた場合、権力は権威となるのである。M. ウェーバーが「支配の正当性」と呼んだものは、この権威に支えられた権力関係なのである。彼はそれを、時代や社会の違いから3つに分類した。まず、カリスマ的支配とは、支配者個人による超人間的、超自然的資質により発せられた啓示などにより権威が生じ、服従者が帰依することである。社会が危機的状況においてよく現れ、宗教的教祖や、軍事的・政治的英雄などの支配がこれにあたる。次に伝統的支配とは、伝統や習慣の神聖視により権威を所持した支配者がその地位に就き、服従者を内面的に支配してしまうことである。支配者自身が、これらの伝統に拘束されていることから、社会は比較的安定しているが、その改革や変革は困難なものになる。そして合法的支配とは、法規化された秩序の合法性や、支配者の命令権の合法性により形成された支配・服従の関係で、法律の規定に基づいて支配を貫徹するというもっとも近代的な支配方法といえる。ここでの権威また支配の正当性は、支配者にあるのではなく、非人格的な客観的な法律やその制度に付随し、前二者にない形式的な合理性が見られる。

2）威信

威信は、権力関係の正当性から生じる権威とは一線を画すものである。権威と同じように服従者の側から形成されるものであるが、これは支配者個人の人格に付随した価値で、貴賎、優劣、汚潔、強弱、などの尺度で測

られる点に特色がある。したがって、権威の正当性が確立していない支配・服従関係においても、この威信だけによる支配者の支配は可能であり、服従者の認識に多分に左右されるところがある。したがってこの威信だけによる支配・服従の関係は不安定なものであり、支配・服従関係の中心的要素にはなりえないが、権威を増幅させるものとして、また権力による強制的支配を補完するものとしてその意義を失ってはいない。またこの威信は支配者に関するイメージであることから、必ずしも歴史的遺物とはいえず、時代や文化圏を超えて、また文明度の違いがあっても、存続しているといえる。

3） 政治的神話

　これも服従者の内面的意識に関するもので、威信の場合の個人的な意識とくらべ、服従者が集団で共有する意識である。権威や威信に物語がつけば政治的神話となりうることもある。また前二者と違い、支配者による情報操作により作り出され、それを服従者が強化するというような相乗関係にあることも特色である。この神話を作り上げることは、それにコミットメントしている人々にまず、心理的満足感を提供することになり、やがて、彼らの連帯感や一体感を作り出すことになる。その契機となる物語は、古代神話であっても民族的神話であっても何でもよい。大事なのは簡明であり、それらの集団にコミットしようとする人々の優越感をそそるものであれば良い。古くは「アーリアン民族の優秀性」、現代では「アメリカ・ファースト」などその国や文化によってさまざまなものが作りあげられる。これらの政治的神話は、その集団の価値体系やシンボル体系まで形成し、行動規範にまで反映されることになる。ここにまで至れば社会統合が形成されたということであり、支配者の政治機能が貫徹されたことになる。そして、一つの政治的神話の限界が来れば新たに新しい神話を情報操作により提供し、集団に再生産すればよいのである。政治的神話は集団的意識の上で政治権力を補強し、社会の安定化の機能を果たす。そして、権威や威信とは異なった角度から、効率のよい権力行使という「権力の経済」に基づき、支配者による服従の効率的調達に貢献していることになる。

5．政治権力の特色

政治権力について、さまざまな角度から論じてきたが、最後にその特色について整理してみよう。

1）政治権力の強大性

政治権力は、社会に存在するさまざまな権力と比べて、その量・質において圧倒的に強大であるということである。このことは、政治権力が、国家権力と同一視されることからわかるように国家の統一や国民の支配に関連しているからである。また、国際的な国家関係でみれば外交的力とも関係していることになる。近代国家はこの政治権力によって存立しているものであり、その権力の様態により、国家の特色があらわれる。一般的にはこの政治権力が強大であればあるほど独裁的国家になり、その逆は民主的国家になる。

2）政治権力の経済性

政治権力は、経済性を考慮しなければならないということであり、これを考慮することにより、権力の様相が変わってくる。物理的強制力のみを重視した政治権力は、即効的な効果を生みやすいが、犠牲とするものも多く必ずしも経済効率がよいわけではない。むしろ、説得力や操作力を重視すれば、時間はかかっても持続的効果が期待できる。政治権力は、状況に応じその発現の様態を絶えず考慮していることになる。しかし、歴史的にみれば、支配者が政治権力の行使にあたり、経済的考慮をまったく欠いた例も少なくない。強権的政治権力はまた強固な反動勢力を生みだし、社会の不安定化を生み出すのである。

3）政治権力の補完性

政治権力は、ただ強制力や、説得力や操作力というような力による支配のみを頼りにしているわけではない。このような力に加えて、服従者の意識の問題により補完されている。政治的権威や威厳や政治的神話などは、

服従者の意識において生成されるものであり、これらの補完により、支配はより効率的に完璧さを増すことになる。したがって、支配者は、政治権力の上から下への力学と、下から上への力学を両方使いわけることにより、より効率的完璧な支配を貫徹することができるのである。

4）政治権力の再生産性

　政治権力はその補完物とあわせて、絶えず再生産されているということである。支配者といわれる権力核は当然永続的存在とは限らない。したがってその交代により新しい政治権力の再生産が行われ、それが行使されることになる。また、状況による社会的変化は、政治権力の再生産を加速することになる。支配者としては、支配の遮断が一番の恐怖であるから、その状況を十分に察知しながら、新しい政治権力の行使と補完物の活用を図るのである。しかし、そこに発現した変化の内容は、政治権力やその補完物としての政治的権威・威厳・政治的神話の本質や機能までを変化させるものではなく、あくまでも内容を変化させたところの再生産を行っているのである。

（裙沢栄一）

参考文献

① R. M. マッキーバー／秋永肇訳『政府論』勁草書房、1954年
② C. J. フリードリッヒ／安世舟・村田克巳・田中誠一・福島治訳『政治学入門』 学陽書房、1977年
③ C. W. ミルズ／鵜飼信成・綿貫譲治訳『パワーエリート　上・下』東京大学出版会、1969年
④ H. アレント／高野フミ訳『暴力について』 みすず書房、1973年
⑤ L. ミリバント／田口富久治訳『現代資本主義国家論』未来社、1970年
⑥ N. プーランツァス／田口富久治・山岸紘一訳『資本主義国家の構造—政治権力と社会階級—』未来社、1978年
⑦ M. フーコー／田村俶訳『監獄の誕生』新潮社、1977年
⑧ C. E. メリアム／斎藤真・有賀弘訳『政治権力—その構造と技術　上・下』東京大学出版会、1973年
⑨ H. D. ラスウェル／永井陽之助訳『権力と人間』創元新社、1966年
⑩ M. ウェーバー／世良晃志郎訳『支配の諸類型』創文社、1970年

2章　近代政治原理と国民国家

> **本章のねらい**
> ・国民国家とは何か、その本質にさかのぼって考える
> ・西欧近代の政治理念・政治原理は、全体として何を目指していたのかを考えてみる
> ・市民社会と大衆社会を対比的にとらえてみる
> ・民主主義および民主政治の意味について考える

1．国民国家（nation state）の形成

　現在、私たちが暮らしている国民国家(nation state)も、またそこで使われている政治・法・経済の制度や考え方——例えば人権、民主主義、自由主義、資本主義、三権分立、立憲主義なども、近代ヨーロッパにおいて生み出されており、これらは皆、密接に絡み合って、ひとつの統一的全体を形成している。西ヨーロッパの一地域に、また近代という比較的新しい時代に生み出されたこうした制度や思想、政治体制が、世界に伝播しひとつの普遍的な歴史段階を形成している。だが、近代に入ってすぐに国民国家が成立したわけではない。近代は政治的には国王による絶対王政の時代として始まる。その絶対王政が、市民階級によって打ち倒されていく過程で、私たちが現在使っている政治・法・経済の制度や思想が形を整えられていった。
　中世のヨーロッパ社会について大雑把なイメージを語っておくと、ヨーロッパ全体の共通性を保障する枠組みとしてキリスト教（ローマ・カトリック教会）とラテン語があり、一方、人びとの生活基盤としては、各地

の領主諸侯に支配された、農業中心の自給自足的な（閉鎖的な）封建共同体が存在していた。人びとは移動の自由を制限され、地域ごとに特殊性・封鎖性をもっており、また封建共同体内部においては、強固な身分制秩序が維持されていた。いわば、水平方向にも垂直方向にも人びとは分断され、いわゆる後のネイション nation といった一体化した文化的共同体は未成立であり、A.D.スミス（A.D.Smith）のいう、いわゆるエトニ（ethnie。小民族集団。部族的段階の後を受けて、いくつかの部族を統合した形で成立したもの）の段階にとどまっていた。では、どのようにして、ここから近代社会に移行することになったのか。

　まず、農業を産業の中心としていた自給自足的な封建共同体が、生産力を向上させ余剰生産物を産みだすようになり、また資本主義的な商品経済が飛躍的に発展したことが挙げられる。社会的な交通も発達し、共同体間の交渉も盛んになる。当然のことながら、これは自給自足的な共同体を破壊することになる。あるいは、共同体はここに至って、他の共同体を併合する欲求を持つことになるといってもいい。資本主義的な勢力と結びつき、他の共同体を併合していった最も有力なものが国王として絶対権を握る。ローマ・カトリック教会は、ルターやカルヴァンなどの宗教改革運動によって、内部から揺さぶられていたが、国王の支持を背景に国家教会が成立するところも出現し、ローマ教会の支配はさらに弱体化した。かくして、中世的な秩序が崩壊し、絶対主義王政として近代国家が開始される。

　絶対君主は確かに国内的には封建諸侯を打倒し絶対的な権力を形成したが、国際的には他国からの侵略や他国への侵略に常に備えなければならないという不安定な立場におかれている。したがって国王は絶えず国家統一の強化、国力の増強に努めざるをえない。国家という枠組みの中で、言語や文化の統一が徐々におこなわれ、国家としての一体化が促進される。また、国力の増強は産業振興といった形であらわれることになる。逆説的だが、国王の絶対権が強いところほど産業が興隆した。当然のことながら、この産業振興によって一定の財産を形成する人々が出現する。当初は、国王とこれらの人びととの間には力の圧倒的な差があったが、これらの人々は徐々に力をつけ、ついには国王に対抗するにいたる。ここに至って、絶

対王政や封建制に依拠する特権階級に対して異議を唱えた、これらの産業資本家・商業資本家・知識人などが、市民階級とよばれる一つの階級を形成することになる。彼らは、一定の財産を所有しており、その所有する財産に基づいて一定の教養を身につけていた階層であると想定される。

　また、この過程で、後の国民国家の構成原理になる様々な制度や考え方も、しだいに醸成されていく。ルネサンスや宗教改革は近代の個人主義に大きな影響を与えたし、科学において実験と観察による客観的な方法が提唱されることになる。とりわけ、デカルト (R.Descartes) に始まる合理主義 (rationalism) の影響は、近代科学の発展や技術開発にとどまらず、政治・社会理論にまで及んだ。ホッブス (T.Hobbes) やロック (J.Locke) らの社会契約思想は、いわば自立した個人を出発点に据え、それら個人の関係から社会を規定し、個人間の合意によって第三権力としての国家の成立を導く、一種の規範理論であるが、そこでは合理的な判断をおこなう個人が前提されており、デカルト哲学の洗礼を受けたものである。

　封建体制や絶対王政の崩壊過程、さらにそれに引き続く国民国家の形成過程は、国によってさまざまな現れ方をするが、典型的なのは市民革命を経由するものである。フランスを典型的な例として考えてみよう。フランス革命は、市民階級のみならず全人民的な規模で戦われた革命であり、絶対王政（旧体制）を打破し次の時代を開いたという意味で、市民革命の総決算であった。また、その影響が単にフランスにとどまらず、ヨーロッパ中に広がったという意味でも、最重要な市民革命となっている。この革命の後、市民階級が主体となる政治社会すなわち市民社会が出現する。この市民社会において、現在私たちが使っている政治や法・経済の基本的な制度や考え方が生み出されてくる。

　だが、ここで注意すべき点が２つある。

　①まず、ここでいう市民階級とは、先ほど述べたように、絶対王制下における産業振興政策によって一定の財産を形成した人々を意味しており、全人民の謂ではないことだ。フランス革命は封建的な体制を資本主義的産業体制に組替えようとする政治革命とみることもできるが、これによって解放されたのは市民階級であり、革命に一緒に参加した都市下層民、低賃

金労働者、下層農民は解放されずに残ったのである。

　②もう一つ、重要なことは、フランス革命を通じて国民国家が比類ない力を持つものとして立ち現れてきたことである。既に絶対王政の下でネイションの素地がつくられていたが、それが自覚的にとらえ返されることになる。絶対王政を倒し市民階級が覇権を握って「臣民」の地位から脱したとき、「国王の国家」から「私たちの国家」へと意識のうえで変化が起こったはずである。この「私たち」はひとつの国民 (nation) へと成長を遂げ、国家は徐々に国民国家 (nation state) としてその相貌を明らかにしてくる。

　もちろん、国民国家の成立は、たんに人々の意識の問題ではない。国民（ネイション）とは何か。通常、ナショナリズム (nationalism) というと、郷土や祖国だとか、固有の歴史や文化だとか、およそ情緒に訴えかける側面が強い。また、この共同体は悠久の昔からずっと存続してきた実体であるかのように、感得され理解される場合が多い。こうした見方では、ネイションの存在を自明とし、その上でナショナリズムが主張されている。だが、事実は少々異なる。近代に入って、ひとつのネイションであることをことさらに強調し一体化していかなければならない社会・経済的な必然性が出来したのである。別の云い方をすれば、ナショナリズムによってこそネイションが成立している。この視点を明らかにして見せたのが、ゲルナー (E.Gellner) であった。彼は、ナショナリズムを「政治的な単位と文化的な単位とが一致するべきであると語る政治理論」と定義している。この定義は、ナショナリズムを単なる政治的信条や愛国心といった曖昧なものから説明するのではなく、社会経済的な要因から説明するという意味で画期的であった。

　ゲルナーによれば、身分制が強固な農耕社会においては政治的な単位と文化的な単位は必ずしも対応しなくても構わないが、近代産業社会においては必然的に一致されるべきことが要請される。つまり近代産業社会においては、次の二点から文化の同質性が必然的に要請される。

　①農耕社会は基本的に階層的に安定した身分的社会であり、文化はその役割システムの中で個人の地位や役割を内面化させるだけで十分である

が、勃興しつつあった産業社会においては経済成長の原理が支配的であり、そのためには絶えざる革新が要求されることになる。革新とは、誰しもが安定した社会的地位をもたない不安定な職業構造を意味する。産業社会では、地位が流動的であり連続的であるという意味における平等が必要とされる。

②農耕社会における労働が物の移動や操作に本質がおかれ、基本的にはシャベルと手押し車とつるはしが労働のシンボルであるのに対し、近代の産業社会における労働は、意味的であり言葉や人の操作から成り立つ。これが可能になるのは、システムを動かすような共通のイディオムを身につけたときであり、高文化、すなわち読み書き能力と結び付いた学校で伝達されるような文化を身につけることが必要とされる。このような文化の中でその社会の政治経済的な制度が効果的に働くことになる。かくして「文化と政治がまったく一致していなかった非常に多くの政治単位を前産業社会から受け継いだような世界では、文化と政治を一致させようとする強い努力がなされ」る。

実際、近代の国民国家は、文化と政治を一致させるために、多大の努力を払うことになった。いわば、人々が、一つのネイションという共通の船に乗り込んでいるように思わせる、そういう国家意識を醸成するためにナショナリズムが使われることになったのである。ネイションは最初から実質をもつわけではなくフィクションである。ナショナリズムは当初、このフィクションを実質にするために使われた。つまり、ナショナリズムは統合のための一種の「神話（イデオロギー）」として作用していったのである。ネイションを形成するためにナショナリズムが要請されたており、実際、たとえば典型的な国民国家フランスを取り上げても、国語（フランス語）の整備とそれのフランス全土への普及、国歌や国旗のことさらな強調、ラルース事典の編纂などは、現実に存在する、様々な差異をもつエトニ（小民族集団）を一つの同質的なネイションへと纏め上げるための涙ぐましい努力の現れであった。

この意味で、ネイションの本質を「想像の共同体」(imagined political community)に求めるアンダーソン(B.Anderson)の議論は説得力がある。

すなわち、国民（国家）は、同じ文化や言語、生活習慣を共通にしながらも、実際には面識もつきあいもなかった人々が、コミュニケーションの発展により同胞意識を持ち出してはじめて成立したものであり、その本質は想像の共同体であるところにあるとする。ナショナリズムは郷土愛といったような、超歴史的で、人間のもつ自然で素朴な感情に基礎を置くものではないし、また国民の自意識の覚醒が決定的であったわけでもない。それは歴史的に作成された政治的教義であり、しかも、その性格からして、自由主義、社会主義、ファシズム等に至るまで、さまざまな体制と結び付きうる概念である。実際そうだったのだ。

かくして、明確な国境によって限定された領土をもち、その範囲内において物理的強制手段（警察力・軍事力）を独占し、徴税権、裁判権を行使する、近代の国民国家（主権国家）が立ち現れることになる。政治権力が最上位に措かれ、それは末端まで貫徹され、組織的には階層的秩序を形成する。先に述べたように、この西欧に発生した国民国家はその後の国家形成の範型（モデル）となる。

2．国民国家の政治原理

国民国家においては、近代を生み出すに至ったさまざまな形象がひとつの統一的な見地から反省的にとらえ返され纏めあげられることになった。以下、近代政治社会の原理を国民国家との関連で見てみることにする。

1) 自由主義

総じて市民革命は絶対王政から市民階級の自由という人権を獲得するための戦いであった。自由というとき、もちろん、さまざまな局面がある。イギリスでもフランスでも、市民革命の中心的担い手である市民は新教徒（プロテスタント）であり、その意味では宗教上の自由が要求されている。市民階級は産業経済活動に従事し財産を形成したが、その財産の保全をめぐって国王に対抗していった。したがって経済活動の自由や所有権の自由もまた重要な局面を形成することになる。良心の自由は宗教的自由の要求

であるし、自分たちで政治を運営するという政治的自由は民主主義に結びつく。また、産業経済活動を中心的に担った市民階級からするならば、所有権の自由（私有財産の保全）、経済活動の自由は何よりも優先される自由であり、それは自由放任主義に典型的にあらわれる。

　市民階級にとっては、自分たちの生活の場である市民社会こそが主であって、国家（政府）は市民社会のためにこそ存在すると考えられている。こうした市民社会と国家の関係を思想的に最初に鮮明に打ち出したのは J. ロックであった。事実、ロックの政治思想は 1688 年の名誉革命を擁護し、国王に対する市民の権益を明示し保全することを目指したものであった。ロックの理論構成は、ホッブスと同様に「自然状態」「自然法」「社会契約」といった観念を根本に据えて政治思想を展開するが、力点の置き方はかなり違っている。ホッブスは人間同士のあるがままの関係つまり「自然状態」を「万人の万人に対する闘争状態」と考えたが、ロックは比較的平和な状態が保たれると考える。ホッブスの場合には生活資源の有限性と人間の欲望の無限性が直接に対置されるため闘争状態が帰結されるほかないが、ロックにおいては労働による生活資源の拡大がおこなわれるために必ずしも戦争状態にはならないとされる。そして、ロックはこの生産労働を所有権（私有財産）の根拠として据えてゆく。自然状態が比較的平和であるにも関わらず、それを離脱して契約により政治社会を結成するのは「それぞれ自分の所有物を安全に享有し、社会外の人に対してより大きな安全性を保つことを通じて、相互に快適で安全で平和な生活を送る」ために他ならない (『市民政府論』1690)。すなわち「所有物の保全こそが統治の目的」であるとし、市民的自由の中核として所有権の自由を措定した。この考え方は、当時、勃興しつつあった市民階級の利益に沿うものであった。この観点からは、国家はこの所有権を保障する外的な装置として捉えられることになる。ロックにおいては市民社会こそが私たちの生活の実質を形成しているものであり、国家（政府）はそれを調停する機関としての地位を与えられるに過ぎない。したがって、国家（政府）が市民社会の利益を阻害する場合に、国家（政府）が交代させられるのは当然のこととされる（抵抗権・革命権）。

この視点は、A. スミス (A.Smith) によってさらに推し進められる。ロックの自由主義においては、もっぱら宗教的な自由、政治的な自由に焦点が当てられていたが、スミスはこれをさらに積極的な経済活動の自由へと展開し、資本主義的な市場経済システムそれ自体を正当化してみせた。スミスよれば、社会秩序を発達させるのは人為ではなく、人間のもつ自然の性向すなわち利己心 (personal interest) と共感 (sympathy) の能力である。利己心や共感によって、法や宗教による強制がなくとも、社会はそれ自体として十分調和を保つことができる。経済活動にしても、自らの利害関心にもとづいて諸個人が自由に利潤獲得を目指せば、自動的に調和がもたらされ、社会全体の発展が望めるというのである。すなわち、人間は多くの場合「見えざる手 (an invisible hand)」によって導かれ、自分がまったく意図していなかった目的を促進するようになるのであり、「彼は自分自身の利益を追求することによって、実際に社会の利益を促進しようと意図する場合よりも、一層有効にそれを促進する場合が往々にしてある」として個人の利己的な経済活動に積極的な意義を認めてゆく自由放任主義を主張するのである (スミス『国富論』1776)。このような立場からは、国家（政府）は経済活動に介入すべきではなく、その機能は警備活動を含む若干の機能に限定されるべきであると主張される。いわゆる「夜警国家説」であり、ここでは国家は一種の「必要悪 (necessary evil)」と考えられ、消極的な役割しか期待されなかった。

2) 人権の尊重

　自由をめぐって、人権 (human rights) の観念が生み出されることになる。人権とは、人間が生まれながらにして持つ当然の権利であり、いかなる権力をもってしても奪うことのできない権利をさす。これは、個人の尊厳の思想、自然法や自然権に基づく社会契約説などによって根拠づけられた。とりわけ、ロックの政治思想は大きな影響を与えた。以上に述べたように、ロックによれば、人間は、自然権として自由を持っており、その自由への権利を確実なものとして保障するために、契約によって国家や政府をつくったとする。ここでは、自由権という人権が国家や政府に先立って

存在し、国家や政府、さらには憲法は人権を守るためにこそ存在すると考えられている。このロックの人権思想は、アメリカ諸州の人権宣言や1789年フランスの人権宣言（「人間と市民の権利宣言」）を基礎づけることになった。

　但し、ここでも注意すべきことがある。例えば、フランスの「人権宣言」では、いかにも「人間として」の権利が謳われている。人間である以上、誰でも与ることのできる権利が謳われている。しかし、実際にその権利に与ることができたのは、市民階級だけであった。たとえば「人権宣言」の第1条では「人は生まれながらにして自由にしてかつ平等な権利を有する」とあり、人間一般の視点に立っているといえるが、そのあとの部分では平等の方は後景に退き、市民階級の利害を多く反映した様々な自由権（とりわけ経済的自由権）が前面に押し出されてくる

3) 立憲主義（法の支配）

　こうした市民階級の要求が憲法に結実化する。市民社会において近代憲法が制定され、立憲主義(constitutionalism)が採られたが、これは自由をはじめとする人間の権利を保障し、そのために権力の制限を目指すものであった。立憲主義とは国家権力を憲法の制約の下におき、政治や権力の行使が憲法の定めるところにしたがっておこなわれるという方針を意味する。

　憲法が現在のような形で成立したのは市民社会になってからである。憲法を成立させたのは、反絶対王政を明確にし、それを保障するためであった。すなわち、近代にはいって、市民階級を中心とした勢力によって絶対王政が打倒され、個人の尊厳を基盤とする市民社会が成立することになると、国家権力も無制約に国民を束縛しうるものではないとされるようになった。いわば、憲法を最上位に据え、国家権力を憲法の下におくことによって制御することが目指された。絶対王政下において、君主の絶対権力に苦しみ、革命によって権力を奪取した市民階級からするならば、こうした絶対権力を再び出現させることはどうしても阻まなければならなかったのである。立憲主義は、たしかに国家権力に法的根拠を与えるものである

2章　近代政治原理と国民国家

が、同時にそれを制限する原理を含んでいるのである。

4) 民主主義 (国民主権)

　社会契約説にみられるように、権力の成立根拠は市民あるいは人民の合意にあるとする考え方が大きな支持をうけるようになった。これは支配者と被支配者の同一性を主張するものであり、デモクラシーの原理に他ならない。このデモクラシーから国民主権といった派生原理が出てくる。主権という概念自体は、もともとは、絶対王政を擁護した J. ボダンによって、君主の絶対権を主張するために、唯一不可分の最高権力を指す概念として編み出されたものだが、絶対王政が倒されたのちも、最高権力をあらわすものとして主権の概念をそのまま流用し、主権を国民に定位することになった（国民主権）。

　直接民主制を採用することは事実上、不可能であるから、代議制を採用することになる。これは、国民から選出された代表者が議会を構成し、主権者である国民の信託を受けて統治権が行使される制度である。だが、この時代の民主主義は、納税額（や性別）による制限選挙制を採用しており、完全な民主主義ではない。20 世紀に普通選挙制度の実現とともにもたらされた大衆民主主義との対比でいえば「市民」民主主義とでもいうべきものである。理念としてはともかく、国民とはいっても、実質は市民階級がそこでは意味されていたのであって、厳密にいえば、国民主権というよりも「市民主権」であった。

　この制限選挙制による政治的不平等は、しかし、一方では、選挙民の高度な同質性を保障することになった。一定の財産を有し、一定の教養を有し、利害関係もある程度共通している——こうした人々から選出される代表者たちは文字どおり選挙民を代表し、議会は議論を尽くすことによって納得できる一定の結論を導くことが可能となる。つまり、このような政治的不平等があって政治的主体の同質性が確保され、それによって代議制民主主義が曲がりなりにも機能していたということである。

5) 法の下の平等

近代国家においては、自由と並んで平等も主張されるようになったが、この場合の平等は、法の下の平等という形式的なものにとどまる。自由も平等もフランス革命の理念の柱となったものであるが、自由と平等は経済的な範疇においては背反することが多い。革命後に支配的地位にのぼった市民階級は、自由を、とりわけ経済的な自由を要求したのであって、逆に云えば平等を認めたくはなかったのである。事実、19世紀には、労働者階級が平等を求めて、資本家階級（≒市民階級）と鋭い対立を示すことになる。

6) 権力分立

　権力の分立という考え方はロック（二権分立）やモンテスキュー（三権分立）によって主張されたが、その発想は立憲主義と同じである。絶対的な権力の出現を許さないようにするための方策である。絶対化した一元的権力はこの上なく恐ろしいものであり、私たちによって制御され馴致されなければならない。モンテスキューの三権分立の理論は、絶対君主の下において一元化されていた権力（だから強大で絶対的なものとなっていた）を、立法、行政、司法と三つに相対的に独立させ、それらを相互に牽制させることによって、どれか一つの権力が肥大化することを防ぎ（抑制均衡 checks and balances）、さらに全体としても権力が肥大化することを防ごうとするものである。

　但し、三権分立とはいっても、理念の上では立法権が最も重要視されていた。これは、立法府こそが国民（市民）に直結しており、国民の要求を吸い上げ法律化してゆくという作業を担うからである。また論理的な順序をいえば法律が制定されてはじめて、行政府はそれを忠実に執行し、司法府はそれらが法に則って行われているかを監視する役割を果たすのであって、立法府がなければ何も始まらないからである。

　以上の、近代の政治原理・理念は、抽象的な「人間」一般の立場から語られたという側面をもつ。しかし、実際には綺麗ごとだけでは済まない。市民社会は市民階級が政治主体として君臨する政治社会である。そこでは

市民階級の利害を中心に政治・法・経済の仕組みや制度が形成されている。つまり、これらの政治原理・理念は、現在、私たちがつかっている政治の制度や思想の「原型」であるが、同時に、市民階級の特殊利害を反映してもいる。

またさらに、注意すべきは、これらの「人間」という視点から提示された理念が、フランス革命以降、19世紀に入り、国家が国民国家（nation state）として立ち現れてくると、抽象的な「人間」ではなく、むしろ「国民」との関連で捉えられることになる。J.S.ミルは次のように指摘する。

「その（民族の――註）共通感情は、かれらが、他の人びとよりも、かれら同士で共働することを好み、同一の統治の下にあることを望み、また、それがもっぱら、かれら自身の、あるいはかれら自身の一部によって統治されるべきことを望ませるのである。……自由な諸制度は、異なった諸民族によって形成されている国にあっては、ほとんど不可能である。同胞感情のない国民のあいだにあっては、ことに、かれらが異なった言語を読み書きしているばあいには、代議制統治の運用に必要な、一致した世論が存在しないのである。……統治の境界は、大体において、民族のそれと一致すべきことが、一般に自由な諸制度の必要条件なのである」（『代議制統治論』1861, 水田洋・田中浩訳）。

近代の政治制度は、国民（民族＝ネイション）という単位があってはじめて可能になることが語られている。「人間」という次元ではないことに注意しなければならない。しかし、これはロックなどにおいてもすでに明らかではあったのだ。繰り返しになるが、なぜ自然権を放棄して市民的社会を形成するのかについて、ロックは「社会外の人に対してより大きな安全性を保つ」ためと答えている。ここでは明らかに外部を想定し、それに対して私たちの集団を防衛することが根本におかれている。「人間」ないし人類といった普遍性を前提しているわけではないことがわかる。

3. 国民国家の変容

　19世紀に入ると、ヨーロッパの大陸部においても産業革命が進展し、機械制工業、重工業が盛んになってくる。この産業革命は資本主義経済を飛躍的に発展させ、次の２つの側面で大きな政治社会変動をもたらした。国民国家もそのあり方を変え、これに対応して先に挙げた近代政治の原理の内容にも変化が生じてくる。

　①生産力が飛躍的に拡大し資本主義的生産様式が確立していく過程で、資本の合理的編成がおこなわれ、寡占化＝独占資本が形成された。経済発展は一層加速化されることになる。それとともに、経済は国内に収まらず、国際的な経済競争（市場獲得競争）を激化させることになった。

　②産業革命は、農業革命と相俟って大量の工場労働者（賃金労働者）をうみだした。18世紀後半の人口急増によって穀物価格が高騰し、食糧増産の必要性が生じた。この事態に対して、政府は農業経営の大規模化・合理化を推進することになった。これが農業革命である。その結果、職を失った小農民は都市に流入し、都市下層民や下層農民とともに、工場労働者になっていった。市民階級のうち経済的に大きな力をつけるようになった資本家階級（ブルジョワジー）は、利潤の追求・生産性の向上を最優先させ、子供や女性を含む労働者たちを苛酷な労働条件の下で酷使していった。ここにフランス革命によって政治的に解放されず、産業革命の恩恵にも与ることのできなかった人々の不満が鬱積し、深刻な労使対立がもたらされることになる。労働者たちは団結して、賃金労働者（プロレタリアート）として自らを組織し、ブルジョアジーに対抗しようとした。もちろん、当初は、ブルジョアジーは、労働者たちが団結して一つのまとまった勢力になること阻止しようとするが、社会主義思想（労働者の解放や万人の経済的平等を目指す）の浸透などによって、労働者の団結の気運、解放の気運は高まる一方であった。マルクスとエンゲルスは1848年に過激な政治パンフレット『共産党宣言』を書いて、プロレタリアートに反ブルジョアジー革命への決起を促した。

　これら①②のいずれを考えても、もはや予定調和的な楽観論、国家を「必要悪」とする自由放任主義は維持しがたくなってくる。それまで国家

を必要悪として消極的にしか捉えてこなかった自由主義・資本主義は、ここにいたって国家と結びつく志向を持つことになる。

すなわち、①に関しては、ブルジョワジーは国家の積極的な経済介入・行政介入を要請することになった。独占資本は国家と結合し、国家独占資本主義体制＝帝国主義が形成されることになった。国際的市場獲得競争へも国家と手を組んで積極的にそれを利用した方が都合がいいからである。

②に関しても事態は変わらない。最初は、資本家階級（政府）は団結禁止法を制定して労働運動・社会運動を弾圧したが、しかし、時代の趨勢は動かしがたい。ブルジョワジーはプロレタリアートの反乱を阻止するために、民主主義的要素を導入し労働者の体制内在化をはかることになる。これは大雑把にいえば、政治参加(参政権)の拡大や様々な福祉政策の導入などの形であらわれた。

参政権の拡大は最終的には普通選挙制度の実現に行きつく。普通選挙制度の導入は、当然のことながら政治の主体がこれまでの市民階級だけではなく一般民衆（政治的にいえば「大衆」）に移行したことを意味する。かくして政治のプロセスに大衆が参入してくる。かつて市民社会は異質なものを排除してその同質性を確保したが、普通選挙制度の実現によって、それは異質な存在を包含した大衆社会へと変貌するのである。政治の主体としても客体としても、大衆という不定形な存在が政治の方向を決定づける要因として出現する。大衆が政治過程に入ってくるということは、大衆の要求を政治が実現していかなければならないことを意味する。これは福祉政策の導入としてあらわれ、それまで政治が対象としていなかった領域、たとえば教育や住宅といった領域が、政治があつかう領域に組み入れられることになる。

いずれにしてもこうした趨勢の中で、必然的に国家の役割が拡大されることになるし、これまでの自由主義、平等主義、さらには民主主義の内容も変わってくる。近代政治の根本原理は変わらないとしても、政治社会の質が変化してしまったために、新たな対応を迫られることになる。かつての市民社会の論理や古典的議会政治の機能条件は、次のように根本的に変化し修正されていく。

1) 国家の役割の拡大と変質

　国家は従来の自由放任的な消極国家、「夜警国家」から福祉国家、社会国家、積極国家へと変貌することになる。つまり、市場原理によって提供することができない公共のサービスで、これまでは度外視されていたサービスに関しても、国家が積極的に介入し提供しなければならなくなった。例えば、鉄道や道路などの社会基盤施設、病院などの公衆衛生施設、学校や図書館などの文化施設、等の整備が挙げられる。

　こうした国家においては、必然的に行政府の役割が増大することになる。市民社会の国家が立法府を中心におくという理念を持っていたとすれば、大衆社会においては事実上、行政府が中心におかれることになる。これが行政国家化現象とよばれるものである。

　行政府の量的・質的拡充がおこなわれることになるが、量的なことをいえば拡大した行政府の機能を担うマンパワーの拡充がある。公務員の数は急激に増加した。質的にも大きな変化がもたらされる。政治が取り扱う問題が質的にも高度に専門化・複雑化していったため、高度な専門的知識を備えた公務員、いわゆる行政エキスパートが必要とされるようになった。ここに至って行政部の政策決定の権限は政治的リーダーよりも行政エキスパート＝官僚に移行する傾向があらわれる。しかし、行政府への権力集中は民主主義の理念を脅かすものである。というのも、行政エキスパート＝官僚は国民の信託を得た代表者ではないからだ。

2) 自由主義の修正

　自由放任主義が是正され、最低賃金法、労働組合法、独占禁止法などを制定することによって、低賃金労働者（社会的弱者）の権益を守ろうとする動きが出てきた。このことにより、実質的な自由を実現しようとする。すなわち、本来対等であるべき当事者間が、経済的要因その他により対等でないときには、国が私人間に介入し、一方の当事者を援助することにより実質的に自由な交渉を可能とするという方向が出てきたということだ。

　それまでの「権力(国家)からの自由」（消極的自由）という考え方から「権力(国家)への自由」（積極的自由）へと自由の概念も大きく変容

を受けることになったのである。

3) 平等主義の修正
　生活保護法や健康保険法などの制定により、社会的・経済的弱者の救済策を打ち出すことになった。人権についても、自由権に加えて、平等を志向する社会権が加えられることになった。本来平等でないものの間で、機械的に平等原則を適用すると、弱者が一方的に阻害されることになる。そこで、国家が積極的に私人間に介入して、弱者を救済し、実質的に平等な状態が出現するように配慮するということである。

4) 民主主義の変貌
　それまでは、民主主義とはいっても、政治の主体となっている「民」はあくまでも市民（市民階級）であった。だが大衆の政治過程への登場によって、この「民」は文字通り全国民（全人民）を意味するようになった。大衆が政治の主体になることによって、民主主義は完成されることになる。しかし、既に触れたように、近代民主主義をはじめとする近代政治の理念と原理は、市民社会において市民（有権者）の同質性をもとにしてこそ可能になったという側面がある。

　逆説的なことに、普通選挙制の導入によって大衆社会（大衆民主主義）が出現すると、かつての市民社会の政治論理や古典的議会政治の機能条件は根本的に変化した。大衆の求める社会的価値は、彼らの生活基盤の違いに応じて多様化し、利害関係も複雑になる。大衆は討論による合理的な政治的判断をおこなうというよりも、一刀両断的に単純化して物事をとらえる傾向があり、またその判断は往々にして情緒的になる場合があるために、その判断をどこまで信用するかについても難しいところがある。こうした大衆社会においては、統一的な世論の形成は難しくなる。大衆の意見を集約し、要求を纏め上げ、政策に反映させることは容易なことではなくなる。

　人類は20世紀に二つの世界大戦を経験したが、そのいずれにも大衆民主主義が少なからぬ関係を持っている。第1次世界大戦は、1914年に

オーストリア皇太子夫妻がサラエボで暗殺されるというローカルな事件を契機としているが、新聞などに煽られて、ひとたび戦争の機運が盛り上がると、イギリス、ドイツ、フランス、ロシア等の国において大衆が熱狂し兵士として戦争へ向かう志願者であふれかえったという。こうした大衆の、戦争へと向かう熱狂に歯止めをかける術がなかったのである。第1次世界大戦でヨーロッパ諸国は深刻な反省を迫られたが、その舌の根もかわかぬうちに、第2次世界大戦を引き起こした。第2次世界大戦は、世界征服を企図したドイツのヒトラーによる他国への意図的侵略が最大の原因となっているが、ここでも大衆民主主義が一役買っている。概して政治指導者は操作による支配のために、旗、制服、歌、儀式、祭祀、大集会、神話、イデオロギー、示威行進といった様々な象徴を利用するが、ナチスはこの手法を最大限につかってドイツ国民を操作していった。ヒトラー政権の樹立を可能にしたのは、当時もっとも民主主義的であるとされたワイマール憲法体制下においてであった。つまり大衆の支持を受けてであったのである。ヒトラーは政権奪取にあたっても、さらに独裁の強化にあたっても、その支配の独自性は、テロリズムの恐怖によって上から統御しただけではなく、巧妙な宣伝や世論操作を通して大衆（特に下層中間大衆）の自発的服従を組織化することができたところにあったのである。

　最後に、20 世紀の二つの世界大戦が、イギリス、フランス、ドイツ、イタリア、アメリカ、日本といった、世界に先駆けて国民国家としての体制を整えた国によって引き起こされたことに注意を喚起しておきたい。国民国家はその本質において排他的な性格をもっており、常備軍を備えるところから容易に「戦争機械」に転じることができる。国民国家は国民を兵士として無限に動員できるから、戦争は自ずからかつてないほどに大規模化するし、またその結果もかつてないほど悲惨になる。国民国家と戦争の間に密接で本質的な関係があることを、私たちは肝に銘じておいたほうがいい。

（石川晃司）

参考文献

① A. D. スミス／巣山靖司・高城和義訳『ネイションとエスニシティ』名古屋大学出版会、1999 年
② B. アンダーソン／白石隆・白石さや訳『想像の共同体』リブロポート、1987 年
③ E. ゲルナー／加藤節訳『民族とナショナリズム』岩波書店、2000 年
④ 石川晃司『国民国家と憲法』三和書籍、2016 年

3章　政治の制度・仕組み

本章のねらい
・大統領制、大統領と議会の関係について理解する
・議院内閣制について理解する
・半大統領制における大統領と首相の関係について理解する
・民主集中制の本質について理解する

　「権力は腐敗にする、絶対的権力は絶対に腐敗する」というイギリスの思想家、政治家アクトン卿の言葉である。これは、権力への不信感を表したものであり、権力の本質に対する基本的な認識であったといっても過言ではない。それ以前に、イギリスのジョン・ロックやフランスのモンテスキューなど代表的な思想家は権力の制限に努め、人権を保障するために権力の分立を提唱し、そして、二権分立から三権分立に発展し、近代国家の政治機構を支える原理の一つとして確立された。1789年フランス人権宣言第16条（権利の保障と権力分立）には「権利の保障が確保されず、権力の分立が定められていないすべての社会は、憲法をもたない」と述べ、権力の分立を謳歌している。

　権力の悪の側面をもつことを認めるならば、権力を制限することは当然なことであろう。そこで、権力分立という政治的原理を擁護するかどうかで、政治制度を民主主義と非民主主義に分けることができる。三権分立を採用する体制のなかには、アメリカ合衆国の大統領制（以下は大統領制と略称）、イギリスや日本の議院内閣制、フランスの半大統領制やドイツの大統領内閣制などがある。それから、建前として民主主義を否定しないものの、三権分立を採用せず、実質的に権力を集中させる民主集中制もある。

1．大統領制

　大統領がいる国がすくなくないが、大統領がいるからその国の政治制度は大統領制と限らない。政治学者ジョヴァンニ・サルトーリが提示した大統領制の条件は以下の通りである〈参考文献①PP.94～95〉。

　　政治制度はもしも国家元首（大統領）が、（1）一般選挙によって選出され、（2）彼または彼女の前もって定められた在職期間中は議会における投票によって免職され得ず、（3）彼または彼女が任命した政府の首班であるか、またはそれを指揮する場合、そしてその場合にのみ大統領であるといえる。これらの3条件が同時に満たされるならば、疑いなく純粋な大統領制であり、……。

　アメリカ独立の父たちは、当初「権力の分離した」政府を組織したのではなく、「権力を共有する分離した機関」による政府を組織したのであった〈参考文献①P.97〉。今現在アメリカ大統領はサルトーリが提示する大統領の条件を満たしたと考えられる。

　アメリカ大統領は、行政府の最高責任者であり、国家元首でもあるが、さらに軍の最高司令官でもある。大統領の任期は1期4年、1回のみの再選が可能である〈参考文献②PP.88～89　修正第22条：大統領の三選の禁止〉。したがって、大統領は最大8年の任期である。そして、大統領になる者の条件については、「出生により合衆国市民である者、またはこの憲法の成立時に合衆国市民である者でなければ、大統領の職に就く資格を有しない。年齢満35歳に達していない者、及び合衆国内に居住して14年に満たない者は、大統領の職に就く資格を有しない（第2条第1節第5項）」〈参考文献②P.65〉と規定されている。

　大統領は各州で選出された選挙人によって選ばれるが、実質的に直接投票によって選ばることとなり、国務全般に対して責任を負う。国民に直接選出される大統領は、議会に対してではなく、国民に対して直接責任を負う。

　アメリカは上院と下院という二院制をとっている。両院とも小選挙区制のみを採用している。上院は100名で構成され、各州から2名ずつ選出され、任期は6年で2年ごとに3分の1ずつ改選される。下院は、定員

435名で、各州の人口に応じて定数が配分され、任期は2年である。「弾劾訴追の権限は、下院に専属する」から、下院は上院より優位であると考えられる。それに下院議員になる条件は「年齢満25年に達しない者、合衆国市民となって7年に満たない者及び選挙の時にその選出された州の住民でないものは、何人も下院議員となることができない（第1条第2節第2項）」とされている（参考文献② P.53）。

1）大統領と議会の関係

　大統領と議会の関係について、端的に言えば、抑制と均衡の関係にある。まず、議会で採択された法案に対して、大統領が拒否権をもつ。
　アメリカ憲法第1条第7節第2項による、「下院及び上院を通過したすべての法律案は、法律となる前に、合衆国大統領に送付されなければならない。大統領は、それを承認する場合にはこれに署名をし、承認しない場合には、これを拒否理由を添えて法律案が先に提出された議院に差し戻す。その議院は、その拒否理由を議事録にそのまま記載し、再議に付すことができる。その再議の結果、その議院の3分の2の多数が法律案可決に合意すれば、法律案を拒否理由を添えて他の議院に回付する。回付を受けた議院が同様に再議の結果3分の2の多数で承認すれば、それは法律となる。ただし、すべてこれらの場合には、両議院の表決は、指名により賛成及び反対の票を投じることによって確定され、法律案に賛成する者及び反対する者の氏名がそれぞれの議院の議事録に記載されなければならない。法律案が大統領に送付された後10日（日曜日を除く）以内に差し戻されなかった場合には、法律案は、大統領がそれに署名した場合と同じように法律となる。ただし、差し戻しが連邦議会の休会のため妨げられた場合には、それは法律とはならない」と明記されている（参考文献② P.57～58）。
　また、同条第3項では、「上院及び下院の合意が必要なすべての命令、決議、ないし表決（休会の問題を除く）は、合衆国大統領に送付されなければならず、そしてそれが発効する前に、大統領によって承認されなければならない。大統領が否認した場合には、法律案の場合に定められた規則と制限にしたがって、上院及び下院の3分の2の多数によって再可決され

なければならない」(参考文献② P.58) 記している。こうして大統領の拒否権に対して連邦議会が再議決の権限をもって対抗する。

そのほか、大統領の権限に対するさまざまな制限を設けている。まず、大統領の人事任命に議会が承認権をもつ。「上院による助言・承認を経て大統領が任命する職（Presidential　Appointment with Senate Confirmation(PAS)：閣僚、大使、最高裁判所裁判官、連邦検察官、省や主要な独立機関の幹部等」。大統領は任命権が付与されるが、議会の承認もしくは助言が必要である。これも抑制と均衡の原則の表れである。

したがって、アメリカ憲法は、大統領にある程度の強い権限を与えている一方、それを抑制する権限を議会に付与している。

また、大統領と一緒に選出される副大統領は、議員ではないものの、上院議長を兼務し、一般に投票に加わらないが、可否同数の場合は議長決済票（tie breaking votes）を投じる (参考文献② 第1条第3節第4条 P.55)。そのほか、大統領が辞任、罷免、死亡などの場合、副大統領が大統領となる (参考文献② 修正第25条第1節 P.90)。したがって、副大統領は儀礼的であるといえる。

大統領は、議会に対して提案権を持たないが、施政方針や重要な国政について、議会で一般教書の演説を行うことができる。それに、大統領は議会を解散する権限も付与されていないが、議会も大統領に対して不信任決議権を持たない。

三権の一つである司法権は、連邦の法律および州の法律が憲法に違反するかどうかを審査する。一旦、違憲と判断された場合、連邦の法律もしくは州の法律は無効となる。また、大統領の法律執行に関する違憲審査も行う。

したがって、アメリカは厳格に三権分立という政治原理を適用した国家であるといえる。行政府と立法府の関係において、抑制と均衡の原則に忠実に守っている。こうした大統領に対して、連邦議会、最高裁判所といった国家権力機関からの抑制および抑制の働きを効いており、三権分立の原理をしっかりと守り、政治を運営している。

2．半大統領制

フランスでは、強い権限を持つ大統領と議院内閣制に基づく首相が存在し、権力を共用することである。フランスの政治学者であるモーリス・デュヴェルジェはそれを半大統領制と命名した。半大統領制としての条件に関して、デュヴェルジェは次のように述べている（参考文献③ PP.163～164）。

1）選挙で選出される大統領がいること
2）大統領が憲法上大きな権限をもっていること
3）議会の過半数の支持により成立する首相と内閣がある

フランスの内閣は国民代表によって構成されるため、民意を反映するといえる。同じく、大統領も国民の投票によって選ばれることで、大統領と首相はどちらも民意をバックにしている。こうしたフランス大統領は第五共和政憲法によって、次のような強い権限が与えられている。①共和国大統領は、憲法の遵守を監視する。大統領は、その裁定により、公権力の規制正しい活動及び国家の持続を確保する（第5条第1項）。②共和国大統領は、国家の独立、領土の無傷、条約の遵守の保障者である（第5条第2項）。③共和国大統領は、首相を任命する。共和国大統領は、首相からの政府辞職の申し出に基づき首相を解任する。（第8条）④共和国大統領は、首相および両議院議長の意見を聴いた後、国民議会の解散を宣告することができる（第12条）。そのほか、国民投票に付する権限（第11条）、軍隊の長であるから、「国防の上級諸会議・諸委員会を主宰する（第15条）、非常事態権力（第16条）、恩赦（第17条）、両議院に意思を伝達するための教書を読み上げる（第18条）などの権限が付与される。

第五共和政の当初から2000年までは、大統領の任期は7年とし、再選回数が無制限であったが、2000年の国民投票により、1期5年に短縮された。さらに、その後の2008年に憲法が改正され、誰も連続2期を超えて大統領職に就くことはできないと明確に制限された。大統領が絶対多数により選ばれるため、「絶対多数が第1回において得られなかった場合には、その14日後に第2回投票を行う。第2回投票に立候補しうるのは、第1回投票における後順位得票者うち、辞退者がある場合には辞退者を除

いた後の最上位2候補者のみとする」(参考文献②「フランス憲法」第7条 P.292)。

　フランスでは、議会に採択された法案が審署の期間（政府に送付されてから15日以内）に再審議要請権をもつ。この再審議は、拒否することができない。それは、アメリカ大統領がもつ拒否権に類似するものであると考えられる。

　また、大統領と首相の所属政党が異なる場合がある。こうした場合、政治理念やイデオロギーの異なることによって、大統領と首相の間に対立が生じる。両者の対立によって、抑制と均衡を有効に機能させるメリットもあれば、あまりにも確執し過ぎで国家の正常な運営に消極的な影響を与えてしまうデメリットもある。

　フランスでも二院制を採用している。議会は上院（元老院）と下院（国民会議）から構成される。上院の定員数は348議席で、任期6年、3年ごとに半数ずつ改選で、間接選挙によって選出される。国民会議の議員の定数は577議席で、任期5年、小選挙区制という選挙制度を用いて、直接選挙によって選出される。

3．議院内閣制

　議院内閣制も、権力分立に則った政治的仕組みである。大統領制と違って、議院内閣制とは、行政府を運営する内閣は、下院に絶対多数の議席を持つ政党によって組織される。したがって、内閣は議会に対して責任を負う。また、下院の信任によって内閣（政府）を成立する一方、政府は下院を解散する権限を持っている。

　議院内閣制に関して、イギリスや日本に実例を見ることができる。

　イギリスの場合、議院内閣制の権力を確立されるのが責任政治である。「責任政治とは、個別的な大臣責任（ministerial responsibility）と内閣全体によって担われる連帯責任（collective responsibility）からなる」(参考文献⑤ p.1)。大臣責任とは、各大臣は、各自の管轄事項、行為、政策などについて議会に対し責任を負うことである。これに対して、連帯責任は、「信任原則（confidence rule）、全会一致原則（unanimity rule）、秘密原

則（confidentiality rule）という三つの構成要素から成り立っている。信任原則とは、政府が庶民院の信任を失えば、言い換えれば信任をかけた庶民院での採決に敗北すれば、総辞職をしなければならない。全会一致原則とは、ひとたび内閣の決定がなされれば、すべての大臣はその決定を受けいれなければならないという原則である。内閣の決定に公に反対すれば、大臣は辞任しなければならない。辞任をしない場合、大臣は議会での投票や演説、対外的発言では必ず内閣の決定を支持しなければならない。そして秘密原則とは、機密情報の外部漏洩を防ぎ、政府内での自由な討論を促しつつ政府内の対立を隠すために、大臣が政府内における議論の詳細を秘密にしなければならないことを意味する。信任原則が政府の存立に関わるのに対し、全会一致原則と秘密原則は大臣の行為規範となっている」（参考文献⑤ PP.1～2）。

　内閣の閣僚は議会に議席を持っていなければならない。内閣首相は同輩者中の第一人者（primus inter pares）にすぎず、閣僚間の平等はイギリスの議院内閣制の特色の一つであるとしながらも、首相は「閣僚を罷免することができるが、彼らに罷免されることはない」(参考文献① P.116)。

　首相は、慣例として下院での議席が最も多い政党の党首が選ばれるが、形式として国家元首である国王によって任命される。国王は、内閣の助言にしたがい、議会の招集、解散、法律の裁可、宣戦、講和、栄典の授与などの行為をおこなう。「君臨すれども統治せず」という立場をとっている。つまり、国王の権限はあくまでも儀礼的である。

　イギリス議会は上院（貴族院）と下院（庶民院）によって構成される。上院は定数なし、2018年1月現在794議席、非民選かつ終身的で、実権を有しておらず、下院の議員定数は650名で、任期5年（解散あり）、小選挙区制で投票によって選出される。

　同様に議院内閣制を採用している日本の場合も、特別な事情がない限り、首相は衆議院に最も多くの議席をもつ政党の党首から担われる。当然、国会議員の投票によって選ばれるという手続きを取っている。つまり、日本の首相も間接選挙で選出される。これに関して、日本国憲法は「内閣総理大臣は、国会議員のなかから国会の議決で、これを指名する

(第67条1項)」と規定しており、また、総理大臣を指名する際、「衆議院と参議院とが異なった指名の議決をした場合に、法律の定めるところにより、両議院の協議会を開いても意見が一致しないとき、又は衆議院が指名の議決をした後、国会休会中の期間を除いて10日以内に、参議院が、指名の議決をしないときは、衆議院の議決を国会の議決とする（第67条2項）」とも規定し、また、法律の制定や予算先議など衆議院の優越も規定している。

そのほか、内閣について、次のような憲法の規定がある。
①行政権は、内閣に属する（第65条）。
②内閣は、法律の定めるところにより、その首長たる内閣総理大臣およびその他の国務大臣でこれを組織する（第66条1項）。
③内閣総理大臣そのほかの国務大臣は、文民でなければならない（第66条2項）。
④内閣は、行政権の行使について、国会に対し連帯して責任を負う（第66条3項）。
⑤内閣総理大臣が欠けたとき、又は衆議院議員総選挙の後に初めて国会の召集があったときは、内閣は、総辞職しなければならない（第70条）。
⑥内閣総理大臣は、内閣を代表して議案を国会に提出し、一般国務および外交関係について国会に報告し、並びに行政各部を指揮監督する（第72条）。

過去の戦争を教訓にして、総理大臣をはじめとする内閣のすべてのメンバーを文民に限定する。総理大臣は閣僚を任命するが、その過半数は国会議員の中から選ばれる必要がある。これは、閣僚全員が議会に議席を持たなければならないイギリスと異なる。また、総理大臣は、任意に閣僚を罷免することができると第68条に規定されている。

日本の国会は、「国権の最高機関であって、国の唯一の立法機関である（第41条）」。「衆議院議員の任期は、4年とする。但し、衆議院解散の場合には、その期間満了前に終了する（第45条）」。それに対して、「参議院議員の任期は、6年とし、3年ごとに議員の半数を改選する（第46条）」。

憲法では、内閣の職権として、法律の執行、外交関係の処理や条約を締結すること。条約の締結に関しては、「事前に、時宜によっては事後に、国会の承認を経ることを必要とする（第73条）」と規定しているような抑制と均衡の原理に基づく内閣と議会の関係とされている。また、国会は内閣に対して不信任案を提出する権限や国政調査権をもつ。そして、閣僚は国会に答弁あるいは説明が求められるときは、出席しなければならないと憲法に規定されている。
　しかし、議院内閣制においては、議会で最も多数の議席を獲得した政党が政府（内閣）を組織することになっているため、政府（内閣）と議会の主要勢力の政党的背景は同じものになる。したがって、政府（内閣）と議会の関係は曖昧なものになる可能性があると考えられる。

4．民主集中制

　民主集中制は、かつて旧ソ連を中心とする社会主義諸国に採用される制度である。今現在、中華人民共和国（以下は中国と略称）、ベトナム、キューバ、ラオス、北朝鮮などいわゆる社会主義国家が依然としてそれを信奉し、強調している。
　社会主義国家は、欧米諸国の議会制民主主義を偽物の民主主義と批判し、否定する。社会主義諸国が採用する民主集中制こそは正真正銘な、広範な民主主義であると自賛する。
　ソ連崩壊後、世界の最大な社会主義国家となった中国は、プロレタリアート独裁を擁護し、権力分立制を西洋の文化として否定し、実質的に一党独裁を堅持する。中国共産党（以下は中共と略称）は、「民主集中制によって組織された統一体である」と中共の規約第10条に規定されている。また、同10条に「党員個人は党の組織に服従し、少数は多数に服従し、下級組織は上級組織に服従し、全党のあらゆる組織と全党員は党の全国代表大会と中央委員会に服従する」と明記している。しかし、民主集中制という原則は中国の国家機構にも適用されると憲法に規定されている。一見多数決原則のように見えるが、実質的に集中と服従を強調している。し

がって、民主集中制とは、民主主義という名の下、党ないし個人に権力を集中させることである。また、中国憲法において、国家は中共の指導を仰ぐとしており、実質的に党は「合法的」に国家より上にある。

　したがって、中共党内での地位こそが本当の政治的地位である。人事の面からも観察すれば明らかになるだろう。党内序列１位である中共中央総書記習近平が国家主席、党軍事委員会、国家軍事委員会主席を兼任し、序列２位である李克強が首相を務め、序列３位である栗戦書が全国人民代表大会（以下は全人代と略称）委員長を務める。国家最高権力機関と憲法に定められる全人代の地位は国務院よりも低いことが明白である。ここでも、憲法の規定さえも守られていないと言っても過言ではない。また、しばしば司法の独立を強調する中国には、その司法権を代表する最高人民法院（最高裁判所に相当）と最高人民検察院（最高検察庁に相当）があるが、憲法第三条によると「国家の行政機関、司法機関及び検察機関は、人民代表大会によって組織され、人民代表大会に対して責任を負い、その監督を受ける」とのことであるが、実情では、司法の党からの独立は不可能である。建前上で国家指導者グループに所属する最高人民法院長と最高人民検察院長の党内の職は中央委員会委員にすぎない故に、その地位の低さも表れているといえる。こうした体制の下で、行政府、立法府、司法府という三つの権力機関が分立されず、中共によって指導されることが周知のとおりである。党の要人などが行政府、立法府や司法府の長になるのも中国政治の特徴といえる。

　ところが、権力分立を西洋の政治と見なし、国情に合わないという理由に否定し続けてきた中国では、皮肉にも行政、立法、司法といった三つの国家権力機関の存在が許されている。当然、それらの権力機関は上述したように党の指導の下におかれている。それは、中国政治の矛盾するところである。そのような矛盾が解消されないままで、新たに生じた矛盾を解決しようとしている。たとえば、一党支配の危機を回避するため、社会主義市場経済のような明らかに矛盾している二つの概念を強引に組み合わせることで、資本主義経済を導入し、共産党の支配を維持しようとする。こうして、一党独裁を維持するために、イデオロギーの同異に気にせず利用す

図3-1 中国の党国仕組み図

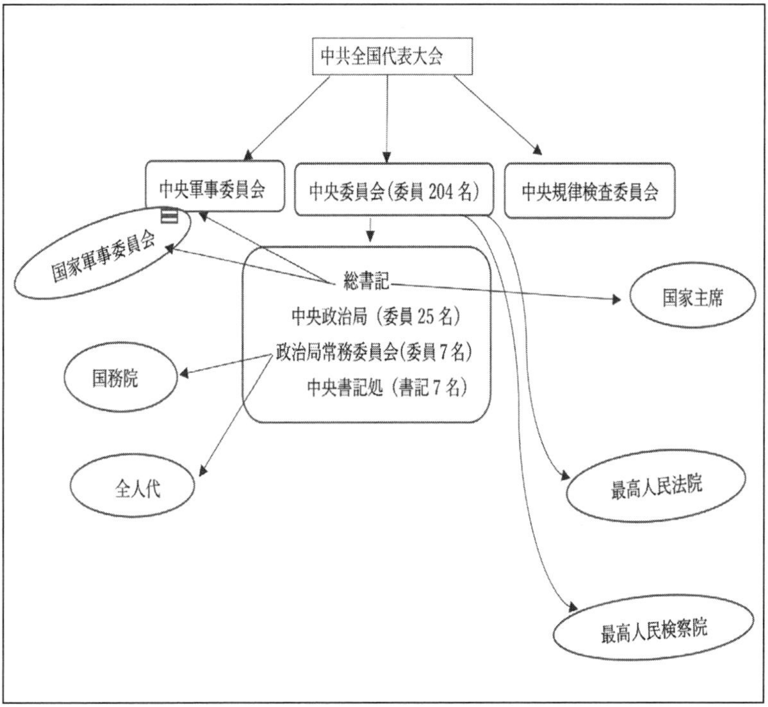

ることが、現代中国政治の特徴の一つである。

　また、党組織と政府機関の相互関係、その機能や職責の重複は党によって代行主義の結果である。例えば、中共中央軍事委員会と国家軍事委員会は、それぞれ異なる組織と思われがちが、実際に一つの組織である。また、党には、宣伝部があるが、行政府には文化部がある。党には、政党間外交を行う中央対外連絡部があるが、行政府には、外交部がある。党には、党の人事を管理する組織部があるが、行政府には労働人事部がある。さらに、政府諸機関に党組織が設けられることによって、党の指導を受ける。つまり、行政府は党に対して責任を負うことである。それも中国政治の特徴の一つであるといえる。

　一方、建前上、「国家の最高権力機関」と憲法で位置づけている全人代は、中国の唯一の立法機関である。全人代は、憲法改正、法の制定、国家

主席、副主席、(国家)中央軍事委員会主席、最高人民法院(最高裁判所)院長、最高人民検察院検察長の選挙をおこない、国務院総理やそのほかの閣僚などの人選決定の権限をもつ。また、国民経済および社会発展計画および計画執行情況の報告、国家予算および予算執行情況の報告を審査し、承認すること、和戦の決定などの権限をもつとなっている。また、全人代は「すべて民主的選挙によって生み出され、人民に対して責任を負い、人民の監督を受ける。国家行政機関、裁判機関、検察機関は、すべて人民代表大会によって生み出され、これに対して責任を負い、この監督を受ける」と憲法に明記されている。全人代は毎年の3月、約10日間にわたり開かれるが、その代表は軍人を含む約3000名で、全人代の任期は1期5年で、解散はないとされているが、ここでの任期とは全人代という組織の会期のことである。全人代の代表は実質的に中共による選ばれた者であり、任期は明確にしておらず、全人代と同様の任期を全うできるかが不明であり、不確実的である。

全人代常務委員会(以下は常務委員会と略称)は全人代の常設機関として設けられ、年一度(10日間)の全人代が閉会後、法律の制定や条約批准などの幅広い立法活動が行われている。したがって、常務委員会が全人代の核心的機関であるといえる。

ところが、常務委員会の常務委員も普通の選挙によって選ばれることなく、全人代の代表と同様に実質的に党によって指名される。こうした常務委員会が党の意向に服従するのは当たり前のことである。

全人代の代表も常務委員会委員も党に指名されて代表になるため、全人代の代表は国民代表というよりも中共の代表者だとしか考えられない。それによって、全人代の代表は欧米諸国の代議士に相当しないと明らかである。全人代の代表が普通選挙によって選ばれるものではないため、実質的に国民の代表ではないといえる。

この憲法によれば、全人代は欧米諸国にある国会に類似する地位にあるようにみえるが、実際の運営には、上述したように国家の上には中共があるという現実と憲法に規定される「国家の最高権力機関」の全人代の現状との乖離が生じている。このような状況に置かれる全人代は、国家の最高

権力機関としての地位が形骸化され、行政府をチェックする役割を果すことができない。そのため、全人代が「ゴム印」と揶揄される。

　全人代を「ゴム印」にした原因は神聖性が賦与されない中国憲法の性格である。中国は1954年に中共政権の下で最初の憲法が制定されて以降、政治指導者の都合によって、憲法を停止させたり、改正させたりすることが常である。そのため、1954年以降に、1975年憲法、1978年憲法、1982年憲法を新たに制定され、それぞれ複数回の改正も行われた。例えば、ポーランド独立自主管理労働組合「連帯」による民主化運動の影響を鑑み、1982年憲法が制定される際に、労働者のストライキ権利を削除した。わずか28年間で、トップダウン方式で勝手に憲法は4回も制定しなおされ、また、その間に「自由自在」に憲法を改正させたこと自体は、中国の党と政府が憲法を軽視する態度を語っている。そのため、永久不変性に乏しく、権威のない中国憲法は、任意性が強いという特質をもつといえる。

　中国政治のもう一つの特徴として取り上げられるのは、中国特色ある「政党政治」、いわゆる「多党協力制」である。中国には中共のほか、中国民主同盟、中国国民党革命委員会、中国民主建国会、中国民主促進会、中国農工民主党、中国致公党、九三学社、台湾民主自治同盟など八つの民主党派がある。それらの政党は中華人民共和国の成立前からすでに存在しており、当時、中国の民主化を促進させるため、蒋介石の国民党と対抗し、中共に同情した野党であった。中共は政権を獲得した後に、それらの政党が反対勢力と見なされ、政党としての活動が制限ないし禁止された。今現在もその八つの政党が存在しているものの、政党としての機能が回復されず、中共の衛星党として、中共の指導を擁護し受ける。一部の民主党派のメンバー自身も共産党員である。したがって、八つの政党が中共の飾り物にすぎず、「政治花瓶」と揶揄されるほどである。このように、三権分立と程遠いの「民主集中制」の名の下で、中共に権力を集中させていた。

　こうして権力を中共に集中しており、国民が直接政治に参加する方法の一つである選挙もほとんど実施されていない。したがって、中国では、小選挙区制や比例代表制のような選挙制度が確立されていない。憲法には選挙という文言があるものの、一度も本当の選挙を実施したことはなかった。

また、党と国家を一体化したことによって、党国体制が確立され、今日に至る。

(日吉秀松)

参考文献

① G. サルトーリ／岡沢憲芙監訳、工藤裕子訳『比較政治学－構造・動機・結果』早稲田大学出版部、2000 年
② 高橋和之編『新版 世界憲法集』〔第 2 版〕岩波書店、2012 年
③ M. デュヴェルジェ／時本義昭訳『フランス憲法史』みすず書房、1995 年
④ 根岸隆史「EU(1)- 2014 年欧州議会選挙結果とＥＵの動向」参議院事務局企画調整室編『立法と調査』355 号、2014 年
⑤ 高安健将「責任政治の挑戦」日本比較政治学会編『執政制度の比較政治学』ミネルヴァ書房、2016 年

4章　選挙制度

>**本章のねらい**
>・民主主義と選挙のかかわりについて理解する
>・選挙制度の基本的な知識を習得する
>・選挙をめぐる問題について理解する

1．民主主義における選挙

1) 現代の民主主義と選挙

　民主主義という言葉の語源は、ギリシャ語の多数者を意味する「デーモス (dēmos)」と支配を意味する「クラティア (kratia)」が結びついた「デーモクラティア (dēmokratia)」といわれる。民主主義が多数者による支配と理解されるのもこのためである。選挙によって示された国民の多数派の考えに基づいて政治が行われる、と考えるのであれば、民主主義が多数者の支配として理解されるのも当然といえる。ただし、コンドルセのパラドクスのように、多数決の結果が必ずしも多数派の意思を適切に表しているとは限らないことに留意する必要がある (参考文献③)。

　シュンペーター (Schumpeter, J. A) は、「民主主義的方法とは政治的決定に到達するために、個々人が人民の投票を獲得するための競争的闘争を行うことにより決定力を得るような制度的装置」として現代の民主主義を定義した (参考文献⑦)。換言すれば、シュンペーターが示した現代の民主主義とは、選挙によって政治的指導者を選出し、政治的決定は選出された政治的指導者が行うものと考えられる。

　現代民主主義において選挙はさまざまな役割を果たしている。その中で

も正統性の付与の役割は大きい。正統性が付与されることによって、選挙で勝利した多数派による政治的決定、つまり政治権力の行使が正統化され、国民によって受けいれられることにつながる。また、正統性が付与されるからこそ、政治権力を行使するアクターは政治責任を追求されることにもなる。その他に、選挙は有権者の意思を政治的指導者に伝える役割も果たしており、政治参加の重要な手段としても考えることができる。

2) 選挙の原則

　選挙制度とは、国民の代表である政治家を選ぶためのルールである。選挙制度は具体的に法律によって定められるが、民主的な選挙を行うための条件としていくつかの原則が存在する。一般的に近代選挙の4原則、自由選挙を入れる場合は5原則と呼ばれるものである。

　第1に普通選挙の原則である。普通選挙の原則とは、身分や性別などに関係なく、未成年を除くすべての国民、住民に選挙権が与えられる選挙である。かつては男性にのみ選挙権が与えられる場合や、身分や納税額といった制約が存在する、制限選挙が一般的であった。例えば、日本においても選挙制度が導入された当初は、年齢以外に性別、納税額による制限が設けられた制限選挙が行われていた。その後、1925年に男子普通選挙、1945年に男女普通選挙が実現されている。現代において、制限選挙が行われていることはほとんどないが、選挙権が与えられる年齢は国によって異なる。戦後の日本では、選挙権は満20歳以上の男女に与えられていたが、2015年に公職選挙法が改正され、2016年に「満18歳以上」に引き下げられている。

　第2に平等選挙の原則である。平等選挙とは、有権者が持つ票数が1人1票で平等であり、1票の価値が平等な選挙のことをさす。例えばイギリスでは、大学卒業者には一般の選挙権とは別に、出身大学を選挙区とする大学選挙権というものが与えられており、大学卒業者は1人2票を持っていた時代がある。現代では、1人1票の選挙がほぼ実現されているが、単に数の問題だけではなく、有権者の1票の持つ価値が等しくならなければいけないという考え方も、平等選挙の概念に含まれるようになってき

ている。
　第3に秘密選挙の原則である。秘密選挙とは、誰がどの候補者あるいは政党に投票したのか、を他人に知られないように投票できる選挙である。例えば、口頭による投票や、挙手あるいは起立による投票、投票用紙に自分の名前を書かなければいけない記名投票といった公開投票では、誰に投票したかがわかってしまう。公開投票が行われる場合、特定の候補者への投票の強要、あるいは投票行動に対する報復、金銭での買収などが行われる可能性があり、そのような行為の防止のために、現代の選挙では無記名による秘密選挙が原則とされている。
　第4に直接選挙の原則である。直接選挙とは有権者が議員を直接選ぶ選挙であり、対概念は間接選挙となる。間接選挙とは、有権者が直接選ぶのは選挙人であり、選ばれた選挙人が議員を選ぶ制度である。間接選挙では、有権者の意思が必ずしも選挙に反映されない場合があるため、現代では直接選挙が原則となっている。
　例えば、フランスの上院議員選挙は、地方議員と下院議員によって議員が選出される。議員が他のレベルの議員によって選出される制度は、複選制と呼ばれる。戦前の日本においては、地方選挙で複選制が行われており、府県議会議員は市町村議会議員が選出していた。また、アメリカの大統領選挙では、国民が選ぶのは大統領ではなく大統領選挙人である。アメリカの大統領選挙は、有権者による一般投票によって選ばれた大統領選挙人が、大統領を選出することになっている。しかし、大統領選挙人はあらかじめ自身が投票する大統領候補を明らかにしておくなど、有権者の意思が大統領選出に反映されるようになっている。
　最後に自由選挙の原則とは、投票の自由について定めたものである。投票の自由とは、投票をするかしないかを、個人の意思で自由に決定することができるというものである。したがって、投票を棄権することも自由にできることが保障されていなければならない。しかし、国によっては投票を国民の義務と位置づけ、投票を棄権した場合、罰金などの罰則が課される場合もある。投票をすることは個人の権利であるのか、義務であるのかに関しては一義的な答えはないため、今日においても議論の対象となって

いる。

　その他、自由選挙には選挙に立候補できる自由であったり、選挙運動の自由なども保障されていると考えられている。また、有権者が自由に投票先を選ぶことも保障されていなければならない。

２．選挙制度の類型

１）選挙区制

　選挙制度にはさまざまな類型が存在しているが、主なものとして選挙区制と代表制という２つの観点から考えることができる。まず選挙区制についてみていく。

　選挙区制とは選挙区を基準として議員を選出する選挙制度であり、１つの選挙区から何名の議員を選出するのか、という点に着目した基準とも言いかえることができる。選挙区とは議員を選出する際の単位であり、小選挙区や大選挙区がある。小選挙区制と大選挙区制の違いは、選挙区の面積などの大きさではなく、１つの選挙区から選出される議員の数にある。小選挙区制が、１つの選挙区から１人を選出する選挙制度であるのに対し、大選挙区制は、複数の議員を選出する選挙制度である。

　小選挙区制は１名しか当選できないため、当選者以外に投じられた票は死票となる。落選者は議会に議席を得ることができないため、落選者に投票した有権者の意思が議会の議席構成に反映されない。つまり、落選者に投じられた有権者の意思は、政治に反映されにくいと考えられる点から、死んだ票、死票と呼ばれる。小選挙区制は大政党に有利と言われている。

　これに対し、大選挙区制では当選者が複数名であるため、小政党の候補者にも当選の可能性がある。また、大選挙区制では投票時に、候補者を１人のみ選ぶのか、複数名を選ぶのかといった違いがある。１人を選ぶ場合を単記制、複数名を選ぶ場合を連記制と呼ぶが、選挙区の定数と同じ人数を選ぶ場合を完全連記制、定数以下の人数を選ぶ場合を制限連記制と呼ぶ。小選挙区制は、選挙での得票を過大に議席に反映させるため、得票率と議席率が比例せず、大きな乖離がある点が特徴といえる。

表 4-1 第 48 回衆議院総選挙（2017 年）小選挙区選挙の結果

	小選挙区		
	得票率（％）	議席	議席率（％）
自由民主党	47.82	215	74.39
立憲民主党	8.53	17	5.88
希望の党	20.64	18	6.23
公明党	1.5	8	2.77
共産党	9.02	1	2.77
日本維新の会	3.18	3	1.04
社会民主党	1.15	1	0.35
日本のこころ	―	―	―
新党大地	―	―	―
無所属	7.79	26	9
その他	0.38	0	0

2) 代表制

　代表制とは、選挙によって選ばれる代表にどのような性格を持たせるのか、どのようにして代表を選ぶのかという観点を基準としたものといえる。代表制には多数代表制と比例代表制が存在する。

　多数代表制は、ある選挙区における多数派の支持を得た代表を選出するものである。多数代表制は、相対多数代表制と絶対多数代表制の2つに分けることができる。相対多数代表制における相対多数とは、他の候補者と比較した場合に、相対的に得票数が多いことを意味する。したがって、相対多数代表制は、ある選挙区における候補者のうち、相対的に得票数が多かった候補者を、当選者とするような選挙制度である。この場合、当選者は他の候補者より1票でも多く得票すれば当選することができる。

　一方、絶対多数代表制は、得票数が他の候補者よりも多ければ良いという考え方ではなく、絶対多数の得票がなければ当選とはしない、という考え方が基になっている。絶対多数とは、当選者以外に投じられた票全てを合わせたとしても、当選者に勝つことができない、つまり過半数を意味している。ただし、複数の候補者が立候補している選挙区では、必ず過半数の得票を獲得する候補者がいるとは限らないため、制度上の工夫が必要となる。

4 章　選挙制度　｜　53

例えば、フランスでは2回投票制を採用している。2回投票制では、1回目の投票でどの候補者も過半数の得票を得ることができない場合、一定の基準を満たした候補者によって2回目の投票が行われる。2回目の投票で最多得票を得た候補者が、当選する制度となっている。

　比例代表制は、社会における多様な国民の意思を、議会になるべく正確に反映させようとする考え方を基としている。そのため、選挙での得票率が、議会での議席率と比例する関係になる。したがって、少数派も代表を選出することが可能になっている点に特徴がある。

表4-2　第48回衆議院総選挙（2017年）比例代表選挙の結果

	比例代表		
	得票率（%）	議席	議席率（%）
自由民主党	33.28	66	37.5
立憲民主党	19.88	37	21.02
希望の党	17.36	32	18.18
公明党	12.51	21	11.93
共産党	7.9	11	6.25
日本維新の会	6.07	8	4.54
社会民主党	1.69	1	5.68
日本のこころ	0.15	0	0
新党大地	0.41	0	0
無所属	—	—	—
その他	0.74	0	—

　比例代表制では、有権者は政党の候補者名簿に対して投票を行う。名簿には拘束式と非拘束式が存在する。拘束名簿式の場合、候補者名簿は政党が作成する。当選させたい順位は政党が決定するため、有権者が投票の際に選択することができるのは、政党名だけである。対して非拘束名簿式では、政党名だけでなく候補者名も選択することができる。拘束名簿式の場合、有権者は当選させたい候補者を選択することはできないが、非拘束名簿式では当選させたい候補者を選択することができる。しかし、非拘束名簿式は、政党の得票数と候補者名の両方の得票を合わせて配分議席を決定し、候補者名の得票数が多い順に当選していく方式のため、得票が多い候補者は当選しやすくなり、得票が少ない候補者は当選の可能性が少なくなる。

比例代表制においては、獲得した票を議席に変換するさまざまな方法が存在する。変換方法によっては、獲得議席が大きく変わるため、どのような方法を用いるのかという問題は重要になってくる。

　得票を議席に変換する方法は最大剰余法と最高平均法の2つに大別できる。最大剰余法は、1議席を獲得するために必要な票数を計算し、得票が当選基数に達する度に1議席ずつが配分される。例えば、投票総数を選挙区定数で割った値を当選基数として、各党の得票数を当選基数で割る。その商が各党の獲得議席となるわけだが、通常、その商は整数部分と余り（剰余）の部分に分かれる。したがって整数部分を各党の議席として決定し、残りの議席は余りの値が大きい政党順に配分される（参考文献① P.11）。配分方法としては固定式、ヘアー式、ドループ式、ハーゲンバッハ・ビショップ式などがあり、実際に計算をしてみると表4－3のようになる。

　他方、最高平均法は、議席配分において、次の1議席を配分する際に、政党が1議席を獲得した場合の1議席あたりの平均得票数を計算し、平均得票数が最高になる政党に、次の議席を与えるという考え方に基づく方法である（参考文献① P.12）。このような計算方法をドント式と呼ぶが、ドント式は日本の衆議院、参議院の他にスペインなどでも採用されている。実際の計算結果は表4－4のようになる。その他の計算方法としては、得票数を奇数で割っていくサン・ラグ式、最初の除数を1ではなく1.4で割る修正サン・ラグ式などがある。サン・ラグ式はニュージーランド、修正サン・ラグ式はスウェーデン、ノルウェーなどで採用されている。ドント式は大政党に有利な議席配分方法であり、修正サン・ラグ式は小政党に有利とされる。

表4－3　最大剰余法による議席配分（ヘアー式）

	X党	Y党	Z党
得票数	45票	29票	26票
得票数÷当選基数（20票）	2余り5	1余り9	1余り6
配分議席	2議席	2議席	1議席
（得票率）	45%	29%	26%
（議席率）	40%	40%	20%

出典：参考文献① P.11、表1－2

表4－4　最高平均法による議席配分（ドント式）

	X党	Y党	Z党
得票数（÷1）	45票①	29票②	26票③
得票数÷2	22.5④	14.5⑥	13⑦
得票数÷3	15⑤	9.66⑨	8.66⑩
得票数÷4	11.25⑧	7.25⑪	65.5⑫
配分議席	3議席	1議席	1議席
（得票率）	45%	29%	26%
（議席率）	60%	20%	20%

出典：参考文献① P.11、表1－3

3. 日本の選挙制度

1) 中選挙区制と政治改革

　現在、日本では衆議院の選挙制度として、小選挙区比例代表並立制が採用されている。現在の選挙制度が採用される以前は、中選挙区制と呼ばれる制度が採用されていた。中選挙区制は、戦前の一部を除いて1996年まで採用されていた制度であり、1つの選挙区から2～6人を選出する制度であった。日本では中選挙区制と呼ばれるが、大選挙区制の一種であり、単記非移譲式の選挙制度である。

　中選挙区制の下で、国会の過半数の議席を獲得するためには、1つの選挙区に2人以上の候補者を立てなければならなかった。しかし、同一政党から複数の候補者が立候補した場合、同士討ちの可能性がある。この場合、候補者は政党や政策を主張しても違いを明確にすることができない。このような中選挙区制の構造が、自民党の派閥の形成、維持を促した。さらに、候補者は後援会と呼ばれる個人的な組織を作り上げ、選挙を争うことになった。中選挙区制は、有権者が政党よりも候補者個人に対する支持によって、投票する傾向を生み出し、地元選挙区への利益誘導や支援団体への便宜供与などといった関係を定着させた。候補者や議員は、個人後援会に対する各種サービスを通じた選挙区内のネットワーク維持のために、多額の政治資金を必要とした。その結果、政治とカネをめぐるさまざまな問題が発生し、中選挙区制という構造そのものが政治腐敗の温床になっている、という批判が高まった。

　以上のような理由から、政治改革の機運が高まり、政党、政策本位の選挙が目指され、1994年に政治改革関連法案が成立した。そして、1996年10月に行われた第41回衆議院総選挙から小選挙区比例代表並立制が、採用されている。

2) 衆議院と参議院の選挙制度

　日本では、選挙権はすでに述べた通りであるが、2018年1月現在、衆議院は25歳以上、参議院は30歳以上の男女に被選挙権が与えられている。

小選挙区比例代表並立制とは、小選挙区制と比例代表制を組み合わせた制度である。2018年1月時点で、衆議院の定数は465名であり、小選挙区から289名、比例代表で176名が選出されている。比例代表選挙は、拘束名簿式が採用されており、全国を11のブロックに分け、ブロックごとに各政党の得票を、ドント式によって議席を配分する。衆議院の任期は4年だが、解散がある。

　小選挙区比例代表並立制では、重複立候補が認められている。重複立候補とは、小選挙区と比例代表の選挙に同時に立候補することが可能な制度である。重複立候補をした場合、小選挙区で落選したとしても、比例代表で当選できる可能性がある。この際、惜敗率が考慮され、一定の割合を超えていれば当選が可能となる。惜敗率とは、選挙区選挙における当選者の得票に対する自らの得票率を意味している。

　参議院の選挙制度は、都道府県を単位とする定数1〜6の選挙区選挙と、日本全国を選挙区とする比例代表選挙によって行われる。選挙区では146人、比例代表では96人の議員が選出される。参議院の任期は6年で、解散がないが、半数が3年ごとに改選される。定数が1の選挙区に関しては小選挙区制といえるが、定数が2〜6の選挙区では大選挙区制となっている。また、比例代表選挙はドント式で議席配分が行われるが、衆議院の比例代表選挙とは異なり、非拘束名簿式を採用している。近年の注目する点としては、後述する1票の較差の問題から、2016年の参議院選挙において、2つの県を1つの選挙区とする合区選挙区が導入されたことである。合区選挙区は、鳥取県と島根県、徳島県と高知県となっている。

4．選挙制度をめぐる諸問題

1）1票の較差

　平等選挙の原則で述べたように、現代では1人1票という数の平等だけでなく、1票の重みも平等でなければならない、と考えられている。選挙区によって議員1人当たりの有権者数の違いから、1票の価値が異なること、1票の重みに差が出ることを、一票の較差と呼ぶ。1票の較差の算

出に当たっては、選挙区の人口や有権数などが指標として用いられる場合が多く、一般的に下院の較差は国勢調査などに合わせて定期的に調整がなされる。

　日本の場合は、同じ議員定数の最も人口の多い選挙区を、最も人口の少ない選挙区で割った数値で表され、憲法学上は較差が2対1以上に開く場合、是正する必要があるとされる。

　日本国憲法上、どのような選挙制度を採用するのかは法律事項とされ、国会に裁量が与えられている（45条）。しかしながら、投票価値の平等は憲法上の要請であるため（14条）、一定の較差が存在する場合は、裁判所による是正の判断が行われる。裁判所の判例をみてみると、かつては衆議院で3倍、参議院で6倍の較差を違憲あるいは違憲状態と判断していたが、近年では投票価値の平等を重視するようになってきており、較差を是正するよう踏み込んだ発言がなされている。ただし、単純に人口比例で選挙区の定数配分を行うと、人口の多い都市部の定数が多くなり、都市部の有権者の意思が政策に優先されるようになってしまうため、政策的な課題が多い人口過疎地にこそ、定数を多く配分すべきではないかという意見もある。

図4−1　選挙時における1票の較差の推移

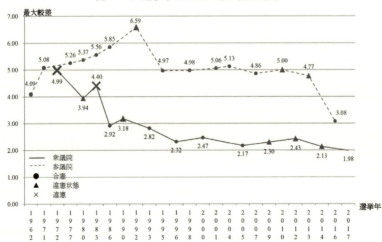

出典：参考文献⑥ P.69、図3−1などを参考に作成

2017年9月1日時点における選挙人名簿を基にした日本の1票の較差をみてみると、衆議院の選挙区人口の最多（東京都第13区：474,118人）と最少（鳥取県第1区：239,097人）の比率は1.983：1となっている。一方、選挙区の議員1人当たりの人口を比較する参議院では最高（埼玉県：約1,018,511人）と最低（福井県：約327,300人）の比率は3.112：1となっている。

　政治学的観点から1票の較差を考える場合は、代表性の問題と、較差の算出方法という2つの視点から問題提起がなされている（参考文献②）。代表性の問題とは、選ばれた議員は何の代表なのかという問題である。代表には、国民代表と地域代表の2つがあるとされる。国民代表は独立代表ともいわれ、政治家は選出された地域、集団の利益ではなく、国民全体の利益のために自由に行動すべき、という考えである。他方、地域代表は委任代表ともいわれ、選出された代表は、選挙によって示された選出地域、集団の意向に制約される、という考えである。1票の較差が問題とされる前提には、選出された代表が地域代表である、という考えがある。なぜなら、国民代表であれば、どのような地域、集団から選出されたとしても、何ら制約を受けないために、政治家の行動や決定される政策などに差がないと考えることができるからである。

　日本国憲法は「両議院は、全国民を代表する選挙された議員でこれを組織する。」（43条）と規定しているため、解釈上は国民代表となる。したがって、憲法は国民代表を想定していることになるが、実際は1票の較差の問題について裁判所が是正を求めるなど、憲法上の理念と現実に乖離がみられる。例えばアメリカの場合、下院については憲法によって各州に定数1人を保障した上で、人口比例により定数配分する旨が規定されている。上院に関しては、各州2名と規定されている。2016年7月時点で、最も人口の多いカリフォルニア州（39,250,017人）と最も人口の少ないワイオミング州（585,501人）の較差は67.04倍となっている。上院議員は州の代表という位置づけであり、どれだけ人口に差があったとしても、各州2名と憲法で規定されているため、問題視はされない。

　較差の算出方法の問題とは、1票の較差を算出する際にどのような方法

を用いるのか、という問題である。すでに述べたように、日本の場合は同じ議員定数の最も人口の多い選挙区を、最も人口の少ない選挙区と比較する、最大最小比を用いている。較差の算出方法には、その他に、ルーズモア・ハンビー（LH）指数[*1]やジニ係数を用いる方法もあり、これらの方法を用いる方が、較差を適切に把握することができるといわれている（参考文献②P.103）。

　日本における1票の較差の問題は、単に選挙区定数の配分を見直すという問題ではなく、選出される代表をどのように位置づけるのか、較差をいかに適切に捉えることが可能なのか、という視点が欠けている。憲法改正を含め、選挙制度をめぐっては、より包括的な議論を行わなければならないといえる。

2) マイノリティと選挙

　マイノリティ、いわゆる社会的少数派にとって選挙は、自分たちの利益や意思を政治に反映させるための重要な機会である。選挙が結果として何らかの多数派を形成し、多数派に権力を与えるものである以上、適切に代表されない少数派は、政治そのものに不信感を抱く。不信感が募れば、国家における民主政治そのものが揺らぎかねない。マイノリティと選挙をめぐる問題としては、女性、外国人、民族等があげられる。

①女性

　列国議会同盟（IPU：Inter-Parliamentary Union）によれば、2018年5月時点でIPU加盟国議会の議席のうち、女性が占める割合は23.8%となっている。この数字からも明らかなように、政治的代表としての女性は少数派である。女性議員が少ない要因としては、国ごとの社会的要因や文

[*1] LH指数　選挙区定数の配分がどの程度人口に比例しているかを表す指標であり、各選挙区の人口比と議席比の乖離を絶対値として算出し、全選挙区の数値を足して%で表示する。指標の値は0から100の範囲をとり、0に近いほど配分された定数と人口との乖離が少ないことになる。LH指数が10%の場合、全国平均で10%の議席が適正に配分されていないことを示す。較差がない場合0%、人口の少ない選挙区に全ての議席が配分されている場合は100%になる

化的要因などさまざまであるが、女性議員を増やす取り組みとして選挙制度が注目される。2018年5月時点で、日本の女性議員の割合は衆議院で10.1％、参議院で20.7％となっており、IPUに加盟している193の国、地域の議会の中で160位と世界的にみても低い。

　近年、特に注目されているのが、ジェンダー・クオータ制であり、導入する国の数も急速に増加している。クオータ制は、選挙の際の候補者数や議会の議席、閣僚などの政治的決定に関わる公職に、女性が一定の割合を占めるように規定する制度である。クオータ制は、さまざまな形式で用いられている。まず、憲法や法律によって候補者の一定の割合を、女性にするように義務付けるものがある。その他に、政党が自主的に候補者の一定の割合を女性にすることを目標とするもの、議会の議席の一定割合を女性議員に割り振るもの、一定の選挙区を、女性候補者のみが立候補できるように指定するものなどがある。

　クオータ制の導入は、短期間で女性議員を増加させることができるため、日本においても導入を目指す動きがある。ただし、女性議員の割合が高いフィンランドやデンマークなどではクオータ制が導入されていないことから、女性議員の増加にクオータ制は必要条件ではないのではないか、という主張もあるほか、クオータ制は男性との機会平等を損なうといった批判もあり、クオータ制の導入には賛否両論がある。

　2018年5月18日、「政治分野における男女共同参画推進法」（候補者男女均等法）が参議院本会議において全会一致で可決され、成立した。同法案は議員立法によって制定された法律で、政党や政治団体に、選挙の際の男女の候補者数を同数とするように求める内容となっている。しかし、あくまでも努力義務であって、罰則は規定されていない。

②外国人

　特に選挙との関わりで問題となる外国人は、定住外国人である。定住外国人に選挙権を与えている国はほとんどなく、選挙権を与えていたとしても一部の地方選挙のみであったり、旧植民地宗主国出身者にのみ与えるといった一定の制約が存在する。

外国人の選挙権をめぐっては、日本においても議論が活発に行われたことがある。日本では、定住外国人の国政選挙の選挙権は認められていないが、判例上、地方選挙における投票権の付与は政策的判断であるとされている。しかしながら、現在までに日本において外国人に選挙権が与えられたことはない。

　外国人の選挙権に関する問題は、国民国家の変容という観点からも考えることができる。三竹（参考文献⑤ P.46）によれば、国籍や居住地、市民的権利、選挙権等が国家の領土と一致しているという伝統的な近代国民国家モデルが、自明視できないためであるという。グローバル化の進展による人々の移動によって国民の境界が揺らいでおり、民主主義と国民国家の原則を調整するものが、外国人選挙権であるといわれる。つまり、国家を担う国民と民主主義を担う国民にずれが生じており、新たな調整を行う必要がある。

③民族

　多民族国家においては、少数派民族も代表を公正に議会に送りこむことができるかは、時として民族間の対立を引き起こしかねない問題である。選挙制度の特徴から考えれば、多数代表制よりも比例代表制の方が、多民族国家には適しているとされる。多数代表制の下では、選挙区内の少数派民族は議席を獲得する可能性が低いためであり、比例代表制であれば、少数派民族であっても、民族人口に比例する形で、一定の得票を獲得することができるためである。

　ただし、一定の得票率を超えなければ当選者を出すことができない防止条項の設定や、定数の設定、拘束名簿式か非拘束名簿式かなど、条件によっては比例代表制であっても少数派民族が、代表を確保することが難しいことも指摘される。あるいは、多数代表制、特に小選挙区制であったとしても、例えば、少数派民族が多数派となるような選挙区を設定する場合など、少数派民族が代表を確保することができる場合もある。その他に、議会における議席の一部を、少数派民族に割り当てる指定議席制を採用している国もある。しかし、こうした制度の導入は、運用によってはゲリマ

ンダリングが行われたり、民族差別の助長、対立を促す危険性も秘めていることに留意しなければならない。

　少数派民族の問題は、日本にも存在する。日本は単一民族国家と誤解されやすいが、日本には先住民族であるアイヌ民族がいる。アイヌ民族は絶対的な少数派民族であるため、マイノリティの問題として、民族という視点からは議論されることが少ない。三竹（参考文献⑤ P.37）によれば、1984年に北海道旧土人保護法の廃止を求めて、北海道ウタリ協会が提出した「アイヌ民族に関する法律（案）」には、国会に特別議席を設けることが含まれていた。さらには、2008年に政府に設置された「アイヌ政策のあり方に関する有識者懇談会」にも同様の要望がなされたという。しかし、こうした案は、憲法が定める法の下の平等に反する、という憲法学からの指摘により、政府に提出される前の段階で削除されている。

　少数派民族に議席を割り振ることは、技術的に難しいことではない。すでに述べたようにそうした制度が導入されている国もあり、今後に向けて更なる議論が必要になるといえる。

（上岡　敦）

参考文献

①石上泰州「選挙制度」岩崎正洋編『選挙と民主主義』吉田書店、2013年
②粕谷祐子「『一票の格差』をめぐる規範理論と実証分析─日本での議論は何が問題なのか」『年報政治学 2015 − Ⅰ』日本政治学会編、2015年
③坂井豊貴『多数決を疑う』岩波書店、2015年
④佐々木毅編『政治改革 1800 日の真実』講談社、1999年
⑤三竹直哉「マイノリティと選挙制度」岩崎正洋編『選挙と民主主義』吉田書店、2013年
⑥柳瀬昇「一票の較差」岩崎正洋編『選挙と民主主義』吉田書店、2013年
⑦J. A. シュンペーター／中山伊知郎・東畑精一訳『資本主義・社会主義・民主主義』〔第3版〕東洋経済新報社、1962年

5章　官僚制

> **本章のねらい**
> ・官僚制の起源を考える
> ・官僚制の役割を考える
> ・日本の官僚制の特徴を考える

1．官僚制とは何か

　現代の政治を理解する場合、官僚制の問題を抜きにして考えることはできない。行政国家と言われる現代において官僚制の役割は極めて大きく、その政治的影響力は、計りしれないのであって、それはますます拡大している。それでは官僚制とは何か？　いうまでもなく国家を統治するためには、政治家だけでは不可能である。その補助を行うのが官僚である。近年では、その官僚が政治家の政策形成に直接関与するなど、その役割は極めて大きなものとなってきた。

　一般的に官僚制とは①ただ１人で決定する者をトップにし、②そこからピラミッド型の構造があり、人が働く仕組みだと考えられている（図5—1）。官僚制（bureaucracy）の概念は、欧米から生まれ、語源からみると、ラテン語の burrus に発した bureau（事務室）と cratus（力）の合成語であって、その原義は、「事務室支配」のことである。この合成語が最初に登場したのは、市民革命前のフ

図 5 -1

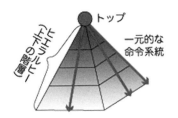

ランスにおいてであり、それから19世紀前半にかけてドイツを始めとする欧州各国に広まったと言われている。この官僚制の概念は、政治学、行政学、社会学などの分野において主要な問題となっており、その概念を確定することは容易なことではない。

　官僚制の特徴を体系的に明らかにしたのは、ウェーバー（Weber, Max 1864～1920）である。彼は、その大著『経済と社会』（1922年）のなかの『支配の社会学』において、社会の大規模組織、一般に認められる官僚制の発展ないしは官僚制化について詳細に論じた。そこでは、官僚制とは国家に特有な現象ではないとし、企業体、労働組合、教会、学校などのような現代の大規模組織に見られる一定の組織の形態を官僚制と言っている。こうした意味から、官僚制は「巨大組織の管理、運営を担う専門的集団、及び、その組織・制度」ということができる。

2．官僚制の変遷

　官僚制は、いかなる段階をへて発展したのであろうか。官僚制の発展は、当然のことながら歴史的・政治的背景と密接に関連している。ここでは、3つの段階にそれを区別する。

1）家産制

　家産制は、当初、絶対主義に時代に見られた制度である。ウェーバーは、その事例として、古代エジプト・オスマントルコ帝国・中国大陸の歴代王朝の時代を上げている。

　家産制という形態は、封建社会での領主の財産を管理するためにつくり出された管理システムであった。君主と主従関係を結んだ家臣を意味する家産官僚の地位は、領主の恣意と恩寵に依拠していた。したがって、家産制官僚は、領主のために職務を遂行し奉仕したのであった。そこには、領民に対する職務上の忠実性は、基本的に要求されなかった。

2）猟官制

このタイプは、主として１９世紀の近代市民社会において、多く見られたシステムであり、政府の公職の任命を党派的な情実によって行う政治的な慣習であった。それが最も典型的に行われたのはアメリカである。アメリカは西欧諸国とは異なり、政府組織の官僚制化がうまく進まない例外的な国家であった。その背景としては、アメリカでは、権力の集中を警戒する観点から、建国以来、専門性や永続性を持つ官僚制の発達に対して否定的な見解が一般的であった。

　猟官制（spoils system）の慣例化の大きな契機となったのは、1801 年に第 3 代大統領に就任したジェファーソン（Jefferson,T）と 1929 年に第 7 代大統領に就任した、ジャクソン（Jackson,A）であった。両大統領は、政府の官職は長期的に一部が独占すべきではなく、大統領が交代した際には、政府の公職もその大統領の支持者が就任するのがデモクラシーであると主張した。結果的に、支持した政党の選挙功労者が官職に就任することが慣例化されていった。特に、ジャクソン大統領は任命人事に際して、政治信条よりも選挙活動に対する貢献の度合いを重視し、学歴・能力は問題としなかった。この猟官制も社会構造が単純で政府の役割が限られていた時代には、民意を反映した民主的制度として、それなりの利点を持っていたのであった。

　ところが 19 世紀後半、資本主義が発展し、工業化、都市化が発展するにつれて政府の役割も高度化・専門化したため専門能力を持たない人物を任命したことから生じる政府の仕事の非効率という弊害が起こった。さらに、公職の任命を巡って政治的な腐敗、汚職事件も起こり、猟官制を見直すべきであるという声が強まったのである。

3）資格任用制

　このような弊害から、健全な政府のあるべき姿として、専門能力のある公務員を求めて、公務員制度改革への期待が高まってきたのである。1881 年に起こった失意の猟官者によるガーフィールド大統領暗殺事件、さらに、82 年の中間選挙で共和党が敗北したことの影響もあって、1883 年にペンドルトン法（アメリカ連邦公務員法）が制定された。同法の制定

によって、公務員制度が改革され、試験によって専門能力を証明した人物を公務員に採用するという資格任用制（merit system）が導入され、連邦公務員の政治的中立性を確保するとともに、専門的な人事管理機関として合衆国人事委員会を設置することになった。

イギリスでは、公務員採用での試験制度の全面的な導入は、1870年以降である。日本では、戦前の官吏制度のもとで試験制が導入されてはいたが、官吏制度それ自体が身分的性格を帯びていたために、実質的には、戦後の公務員制度の改革をへて貫徹されることになったといってよい（72～73ページも参照せよ）。

ところで、アメリカでは猟官制の慣行が根強く、資格任用制が採用されたとはいえ、それは一割程度の採用にとどまり、それ以来、資格任用制を適用するポストの範囲を広げてはいるものの、アメリカの公務員制度では、今なお猟官制の考えが根強く残っている。連邦政府の幹部職員などは、大統領による政治的任用（political appointee：大統領や首相が行政府の要職に官僚や民間人を任命すること）の対象となっている。

3. ウェーバーの官僚制の特質

ウェーバーは、官僚制が合理的な組織ないし構造であるとし、近代資本主義の発展に貢献するものであるとする。そして近代官僚制を以下の12の原則によって説明した。

① 規則による規律の原則

　職務が法律、行政規則などのような客観的に定められた規則によって継続的に行われる。

② 明確な権限による原則

　職務は法律、規則によって、権限の範囲が明確にされる。この原則は官僚の権限を明確に定め、恣意的な権限の乱用を防止する目的をもっている。

③ 明確なヒエラルヒー構造の原則

　組織内では上下の指揮命令統一が一元的に確立され、上級機関は下級機関の決定について再審査権および取消権をもつ。

④ 経営資材の公私分離の原則

　官僚制における公的活動とその担当者の私的活動は、明確に区別され、公的活動に用いられる資材などはすべて職場から支給され、それは私的財産とは区別されている。

⑤ 官職専有の排除の原則

　官僚制の職位の専用は認められず、その世襲や売買も認められない。

⑥ 文書主義の原則

　官僚制における活動は、すべて客観的に記録され保存される文書によって行われることを原則とする。したがって口頭での伝達が可能な場合でも、業務の処理と伝達は通達書、報告書などの形で文書によって行われる。

⑦ 任命制の原則

　官僚制支配は、職員の任命制の原則がもっとも明確に確立されているところで、もっとも明確に貫徹される。つまり、選挙制で選ばれたのではなく、任命された職員から構成される。

⑧ 契約制の原則

　職員の身分は契約によって生じ、規則に定められた職務に関しての上級者の命令に服する。

⑨ 資格任用制の原則

　職員の採用は、一定の学歴と専門知識をもつ有資格者の中から行う。したがって、縁故採用はもちろん、いわゆる情実任用とか猟官制はこの原則に反していることになる。

⑩ 貨幣定額俸給制の原則

　職員は労働の対価たる俸給を貨幣で、しかも定額で受ける。また、退職後には、年金も支給、老後の生活保障を受ける。

⑪ 専業制の原則

　職員は、その業務に専念する。兼務・副業で働いている職員、非常勤の職員、名誉職的な職員などは典型的な官僚制職員ではない。

⑫ 規律的昇進制の原則

　職員の昇給は在職年数、業務成績、あるいはその双方によって行われる。

以上の原則は、今日、資本主義制度が発達する過程で失業者の問題や、産業の過当競争の結果、恐慌などが政治問題化するなど、行政内容は広範・複雑になり「積極国家」、「行政国家」とよばれる現代社会において自明のことばかりだが、ウェーバーは、これらの諸原則が近代社会に特有のものであることを明確にしようとしたのであった。そして彼は、その著『職業としての政治』の中で、この機械的な官僚制を①結果責任をわきまえ②状況を予見・洞察する能力、③指導者たることへの深い情熱、の三つを持つ政治家が官僚を指導すべきだと考えたのである（「10章　政治家と官僚」も参照せよ）。

4. 官僚制の逆機能とその統制

1）官僚制の逆機能

　ウェーバーのように近代官僚制の合理性に注目した議論がある一方で、マートン（Merton, Robert King 1910～2003）は官僚制の逆機能、つまり、マイナス面を強調したのである。

　本来、合理的、能率的組織である官僚制も組織の硬直化現象を生み出し、非能率的機能組織に転化していくケースが日常的に見られ、現実には、ウェーバーが意図した効果を十分に発揮することはできなかった。たとえば、「官僚的」というマイナス・イメージを含んだ言葉が横行し、官僚批判に使われる。法規万能主義・セクショナリズム・権威主義・責任転換・画一主義・事大主義・形式主義・先例主義というような弊害が官僚制の組織の中に生じているのである。これは、官僚制の「病理的側面」をしめすものであり、マートンの言う官僚制の逆機能である。

　行政があまりにも先例や慣行にとらわれ過ぎて、絶えず変化する現実に即応しなければ、行政の柔軟性を低下させ、新たな行政の可能性を封じることになってしまう。また、いわゆる「省庁」の利益を第一に考える省益（「縄張り根性」）によって、国民や国家の利益に立った行政が忘れられ、個別の省庁の決定や利益が優先されてしまうのである。いわゆる「縦割行政」の弊害である。

　官僚制は、現代において「官僚制の逆機能」や「官僚主義」といわれる

ように、その機能を十分に発揮し得ない状況に陥っている。アメリカでは、第二次世界大戦後、ウェーバーの官僚制論が批判され、合理的官僚制よりもむしろ官僚制の「逆機能的」側面が強調された。ただし言えることは、官僚機構は、現代の巨大社会には必要不可欠であり、「逆機能的」側面を反省し、その合理的側面を積極的に評価し、「官僚主義」を克服するためにさまざまな「統制」の試みが今日なされているのである。

2）官僚制の逆機能への統制

官僚制の逆機能をいかにして統制すべきかという問題は、これまで様々な工夫がなされてきた。こうした統制は、外在的統制、内在的統制、国民参加による統制という3つの統制に分けられる。

①外在的統制

これは、官僚制の逆機能を外部から統制しようとするもので、三権分立制の下での立法部と司法部による行政部への統制を意味する。通常、三権分立の下では、行政部は、立法部が制定した法律の範囲内で行動しなければならないのであり、財政に関しても立法部の議決が必要である。そもそも、わが国のような議院内閣制の下では、内閣の存立には立法部の信任が不可欠であり、立法部である国会に対して、行政のトップである内閣の責任は重く、まさに責任内閣制といわれる制度が採用されている。また、国会は行政部の行為に対して、国民の代表として調査しうる国政調査権を有しているのである。

一方、司法部である裁判所は、行政部の決定や処分に関して、具体的事件についてその違法性を判断する権限を有している。裁判所は、判決をもって行政部に対して法的な統制をなしうるのである。

②内在的統制

今日の行政の肥大化、行政部の裁量権の拡大は、外在的統制だけでは「官僚制の逆機能」を統制はできない。そこで、行政部がみずから組織内部からの官僚主義の克服を目指すのが、内在的統制である。昨今、行政機関に広く、さまざまな行政審査や行政監査などの制度が設けられている。こうした行政の内部からその活動をチェックする手段

の一つが行政監査である。

その特徴は、監査の目的が行政行為の合法性だけでなく、合目的性、効率性、さらに業務のあり方まで及んでいる点である。ただし行政監査は、制裁が目的ではなく行政の効率性と適正な運営を確保することを目的としている。

しかし、こうした行政官の良心や道徳心に訴え自己規制を求める内在的統制によっても官僚制の逆機能を克服することが難しい点は、周知の通りである。

③国民参加による統制

外在的統制や内在的統制によっても官僚主義の克服が十分でないという現実によって、国民が行政の統制に直接参加する制度が新たに設けられた。行政の仕事が国民生活の広範囲の領域にまで及び、行政が住民にとってこれまでになく身近なものとなっている今日では、この傾向はますます強くなっている。こうした制度として情報公開や住民参加などの制度が挙げられる。

情報公開とは、行政が保有している情報を、国民の要求があれば開示するという制度である。1999年情報公開法が成立した。これは広報などのような行政による一方的「情報提供」とは異なるものであり、国は国民の「知る権利」を保障する目的で定められた法律や条例の規定に基づき、国民の側からの請求によってなされたということである。まさに、公正で、開かれた行政を実現するために、国民による行政の監視・統制を充実させることが目指されているのである。この点で、各自治体の財政支出に関する情報の公開をめぐる「市民オンブズマン」(オンブズマン制度:行政監査官制度、行政に関する国民の苦情について調査し、必要な措置を取るための機関。スウェーデンが1809年に置いたのが最初とされる)の活動は、近年活発である。

5. 日本の官僚（制）

日本の政治に欧米的な官僚（制）が導入されたのは、いうまでもなく明

治時代になってからである。1886（明治18）年に官吏服務規律、官僚養成を目指す帝国大学令が発布され、明治憲法下で「天皇の官吏」としての権力構造の一翼をになった。彼らは、西欧社会に追い付くための富国強兵、殖産興業を軸とする近代化の推進に大きな役割を果たした。

　第二次世界大戦後は、権力の正統性の根拠が天皇主権から国民主権に転換し、行政制度も占領軍により民主化されることとなった。「すべての公務員は、全体の奉仕者であって、一部の奉仕者ではない」（憲法15条2項）との基本原則に立って、1947年に国家公務員法が制定されるなど官僚制にも改革のメスが入れられた。同時に、戦前において最有力の官僚機構であった内務省も解体された。

　しかし、占領軍により軍部、政治家をはじめ社会の末端に至るまで、戦争遂行の上で指導的な役割を演じた組織や人物の責任が問われたのに対して、占領軍側に間接統治を円滑に実施したいとの意向もあって官僚機構はほとんど温存された。日本の官僚制は、明治以来、「エンジンをそのままにして車体を変えてきた」とも言える。

　今日、官僚の本来の仕事は、国会が決定した法律や政策を執行することである。しかし、社会が複雑化した現代においては決済しなければならない案件が膨大なこと、特殊な専門用語知識が必要なことから、立法府の領域まで官僚の助けが必要となり、その政治的影響力は計り知れないのである。

1）官僚の採用 - 超難関の国家公務員採用総合職試験

　国家公務員は、国家公務員採用総合職試験に合格した幹部候補生として中央省庁で採用された国家公務員の俗称である「キャリア」官僚と、国家公務員採用一般職試験採用者である「ノンキヤリア」官僚と呼ばれる国家公務員からなっている。

　国家公務員採用総合職試験(大卒、院卒)の受験資格は、受験年の4月1日に21歳以上33歳未満の人、もしくは、21歳未満の者で、大学卒業見込みの人である。2018年度の総合職試験では、申し込み者数は、院卒2,181人（女性588人）、大卒17,428人（女性6,324人）。一次試験合格者は、院卒1,137人、大卒2,354人であった。さらに合格者の中から選抜され、各行

政機関に採用されるにいたった院卒は、639人（女性158人）、競争率3.4倍、大卒は、1,158人（女性330人）、競争率15.1倍であった。2018年度の女性の申し込み者数は、大卒、院卒を合わせて6,912人で全体の35.2%を占め、総合職試験導入以降、7年連続で3割を超えるとともに過去最高となった。合格者割合も全体の合格者数の27.2%（29年度25.8%）となり、過去最高となった。彼らが、いわゆる「キヤリア」官僚、将来の幹部候補生である。

　出身大学の上位5位までは、1．東京大学（院卒135人　学部卒194人）2．京都大学（院卒72人　学部卒79人）3．早稲田大学（院卒29人　学部卒82人）4．東北大学（院卒27人　学部卒55人）、慶應義塾大学（院卒27人　学部卒55人）5．北海道大学（院卒28人　学部卒39人）であった。

2）官僚の昇進

　キャリア官僚の出世は早く、しかも確実である。国家公務員の昇進管理の特徴を図示すると「二重の駒形」昇進モデル（図5−2）のようになる。まず、入り口において、キャリアとノンキャリアの選別は厳格に行われ、どちらのカテゴリーに入っているかで、昇進管理はまったく別のものになる。キャリア官僚は、入省4〜5年目、20代半ばから20代後半で係長に昇進。一般的には、法案の起案、付属資料の作成に従事する。入省10〜11年目、30代前半で本省課長補佐に昇進する。法案作成、政策の提案や企画、情報収集などを行う。この期間の勤務評価は、今後の出世を左右するものと言われる。入省17〜18年目、多くは40歳ぐらいで課長へ昇進する。課で収集した情報が課長のもとに集まるため、課内で処理すべきもの、上に報告するものと選別、処理する能力が問われる。また、他省庁や上司との調整折衝なども大きな役割となる。

　しかし、同期入省者が全員課長になった頃から、そのまま官僚組織の中で昇進を続ける者と早期退職、いわゆる天下り（Out）する者が出てくる。こうした昇進競争（Up or Out）の中で26〜27年目、同期の中で審議官クラスには全員昇進（Up）できず、昇進競争に敗れた者は、外部へ天下り（Out）する。その上の局長クラスに同期のうちの数名が昇進（Up）

すると、昇進できなかった他の者は退職（天下り Out）する。だいたい入省32年目で財務省の場合は、事務次官、財務官、国税庁長官のポストで、同期のうち大多数は、このポストまで辿り着けず退職することになる。

しかし、2000年代に入り、このモデルは崩れていく。2009年、各省庁による斡旋天下りが原則禁止されたことから、同期で審議官クラスに昇進する者がいても、他の者が省内に課長級でとどまっていたり、独立行政法人や関係公益法人へ現役で出向したりするような傾向がある。近年、こうしたキャリア官僚の Up or Out 型昇進管理も崩れつつある。

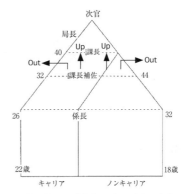

図5-2「二重の駒形」昇進モデル

出典：吉野孝他編『論点 日本の政治』東京法令出版、2015年61ページ。稲継裕昭『日本の官僚人事システム』東洋経済新報社、1996年35ページ参照。

3）日本の官僚制の特徴

さて、こうした官僚制を抜きに日本の政治は語ることはできない。その影響力が大きいだけに、以下に指摘する日本の官僚制の特徴について、われわれは、十分に理解しておかなければならない。

①セクショナリズム

組織の面において、階層性がとられているが、実体的には割拠性を内在させている。この特徴は、明治維新前後の行政組織がいくつかの有力な旧藩の存在によって歪められたことに起源がある。したがって、「藩閥」「学閥」をはじめ「省益あって国益なし」といった言葉に象徴される強烈な縄張り意識がある。

②後見的な身分の上下関係

戦前の高級官僚による任用・昇進の制度が学歴と経歴に相応して授与される位階等の制度は、一面において広く国民から優秀な人材を登用する途を開き、日本の近代化に多大な役割を果たした。他面、高級官職が

高等文官試験合格者に占有されるところとなり、高級官吏と下級官吏との間に主従関係にも匹敵する圧倒的な身分格差を生み出すことになった。

③＜官尊民卑＞の意識・「お上」意識

　公務に携わる官僚を社会的に高い地位にあるものと見なし、一般の国民を低位に位置するものとみなす一種の差別意識である。当初、官吏の多くが武士階級出身者であったこと、天皇あるいは、国家に仕えているといった意識、さらには、位階勲等の恩典に浴しうる官吏身分そのものが、一般民衆に対する特権意識を醸成していった。現在でも、彼らの言動は端々にそうした点が見られる。

④キャリア官僚に見られる統治者意識

　明治維新から官僚は、帝国大学を出て、高等文官試験に合格し、高級官吏の地位を得た優秀さと自信、さらには、自らが国家を背負い、国民を先導しているという自負心が彼らを支え、事実、そうした彼らによって国策が遂行されてきた。今日のキャリア官僚にも、そういった意識がある。

⑤意思決定の方法としての稟議制

　行政における計画や決定が、末端の職員によって起案され、順次上位者に回覧され、印判を得て、最後に法令上の決済者に至る。独特の意思決定方式である。

⑥法規万能主義

　官僚は、専門知識が豊富であり、法案、予算案の法文起草は官僚でないとできないために、自分たちが作成した法律や規則が優れているという意識がある。

⑦キャリア官僚の特殊法人や民間企業への天下り

　「天下り」とは、各省庁の人事を司る大臣官房（秘書課や人事課）が、省庁の外郭団体や公益法人、民間企業の役員等への再就職を斡旋して行うことを指す。ただし現在、独立行政法人での官僚OBの再就職は原則禁止されている（79〜80ページも参照のこと）。

⑧政権政党との緊密な関係

　各省庁は、政権政党（与党）に対して野党よりも国会質問に必要な資料や情報を積極的に提供（通称レク）する傾向がある。

6. 官僚と行政指導

　行政指導とは、「行政機関がその任務又は所掌事務の範囲内において一定の行政目的を実施するために特定の者に一定の作為又は不作為を求める指導、勧告、助言その他の行為であって処分に該当しないもの」(「行政手続法」第2条6項)である。

　つまり、「一般的には、行政機関がある行政分野に属する事柄について、法令の執行・適用として、特定の個人・法人・団体等に強権的に命令・強制したり、任意的ではあるが、法令の根拠に基づいてそういう者に対し指導・勧告・助言をするのではなく、法令の根拠に基づかないで、行政機関として、こうしたい、こうありたいと希望し願望するところを相手方が実行するように働きかけることを意味する」とした公的機関の行為である。

　行政指導のエピソードのひとつを例として取り上げる。かつてわが国の多くの銀行の景品としてお客さんにあげていた「マッチ」が三角形の形になっていたのは、あるとき旧大蔵省の官僚が銀行関係者との会合で両手で三角屋根のポーズを作り、「マッチの格好はこのようなものがいいね」と言ったそうである。しばらくすると日本中の銀行のマッチが、三角屋根の形になってしまっていたそうである。このエピソードからしていかに民間企業が官僚の意向に従っていることがわかる。

　このように行政機関が、こうしたい、こうありたい、というだけで、自治体や民間企業は何の法的根拠などがなくてもそれに従うのであるから、行政側としては法律に縛られぬ弾力的な運用が可能であり、かつ直接的な行政コストが小さくてもすむというメリットがある。行政側としては、行政主導による統制は有力な手段であるといえよう。ただしそこには、業界側もそれに従った方が補助金や新規参入の規則（許認可権）などで行政側が保護してくれるという期待があることを忘れてはならない。

　ただし行政指導には、「石油カルテル事件判決」(東京高裁、1980) で示されるように、法の下の行政を空洞化させ、行政の明確性・透明性を阻害しているという危険性を多くはらんでいる。

7. 行政改革

　行政改革とは、国や地方公共団体について、行政機関の組織や制度の統廃合、事業の効率化、規制緩和などを行い、簡素で効率的な行政を実現することを目的としたものである。

　現代社会の進化は、社会の巨大化や複雑化とともに、専門化・細分化という相反する傾向を生み出してきた。その結果、官僚機構も巨大化するとともに、専門領域ごとに細分化し複雑化してきた。しかも、それらが専門性を有することから、自己の認識の特殊性や必要性をより強調することになる。こうした傾向は、増加する行政需要にあわせて組織や制度を増加させる場合が多い。これは、行政上の組織や制度を肥大化させるだけの結果となりやすい傾向がある。

　例えば、行政の役割が増加した結果、国民から選挙で選ばれたわけではない官僚が、政策過程において実質的な主導権を握ってしまう場合がある。また、民間の企業や団体に任せられる事業まで国や地方公共団体が手掛ける例も多々ある。そこでは、赤字を続けた企業は、倒産するが国や地方公共団体は赤字を税金で穴埋めできるために、経営感覚に欠け事業が非効率になりがちである。いわゆるこうした現象は、モラル・ハザード（倫理、責任感の欠如）と呼ばれるものである。

1）高度経済成長以後の行政改革

　行政改革は、こうした国民の批判に応じて、簡素で効率的な行政を実現するために特に1980年代から歴代政権によって繰り返し行われてきた。というのも1970年代に入り日本の経済成長は鈍化し、税収は落ち込み財政が悪化する。1975年になって赤字国債の発行を余儀なくされ、国際の発行が拡大する。こうした状況から、財政再建を目標とした行政改革が叫ばれるようになった。

　1981年に設置された臨時行政調査会は、省庁組織の見直し、国と地方との機能分担など広範囲な提言を行った。それに従い国土庁、北海道開発庁、沖縄開発庁の統合がなされ、国鉄（現在のJR）、電電公社（現在の

NTT），専売公社（現在のJT）の三公社は、民営化された。旧国鉄を例にとると、旧国鉄は1964年以降赤字を続け、特に、1980年代には毎年1兆円の赤字をうんでいた。旧国鉄は、さきに述べたモラル・ハザードの典型であった。1987年に分割民営化され生産性は向上し、2005年にはJRグループ7社で5,000億円の計上黒字を計上した。

1990年代以降行政改革の課題は、いっそう拡大した。村山富市政権（1994～96）で行政改革の委員会に小規制緩和員会が設けられ、その後、広く規制緩和が議論される端緒となった。国と地方の関係においても国から地方公共団体に権限、人員、財源を移す地方分権改革が進められている。行政組織も大きく改変した。1996年に橋本龍太郎政権（1996～98）の下で行政改革会議が設置された。

1997年に最終報告が出され、これに基づいて2001年に1府22省を1府12省に再編された（図5—3）。省庁を統合（省庁再編）して無駄を削り、あわせて首相のリーダーシップを強化することを通じて、従来の縦割行政を克服しようとする発想である。さらに、特殊法人の廃止、統合、民営化、独立行政法人化も進められ、行政機構が再編され、「橋本行革」と呼ばれた。

図5-3 省庁再編図（2001年1月）

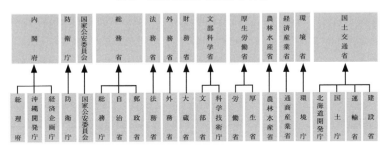

2）小泉「構造改革」と行政改革

2001年誕生した小泉純一郎政権（2001～2006）では、それまで郵政3事業（郵便・郵便貯金・簡易保険）を担ってきた日本郵政会社（特殊法人）は、2007年に民営化され、郵便、銀行、保険の各事業を行う会社などに分かれた。

公務員制度については、1999年に国家公務員倫理法と国家公務員倫理規定が定められ公務員と利害関係者の接触ルールが決められた。「天下り」については、2007年に国家公務員法が改正されて、次のような違反をすれば懲役刑すら課せられるような規定がおかれた。
　①他の職員・元職の再就職依頼・情報提供等規則
　②現職員による利害関係企業等への求職活動規則
　③再就職者（元職員）による元の職場への働きかけ規則
　このように、再就職した官僚OBが出身府省に対して口利きをすることを規制した。2008年には、それまで府省ごとに行われていた再就職先斡旋を一元化するため、内閣府に官民人材交流センターが設置され、翌年、政権交代を実現した鳩山由紀夫政権（2009〜2010）では、独立行政法人への官僚OBの再就職を原則禁止した。とはいえ、2017年に文部科学省における組織的な再就職の斡旋が明るみにでるなど、改めて官僚の「天下り」が問題となっている。
　以上のように歴代政権は、行政改革を行ってきたが、いずれにせよ「行政改革」は、政治社会状況に応じた終わりない課題である。

（田才徳彦）

参考文献

① R. K. マートン／森東吾・森好夫・金沢実・中島竜太郎訳『社会理論と社会構造』みすず書房、1961年
② M. ウェーバー／世良晃志郎訳『支配の社会学Ⅰ』創文社、1960年
③ M. ウェーバー／世良晃志郎訳『支配の社会学Ⅱ』創文社、1962年
④ 川北隆雄『官僚たちの縄張り』新潮社、1999年
⑤ 西尾勝『行政学』〔新版〕有斐閣、2001年
⑥ 水野清『官僚の本分』小学館、2001年
⑦ 宮本忠『現代官僚制と地方分権』高文堂、2004年
⑧ 塙和也『自民党と公務員制度改革』白水社、2013年
⑨ 森田朗『現代の行政』〔新版〕第一法規、2017年
⑩ 村松岐夫編『公務員制度改革―英米仏の動向を踏まえて』学陽書房、2008年

第Ⅱ部
日本の政治過程
A. アクター
B. プロセス

6章　政治過程の概説

本章のねらい
・政治過程とは何かを理解する
・過程論的政治のアプローチを理解する
・日本の政治過程の特徴を理解する

1．政治過程とは何か

1）政治過程と政治過程論

　政治過程という言葉は今では一般的に使われるが、もともとは政治学用語であり、政治学の一分野に属する政治過程論に由来する。政治過程論は20世紀初めにベントレー（A.F.Bentley）によって提唱され、第二次大戦後、米国における行動論の高まりと共に政治研究のための理論として重要な位置を占めてきている。

　まずは政治過程とは何かについて考えよう。ここでの「過程」とされている日本語は process の訳語である。プロセスには「過程」の他に「進行」、「(時の)経過」、「推移」、「変化」などの意味が散見される。敷衍すれば、これは事態や状況の進展・変化を示し、また循環する現象の一時的経過、あるいはそれらの連続・循環そのもの、さらには循環、連鎖系をも含意している。要するに、政治過程とは政治の進行状況や成り行きを指す言葉であり、これを専門的に研究対象とするのが政治過程論である。政治過程論については後に詳しく触れるが、キーワードをもって示せば、「現実の政治」を対象とし、とりわけその「過程」に焦点を当て、これを「科学的」手法で研究する政治学上の立場と言えよう。政治という概念自体に

進行、変化、動態などの意味あいが含まれているにもかかわらず、さらに「過程」を付加するのは、政治の持つダイナミックな面を際立たせ、そこに分析のメスを入れることの重要性を強調するためである。

　現代的な意味での政治過程論に端緒を開いたのはベントレーである。彼は時代が大衆社会へと変化の兆しを見せ始めた20世紀初頭の状況の中で1908年に『統治過程論』（The Process of Government）を著し、新しい政治研究の必要性を説いた。彼の主張の要点は、第1は、哲学や法学、政治制度論等に基づき、「国家に始まり、国家に終わる」と言われ、もっぱら国家を対象としてきた従来の伝統的政治学を「死んだ政治学」と厳しく批判した上で、政治研究の視座を「国家」から社会内の「集団」に転換させたことである。第2は、現実の政治過程の分析を重視したことである。彼は、政治研究は六法全書や法律そのものの中にはなく、「現に遂行されている国家の立法―行政―司法作用の中に、および国民の中に集中しそこに突進してくる日常の活動（つまり社会的集団活動）の流れの中に」、とりわけ社会内の「集団」および利益の調整をめぐる集団間の「圧迫と抵抗」（push and resistance）からなるところの集団の圧力現象、換言すれば「集団利益の対立と結合に見いだされる」とした。第3は、科学的研究を説いたことである。彼は研究方法として、客観性・価値中立性を重んじる自然科学の方法論を導入した。実態に基づく「生の資料」（raw materials）を手がかりに、対象を厳密に観察し、記述することの重要性を強調した。

2）政治過程へのアプローチ

　政治過程を理解するためにはそれを芝居の進行に例えて見るとよい。芝居には舞台があり、演目が掲げられる。舞台装置が設えられ、大道具、小道具のほか衣装や照明が用意される。これらは芝居の進行上なくてはならないものであり、また芝居の雰囲気をつくりだしたり、効果を高めたりするものでもある。そして俳優たちが演技をすることで芝居が進行してゆく。これらを参考にして「現実の」政治の「過程」を「科学的」に解明する場合、以下の前提を考慮する必要がある。

①対象とする過程のレベルないし範囲・・・対象を「国際社会」、「国家社

会」といった「広範囲」で捉えるか（マクロ）、国内「社会」のような「中範囲」で捉えるか（ミディアム）、「個人」レベルで捉えるか（ミクロ）。
②過程の「場」と「状況」・・・過程の発生場所と進行状況の特徴で、芝居でいえば、公演の劇場、舞台（アリーナ）演目、演劇内容である。
③政治過程に関与するアクター・・・芝居と同様、政治過程に登場する人や組織（行為の主体）は「アクター」（actor）と呼ばれる。主要なアクターとしては有権者、政治家、総理大臣、各大臣、官僚、社会活動のリーダー、圧力団体、社会運動組織、マスメディア等々が想定されるが、登場する顔ぶれ及び役割は政治過程によって異なる。これらの諸アクターは与えられた役割の中で権力的資源を駆使して影響力を最大ならしめるべく政治的技量を競い合う。そこでは合理的説得、和解から操作、懐柔、詐欺、裏切り、泣き落とし、威圧、強制、拷問、暗殺、戦争に至るまで、ありとあらゆる手だてが講じられつつ「筋書のないドラマ」とも言われる政治が日々、進行しているのである。
④政治過程の発生源・特徴・・・過程を生み出す契機となり特徴づけるものは何かで、「権力」、「政策」「紛争」などが主要なものとされる。
⑤依拠する研究・・・政治学と社会学を基本としつつ、科学的解明のため「学際的」に多くの隣接する学問領域（経済学、心理学、統計学、文化人類学等々）の成果を導入している。同じ政治学の中でとりわけ関係が深いのは政治システム論と政治行動論である。

　これらは①で指摘した三つの政治過程の範囲をそれぞれに分担していると考えられる。すなわち中範囲を主とする政治過程論を政治システム論がマクロで、政治行動論がミクロで補完し、いわば三位一体で研究を深めている。今後の説明のために政治システム論について若干説明しておこう。

２．政治システムと政治過程

　政治過程は政治システムと関連させて説明すると有益である。一般にシステムとは相互に関連しあう諸要素の一つのまとまり（全体）を意味する。従って政治に関連する諸行動を全体として体系的に把握しようとする

政治システム論は、政治過程や政策決定過程を包括するものと考えられる。以下、主としてイーストン（D.Easton）の政治システム論に従って説明しよう（図6－1）。まずシステムはそれ自体で存在しているのではなく、その外側に環境が存在する。そして環境とシステムは相互に影響を及ぼしあう。環境からシステムへの影響を「入力」（インプット）、逆に、システムから環境への影響を「出力」（アウトプット）と呼ぶ。さらに入力は環境（社会）が政治システムに対して権威的な決定あるいは価値の配分（簡単に言えばある種の政策）を求める「要求」と、政治システムの安定と存続を求める「支持」とからなる。支持には、要求がシステムを通して満たされることによって与える支持と、システム一般に対する承認、愛着、忠誠などといったかたちでの支持がある。環境からの支持によってシステムは安定し、維持されて行くので、政策決定者は要求の実現と同時に、教育や象徴の操作によってシステムへの愛着心、忠誠心を高めようと努力する。そしてこれらの要求や支持はブラック・ボックス（暗函）である政治システムの中での対立・競合、調整・合意形成を経て出力へと転換されていく。ここまでの過程は狭義の政治過程といえる。

　出力を構成するのは「決定」と「行為」、換言すれば決定された政策と行政組織によるその実施である。たとえば、個々の法令や通達、それに基

図6-1　イーストンの政治システムモデル

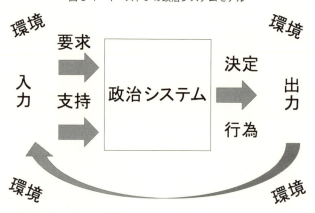

出典：参考文献② P.128をもとに作成

づく行政、計画、それらの資金的な裏付けとしての予算の決定と支出、などである。これらは狭義では行政過程とも呼ばれる。出力は環境に影響を与え、そうした出力の結果についての情報は新たな入力に影響を及ぼす。これをフィードバックといい、フィードバックによってシステムは環境からの影響にうまく対処し、システムとして存続していくことができる。以上のような、入力⇒システム内部における入力の出力への転換⇒出力⇒フィードバック⇒新たな入力という無限の循環過程を広い意味での政治過程という。

さらに上記の②との関連で代表的な二つのアプローチを取り上げよう。一つは政治の本質的特徴をなす「権力」に着目して政治過程＝権力過程として捉えるアプローチである。権力過程とは権力の形成・行使・維持の過程である。権力の形成には権力的地位に就く人間（権力者）を決め、権力行使の組織（政府）を作ることなどが含まれる。権力はそれ自身が価値であり、権力の形成は個人の権力欲という私的動機を原点とするから、通常、権力闘争のかたちをとる。歴史的に権力闘争は多様なかたちで展開されてきたが、現在は選挙で雌雄を決するという方法が多くの国で一般化され制度化されている。わが国を例にとると、最高権力者である内閣総理大臣は日本国憲法に従って次のような条件で決められる。内閣総理大臣になるにはまず国会議員であること、そして国会議員間の選挙で選出されることが必要である。

国会議員（特に衆議院議員）になるには国政選挙で当選する必要がある。したがって権力闘争を勝ち抜く第一歩は選挙区内の対立候補を選挙で打ち負かすことである。同時に、内閣総理大臣は、通常、議会で最も多くの議席を占める政党のリーダーが選ばれるから、所属政党が第一党になるための努力もしなければならない。当選後はリーダーになるための戦いが始まる。それには当選回数を重ねることが重要であり、有権者の支持拡大、同志の結集には資金集め、利益誘導、有効な政策づくりなどが不可欠となる。これらはいずれも権力闘争のプロセスといってよい。

権力の行使は価値配分の経過と結果ともいえる政策の形成とも密接に関わっている。また政策の実施には内閣・行政機関が当たるが、これらの機

関によって実施される政策は社会や国民を強く拘束する。

　以下の点にも留意しておく必要がある。すなわち権力者をして権力の維持へと駆り立てるのは権力を失うことへの恐怖心であるといわれる。したがって権力者は絶えず権力の維持に腐心すること、また権力の行使自体に多分に権力維持の意図が包含されていることである。

　さて、もうひとつの政治過程の捉えかたは「政策」決定に関連させる方法で、これには主として先述の政治システム論が援用される。以上の説明からも推察されるように、政策の決定、執行の過程には権力の循環が重なりあう。すなわち、政策とは政治が追求すべき目標や方針及びその達成方法を意味するが、内容的に見れば、社会的に有用・有効な諸価値の配分がその中核をなしている。そこでいかなる価値を、どこに、どれだけ配分するかを決める、あるいは選択することが政策決定ということになり、決定された政策は社会や集団に対して適用、実施される（すなわち、具体的に価値が配分される）。

　民主主義を標榜する限り、政治は民意の実現を目指して行われなくてはならない。そのため国民の意思をどう汲み上げるかが問題となる。審議会や公聴会の開催、世論調査の実施などもあるが、日常的には制度にのっとらない、不定型なかたちで行われる。これは国民→政党（政治家）→議会・行政機関（官僚組織）、国民→圧力団体・市民運動団体→政党（政治家）→議会・行政機関（官僚）、国民→圧力団体・市民運動団体→行政機関（官僚組織）、マスメディア→国民→政治意識・世論の形成といったように、主に政党、圧力団体、市民運動団体、マスメディアなどの組織を経由するところに特徴がある。吸収された民意を基に議会は法律を制定し、行政機関はそれを実施するための政策を策定する。いかなる過程を経て、どのような法律や政策が作られるかは、諸アクター間の綱引きの結果であり、その意味では政治過程は政治力学ともいえる。

3．日本の政治過程

1）日本の政治システム

　政治システムモデルに日本の政治過程を当てはめると図6－2のようになる。日本政治を考える上で前提となるのは民主主義であり、民主主義において最も重要な要素は選挙である。日本は議院内閣制を採用しているため、選挙によって示された国民（有権者）の意思が国会を形成し、国会によって内閣総理大臣が指名され、内閣が形成される。内閣、政府は、官僚などと協力して、選挙で示された国民の意思に沿って政策を実施していく。内閣、政府の実施する政策に対して、国民は次の選挙において評価を下すことになる。実施してきた政策に対して肯定的な評価を得ることができれば、内閣、政府を支える与党は引き続き政権を保持することができるし、否定的な評価を得れば、政権交代が起き、新政権によってこれまでとは異なる政策が実施されることになる。したがって、政権を獲得、維持しようと考えるのであれば、内閣、政府は国民の意向に沿った政策を実行し

図6-2　日本の政治過程

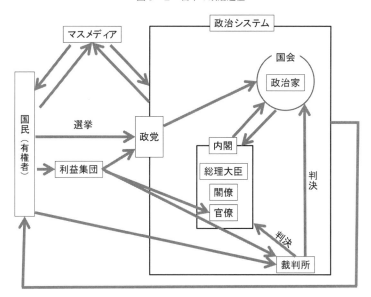

ていかなければならない。このように、国民によって内閣、政府の実施する政策への評価が選挙において示されるという循環が、日本の政治過程の基本的な流れとなる。以下、前ページの図6-2を念頭におきつつ、日本の政治過程を検討する。

2) 政治過程の流れとアクター

すでに述べたように、基本的に国民の利益や考えは選挙を通じて示される。選挙過程においては、有権者である国民、政党、候補者がアクターとして想定される。日本の選挙制度は衆議院においては、小選挙区比例代表並立制が、参議院では選挙区制と比例代表制が採用されている。

国民は選挙において、自らの考えに近い政党や候補者に対して投票することになるが、政党は国民と政治システムを媒介する役割を果たしていると考えられる。政党は現代政治において最も重要なアクターであって、政治過程への利益の表出や選挙の際の候補者の擁立、教育などさまざまな機能を担っている。政党は政権獲得を目指して、政策などを有権者に訴え、選挙で競争を行う（4章参照）。

選挙を通じた政治システムへの入力は、公的な制度によって規定された経路であるが、選挙以外の経路も存在する。例えば、政府が実施する政策や政府の活動によって、不利益を被った場合、裁判所に訴え出ることで、司法による救済を受けられる場合がある。裁判所の出す判決は、国会や内閣に対して影響を与え、政策決定過程に一定の制約を与えることになる。しかしながら、裁判所の判決が出るまでには時間がかかる場合が多く、裁判を通じた経路は、早急な解決を求めるような問題の解決には不十分といえる。

有権者の利益や考えの表出は公的な経路の他に、制度に規定されていない非公的な経路を通じても行われる。例えば、政治家の個人後援会を通じた経路である。個人後援会とは、政治家や候補者が選挙で当選をするために、選挙区内の人的なネットワークの形成、維持を目的とした組織である。政治家は、後援会を通じて選挙区内の有権者の陳情を受け付け、便宜を図ることによって、選挙での得票や、政治資金の提供を受ける（10章参照）。

その他に、利益集団による活動があげられる。利益集団は地域を超えた利益や、政党が表出しきれない利益などを扱うが、日本には業界団体を中心にさまざまな利益集団が存在する。また、利益集団とは別に、公害問題や原子力発電所建設問題、廃棄物処理施設問題など、生活環境に関わるような問題について地域住民が住民運動を展開する中で組織する住民運動団体、環境保護など、特定の目的をもって活動を行うNPOやNGOなども存在している（9章参照）。

　さらに、現代政治の重要なアクターとしてマスメディアの存在がある。マスメディアは、時として第4の権力ともいわれるように、政治に関する情報を国民に知らせることで、国民に代わって権力を監視する役目を担っているといわれる。また、世論調査や新聞、テレビ報道などによって有権者の声を政治システムへと伝えるなど、政治過程に対して一定の影響力を持つアクターである。ただし、記者クラブ制度や、番記者などの存在によって、政党や政治家、官僚などから入手した情報を国民に知らせる機能も担っているため、政治システムからの情報を国民へと伝える役割も果たしているといえる。政治システムから発信される情報は、国民を特定の方向に向かせようという政治的意図があるものも多く、情報の受け手として国民は注意が必要である。つまり、時としてマスメディアは権力に加担してしまう危険性も秘めていることになる。

　以上のような経路、アクターを通じて、有権者の意思は政治システムへと入力され、政治システム内による変換過程を経て、さまざまな政策などとして出力される。

4．政治システムを規定する諸制度

1) 内閣制度

　国民の意思は、さまざまな経路を通じて政治システムへと入力される。では、政治システム内部では、どのような政治過程が展開されているのだろうか。民主主義国家を前提とした場合、政治システムは立法、司法、行政によって構成されていると想定される。日本の政治システム内では政治

的アリーナとしての国会を中心に政治が展開されることとなる。

　行政の中心となるのは内閣であるが、内閣は内閣総理大臣と17名以内の閣僚から構成される合議体である。したがって、政府の方針は、大臣の集合体としての内閣によって決定される。日本国憲法上、首相には閣僚の任免権など広範な権限が与えられているが、1990年代までの日本では、必ずしも首相の権力は強いという認識はなされていなかった。なぜなら、首相によって任命された大臣が、内閣の一員というよりも、各府省の代表として行動する傾向が強かったためである。

　議院内閣制とは国民が国会議員を選び、選ばれた国会議員が首相を選び、選ばれた首相が、ともに政策を実施していく仲間として大臣を選んで内閣を構成し、大臣は各府省における責任者として官僚を使って、行政を行っていくという制度である。しかし、大臣が各府省の代表として行動すると、官僚によって府省間の利害が事前に調整されなければ、内閣では何も決めることができなくなってしまう。つまり、内閣は国会から選ばれた政治家の代表による意思決定の場ではなく、各府省の代表者が集まって調整を行う場として理解されていたのである。このような議院内閣制のあり方は、官僚内閣制とも呼ばれる（参考文献③ P.32）。

　官僚内閣制という言葉は、官僚支配、官僚主導という言葉のように官僚によって政治が行われているというイメージが湧きやすい。官僚は政治家と異なり、選挙で選ばれていない、非民主的な存在であるため、官僚内閣制は非民主的な政治が行われていると思いがちであるが、そうではない。各府省の官僚たちは、自身の所管分野に関して、世論の動向に注意を払うほか、業界団体からの陳情を受け付けるなど、社会的な利益を代表するという役割を果たしており、社会の意向を反映した行政が行われていたということも可能である（参考文献③ P.33）。

　しかし、官僚内閣制的な運用は、現在においては変化しつつある。1990年代に行われた選挙制度改革により、政権交代の可能性が高まるとともに、行政改革によって首相の指導力、リーダシップが強化されたためである。現在では、首相を中心とする内閣の政策方針を実現するために、各大臣が各府省の責任者として行動することが強く意識されている。事前

に調整された案件を確認するだけであった閣議の場も、首相の重視する政策や問題を解決するための調整を大臣間で行う場として機能してきており、トップダウンで官僚へ伝達することが可能になっている。この傾向は、2012年に成立した第二次安倍内閣に顕著であり、本来の議院内閣制的な運用がなされつつあるといっても良い。

2) 国会制度（12章参照）

日本国憲法上、国権の最高機関であり、唯一の立法機関とされる国会は、衆議院と参議院から構成されている。国会では、さまざまな議案が議論されるが、衆議院と参議院の両議院で法律案（法案）が可決されることで、はじめて法律となる。政府が実施する政策は、法律の裏付けがなければならない。

国会と政府、内閣との関係を考える際に注意しなければならない点がある。一般的に、日本は三権分立が採用されていると考えられているが、議院内閣制の特徴を考えた場合、三権分立という表現は必ずしも正しいものではない。

議院内閣制とは議会の多数派によって支持される内閣が行政を担う制度である。したがって、議会の多数派と内閣は一体的である。二次元空間に

図6-3 議院内閣制の権力関係

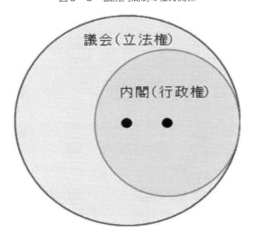

おいて内閣の選好と議会の選好を表した図6-3をみてもわかるように立法権と行政権は融合していると理解する方が正しい。

　議院内閣制下の議会として国会を考えた際の特徴としては、内閣が国会に関与することが出来ない点があげられる。具体的には、法案をいつ採決するのかという議事日程の決定権がないといった点などである。そのため、国会に関する与野党の最大の争点は、法案の議論ではなく、議事日程の設定であるといわれることもある。国会における最終的な意思決定は、多数決で行われるため、採決を行うことができれば、多数派である与党の意思が通ることになるが、採決を行うこと自体が簡単ではない。なぜなら、法案の審議には与野党双方の出席が必要であるため、審議への参加をめぐって野党は一定の発言力を持つことになる。

　内閣の代わりに国会で、日程調整等を行うのは政党、与党の役割となるため、内閣は与党への配慮が必要となる。その代表例が事前審査である。議事運営に関与できない内閣は、早急に成立させたい法案があったとしても、議事日程を早めたり、審議を打切ることはできない。政府としては、事前審査によって法案に対する与党の同意を事前に得ておくことで、法案成立の保証を確保しておくことが望ましいと考える。官僚側も社会的な利益を反映させて作成された法案が、議事日程の影響で成立しないということにならないよう、法案の作成過程において与党に対する根回しを行うだけでなく、場合によっては野党の理解を得られるように説得、説明を行っている。

　事前審査に対する批判も一定程度存在するが、個々の議員の自律性が高い日本の政党において、一定のまとまりを保つためには必要な側面もある。例えば、2009年に発足した民主党政権では、事前審査を廃止しようとしたが、代替手段を整備することができなかった。さらには、党内の合意形成手続も十分に整備されていなかったために、与党の分裂を招き、政権を失うことになった（参考文献③ P.85）。

　政権交代の可能性や行政改革による首相のリーダシップ強化など、国会を取りまく環境は大きく変化しているが、国会の諸制度はほとんど変化していない。

3）議員立法と政治主導

　国会で成立する法案の多くは内閣提出法案であり（12章参照）、国会議員が提出する法案（議員立法）の数は、提出される数も成立する数もあまり多くはない。しかし、1990年代後半から議員立法は活発化し、多くの法律案が提出され制定されるようになってきている。内容的にも、臓器の移植に関する法律、特定非営利活動促進法（NPO法）、国会審議の活性化及び政治主導の政策決定システムの確立に関する法律、国家公務員倫理法、児童虐待の防止等に関する法律、発達障害者支援法など、社会的に注目されている問題への対応策といったようなものも存在する。

　議員立法の類型、分類は、地域振興や災害関係等、対象となる分野・政策に基づくもの、法案成立の可否や可能性に着目するもの、成立の過程に着目するもの、とさまざまな観点からなされている。近年注目を浴びている議員立法の活発な分野としては、基本法の制定があげられる。

　衆議院法制局によれば、基本法とは「国政の重要分野について進めるべき施策の基本的な理念や方針を明らかにするとともに、施策の推進体制等について定めるもの」として理解されている。議員立法には、教育基本法のように制度や政策についての基本理念を定めた理念型、農業基本法のような、国の各制作分野の目標等を示し、政府に政策の推進を促す政策型、災害対策基本法など、福祉の向上や被害の予防や救済など、行政上の対策の基本を定める対策型などがある。

　基本法は、社会、経済情勢の変化によって起こる社会問題に対し、府省の所管といった問題から行政が対応できないような場合に、議員が主導して法整備が行われる例として考えられている。基本法に限れば、内閣提出法案よりも議員立法によって成立した数の方が多い。特に基本法は政治的な判断を契機として立案される場合が多く、新たな政治主導の一環として捉える向きもある。行政が対応しきれない国民の意思を政府へと伝えることで、民意の補完機能を果たしていると考えられる。また、政府に対して政策の方向性を示すことで、立法府としての行政監視機能を果たすための有効な手段になりうる可能性も指摘されている。

　いずれにせよ、議員立法のあり方を含め、国会審議における野党の役割

や、審議の質的充実など、国会の果たすべき役割についての課題は未だ多いといえる。

(秋山和宏、上岡　敦)

参考文献

① A. F. ベントレー／喜多靖郎・上林良一訳『統治過程論』法律文化社、1994 年
② D. イーストン／岡村忠男訳『政治分析の基礎』みすず書房、1968 年
③ 飯尾潤『現代日本の政治』放送大学教育振興会、2015 年
④ 伊藤光利・田中愛治・真渕 勝『政治過程論』有斐閣、2000 年
⑤ 茅野千江子『議員立法の実際』第一法規、2017 年
⑥ 建林正彦・曽我謙悟・待鳥聡史『比較政治制度論』有斐閣、2008 年

7章　有権者

本章のねらい
- 70年ぶりの有権者資格の変更は選挙にどのような変化をもたらすのかについて考える
- わが国の有権者の投票行動、政治意識について考える
- メディアは選挙にどのような影響を与えるのかについて考える
- 無党派層の背景と選挙結果への影響について考える

1. 有権者資格の変遷と有権者人口の推移

　選挙制度は旧憲法が発布された1889年に制定され、図7－1に見るように、当初の有権者は「直接国税15円以上を収める、満25歳以上の男子」に限られていた。したがって、人口に占める有権者比率はわずか1.1%に過ぎなかった。その後、普通選挙権運動が進むにつれて納税額の要件が緩和され、撤廃された。戦後、女性に選挙権が与えられたことで、有権者は一気に増加した。
　わが国における選挙権年齢

図7-1　有権者資格の変遷

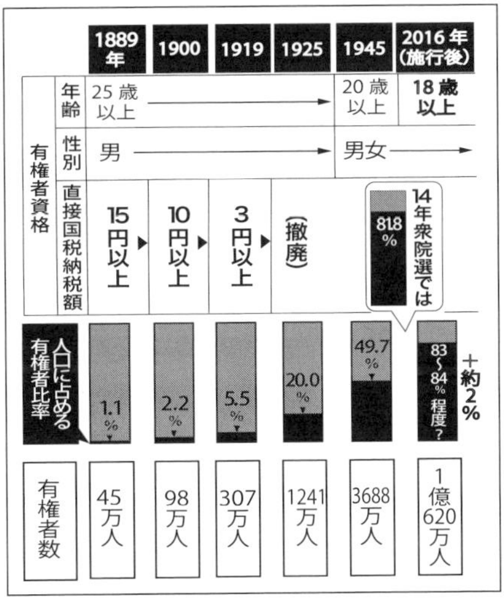

有権者資格	1889年	1900	1919	1925	1945	2016年（施行後）
年齢	25歳以上				20歳以上	18歳以上
性別	男				男女	
直接国税納税額	15円以上	10円以上	3円以上	撤廃		
人口に占める有権者比率	1.1%	2.2%	5.5%	20.0%	49.7%	83～84%程度？　14年衆院選では81.8%　＋約2%
有権者数	45万人	98万人	307万人	1241万人	3688万人	1億620万人

出典：『東京新聞』2015年6月19日　有権者数は追記

の改正で画期的なことは、2015年の公職選挙法の改正であった。その結果、選挙権年齢が20歳から18歳へ引き下げられた。選挙権年齢の引き下げは昭和20年に25歳から20歳に引き下げられて以来、実に70年ぶりのことである。改正によって選挙権年齢で世界の標準となり、2016年参議院選挙から18歳、19歳が新有権者として選挙に参加することになった。その数はおよそ240万人であった。

2．選挙権年齢と政治への関心

1）有権者年齢の世界的傾向

有権者年齢の世界的傾向は18歳であるといってよい。199の国・地域の議会の選挙権年齢の調査報告によると、約9割の176の国・地域において、選挙権を18歳まで（16歳及び17歳を含む）に認めていた。G8では、2015年選挙権年齢を引き下げたわが国を含め、8か国の選挙権年齢が全て18歳である。また、OECDに加盟している34か国では、韓国を除きわが国を含めた33か国で18歳まで選挙権を認めている（参考文献⑤）。こうした中で近年、オーストリアのように、さらに年齢を18歳から16歳に引き下げる国も出てきた。日本の中学2年生に当たる学年で「政治教育」は必須教科である。政治家を招いて討論を行う学校もある（『東京新聞』2015年6月18日）。

選挙権年齢を18歳に引き下げた背景として、さまざまな要因が挙げられる。例えばイギリスでは、若年層の成熟、引き下げによる政治の活性化、18歳で大人並みの責任を負担することとのバランスなどが挙げられる。アメリカでは、第二次世界大戦後のベビーブーム世代の登場や学生運動の高まり、ベトナム戦争に派兵されるのに、「選挙権がないのは不当だ」との声が広がり71年の憲法改正で18歳以上になった。ドイツでも、激しい学生運動や、兵役義務を課される一方で選挙権は付与されてなかったこと等が挙げられる。フランスでは若者層への政治参加の付与等が挙げられる（参考文献⑥）。

わが国の場合は、諸外国とは違った要因から18歳に引き下げられた。

2014年6月施行の改正国民投票法は、憲法改正に必要な国民投票法の投票年齢を18年6月に「20歳以上」から「18歳以上」へと自動的に引き下げると定めており、これを受けての公職選挙法の改正である。諸外国と違って、選挙権年齢の引き下げの機運が盛り上がって、改正につながったためではない。

2) 若者の政治的関心と影響力

①若者の投票率：2016年参議院選挙での投票率を世代別に比較してみると、10代の投票率は46.78%。全体の54.70%よりは低かったが、20代は35.60%、30代の44.24%よりも10代の方が高かった。特に新有権者となった18歳の投票率は51.17%、19歳は39.66%であった。若者の投票率を上げるためには、政党、政治家が政治の魅力を伝えるとともに、財源を含めてわかりやすく政策を説明し、若者の声を政策に反映する必要がある。民主党が子ども手当ての創設や高校無償化を公約にした2009年の衆院選では、20代の投票率が50%近くに上がった。また、2017年9月に安倍首相が衆議院解散を表明した記者会見で幼児教育を無償化する考えを示した直後の読売新聞の世論調査では、18〜29歳の5割強は比例選挙の投票先に自民党を挙げている。さらに、政界進出のハードルが下がって、若者が政界に進出すれば、同世代が抱える課題の中で若者向けの政策の議論は高まることも期待できる。このような認識が各政党に浸透することによって、「政党が政策を掲げる→若者の投票率が上がる」という好循環にもつながることも想定できる（『朝日新聞』2017年10月14日）。

「若者の政治離れ」が嘆かれるようになって久しい。日本の若者はもっと政治に関心を持つべきだという批判的な声もある。こうした状況を背景にして「若者の投票率は平均を大きく下回っており、若者は政治に関心が低い」「選挙権年齢を引き下げても、若者は政治を判断できない」という声もよく耳にする。しかし、子どもや若者が政治に関心が高く、政治的判断もできるという調査報告もある。日本の若者は必ずしも政治への関心が低いわけではないという意外な調査データもある。例えば、日本、韓国、アメリカ、イギリス、フランスの青年（18〜24歳）を国際比較した意識

図7-2　政治に対する関心度（%）

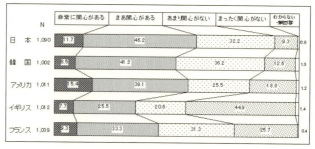

図7-3　政治に対する関心度＜時系列比較＞（%）

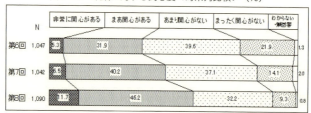

出典：図7-2、3とも『第8回 世界青年意識調査』内閣府

調査によれば、政治に「関心がある」と回答した割合は、図7－2に見るように、日本の若者が58.0%で、調査対象の五カ国の中で最も高かった。

さらに、それ以前の調査と比較して、「非常に関心がある」と「まあ関心がある」とを加えた政治に関心がある日本の若者層は、調査ごとに10%前後ずつ増加していることが、図7－3に見るように、明らかになったことも注目すべきである。

②新有権者の選挙結果への影響力：18歳、19歳の新有権者が選挙に参加することによって、どのような変化が起こるのであろうか。民主主義は、子ども時代からの経験によって培われていくものであり、手間ひまがかかろうとも持続的に粘り強く民主主義を意識して、子どもに働きかけることが大切であることを忘れてはならない（参考文献②）。

18歳選挙権によって新たに選挙権を得る18歳、19歳の人口は約240万人と言われている。この240万人を小選挙区数289で単純に割ると、1選挙区当たり8304人になる。投票率を仮に50%とすると、1選挙区当た

り 4152 人となる。つまり、この 4152 人の動向が、接戦時の選挙においては勝敗に影響を与える可能性がある。候補者は 1 票でも多く得票したいとなれば、当然、若者を無視することはできず、若者向けの政策を訴えたり、若者が理解できるようにわかりやすい広報・宣伝をする必要が出てくる。また、18 歳、19 歳にしても自分の 1 票が当選を左右する可能性、いわゆる有効性感覚が高まり、その 1 票の価値を実感してしっかり投票すべきであろう（参考文献②）。ちなみに、2017 年総選挙での 289 小選挙区のうち、当選者と次点者の得票差が 999 票までの選挙区が 5、1,000 〜 4,999 票の選挙区が 27、5,000 〜 9,999 票の選挙区が 20 あった（参考文献①）。

3．新有権者と投票行動

　有権者を投票へと駆り立てるものは何か。有権者が選挙でどのように行動するかという、投票行動の研究は、現代政治過程でも重要であることは言うまでもない。選挙において有権者がどのような理由でどの政党に投票するのであろうか。2016 年 6 月に公職選挙法が改正され、2016 年参院選挙から 18 歳、19 歳が新有権者として選挙に参加することになった。その数はおよそ 240 万人であった。ところが、この改正に対して、「政治は生々しくて子どもに判断できない」「高校生に政治は早すぎる」という声も聞かれる。このような大人の考え方が、若者の政治離れを促進しているとの声もある。一方、新有権者からは、「普段は適当に聞き流しているテレビのニュースも少し興味をもって聞くようになった」「どの党を選んだかによって、日本の未来が変わることをつくづくと感じた」「投票に行かない大人がいるのであれば自分が投票したい」といった声もある。新有権者の中には大人顔負けの若者もいることには大いに注目すべきである。ところで、初めて有権者になった 2016 年参院選で新有権者はどのような投票行動をとったのであろうか（参考文献②）。

　ここでは、特に新有権者の投票行動について 2016 年参院選を素材に考えてみたい。

1)「高校生」で多かった投票に行った人

　選挙権年齢が「18歳以上」となった、2016年参院選で投票に行ったと答えた人の割合は、図7-4に見るように、18・19歳は20歳以上と比べると低いが、20・30代よりは高い。投票した18・19歳について学年別にみると、「高校生」が最も高いことがわかる。調査結果では18歳は19歳より投票した人の割合が高かったが、これは「高校生」が大学生やすでに卒業した人より投票に行った割合が高かったためである

図7-4　投票の有無・選挙区（全体・年齢別・学年別）

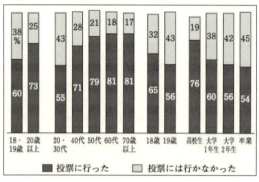

出典：「18歳選挙権　新有権者の意識と投票行動〜参院選後の政治意識・2016調査から(2)〜」（参考文献③）

図7-5　投票に行った理由（全体・学年別）

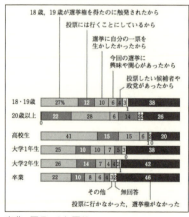

出典：図7-4と同じ

　次に参院選で投票に行った最も大きな理由を尋ねると、投票に行かなかった人も含めた全体で見ると、18・19歳では20歳以上に比べて投票に行った理由が大きく異なる。20以上では「選挙に自分の一票を生かしたかったから」が28%で最も多く、次いで「投票には行くことにしているから」の22%となる。一方、18・19歳では「18歳、19歳が選挙権を得たのに触発されたから」が27%で突出している。さらに学年別に見ると、投票に行った人が多い「高校生」では、「18、19歳が選挙権を得た」が41%を占める。一方、「投票に行かなかった」が「高校生」より多い「大学生」や「卒業」した人では、投票理由に「18歳、19歳が選挙権を得た」を

挙げる人の割合が減っていて、選挙権年齢の引き下げをどう評価するかが投票したかどうかに影響したとみられる（図7－5・前頁）。

2) 新有権者と政党選択

2016年参院選において、新有権者はどの政党に投票したかを投票に行かなかった人も含めた全体の割合でみると、選挙区では、18・19歳は20歳以上に比べ民進党の割合は低いが、自民党の割合はほとんど変わらない。比例も同様であった。18・19歳で投票に行った人は20歳以上より低かったが、投票した政党の数字は同じ割合で低くなることはなく、自民党はその影響を受けなかった（図7－6）。

次に投票で重視した点についてみてみたい。投票した人では、投票で重視した点は、「候補者や政党の政策」と並んで「家族や知人の意見」がともに3割程度であった（図7－7）。

20歳以上と比べると、多いのは「家族や知人の意見」だけで、「候補者や政党の印象」はほとんど同じで、「自民党中心の政権の業績」は全く同じである。一方、「候補者や政党の政策」「政権担当能力」「地元とのつながり」「選挙後の議席のバランス」は、少ない。

次に、重視した課題について、最も多いのは、「景気・雇用対策」、次いで「子育て支援や少子化対策」「年金や医療などの社会保障政策」が続いた。

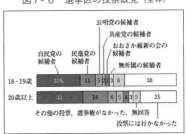

図7-6　選挙区の投票政党（全体）

出典：図7-4と同じ

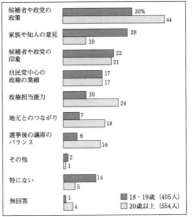

図7-7　投票で重視した点
（複数回答、投票した人）

出典：図7-4と同じ

4. 有権者とメディア

　今日、選挙戦の中でメディア、特にテレビは有権者の投票行動に大きな影響を与えており、無視することはできない。政治問題をよく取り上げている話題性のある番組には、ＮＨＫ「日曜討論」をはじめ、「報道ステーション」、「NEWS 23」、「サンデーモーニング」などがある。テレビの選挙報道番組、ワイドショーでの選挙特集など、いわゆるテレポリティクスといわれるほどメディアが有権者の投票行動に大きな影響を与えるようになっている。このことが特に話題となったのは郵政選挙といわれた2005年9月の選挙であった。自民党の史上空前の圧勝の一要因は、これまでにないほどのメディアの活用であった。

　2016年参議院選挙報道について、各メディアの印象を聞いたところ、新聞は「投票する候補者や政党を決める際に、参考になった」42.7%と1位であった。民放テレビは「18歳選挙権に関する報道や情報が充実していた」で48.4%、「選挙結果が、今後の政治や生活に及ぼす影響についての報道や情報がわかりやすかった」42.7%、「今回の選挙の焦点が憲法改正発議に必要な議席数（定数の3分の2）であることをわかりやすく伝えた」40.7%、「選挙前の当落予想や情報報道を参考にした」38.3%と1位に

表7-1　参議院選挙報道に関する各メディアの印象 （複数回答、n=3,308全員に）
(%)

	1 位	2 位	3 位	4 位	5 位
投票する候補者や政党を決める際に、参考になった	新聞 42.7	民放テレビ 34.0	NHKテレビ 30.9	インターネット 13.5	雑誌 1.2
18歳選挙権に関する報道や情報が充実していた	民放テレビ 48.4	NHKテレビ 42.8	新聞 40.4	インターネット 12.4	雑誌 1.8
選挙結果が、今後の政治や生活に及ぼす影響についての報道や情報が分かりやすかった	民放テレビ 42.7	新聞 34.1	NHKテレビ 32.3	インターネット 10.1	雑誌 1.4
今回の選挙の焦点が憲法改正発議に必要な議席数（定数の2/3）であることをわかりやすく伝えた	民放テレビ 40.7	NHKテレビ 39.8	新聞 37.6	インターネット 8.4	雑誌 1.5
選挙前の当落予想や情勢報道を参考にした	民放テレビ 38.3	新聞 30.0	NHKテレビ 29.0	インターネット 11.5	雑誌 1.3

出典：第9回　メディアに関する全国世論調査（2016年）調査結果の概要、資料7ページ

なった。参議院選挙報道についてのメディアの印象は、一つの項目を除いて民放テレビが1位であったことは、選挙報道において民放テレビの影響が大きい。一方、新聞、民放テレビ、NHK テレビに比べ、インターネットは低かった（表7-1・前頁）。しかし、これからの新有権者はインターネット世代であり、今後、インターネットの影響は大きくなり、政党、政治家もインターネットを重視するようになるであろう。

　さらに、新聞やテレビが選挙前に当落予想をすることについて尋ねたところ、「A：有権者の動向を伝え、投票する上での判断材料を提供することは、報道として当然だ」という意見に賛同する割合が33.3％、「B：有権者に予断を与え、選挙結果に影響を与える恐れがあるので、報道として問題だ」という意見に賛同する割合が34.4％と意見が分かれた。実際に投票する際、選挙前の当落予想や情勢報道を参考にするか尋ねたところ、「参考にする」（「とても参考にする」2.8％と「やや参考にする」22.3％の計）と答えた人の割合が25.1％となった。一方、「参考にしない」（「ほとんど参考にしない」31.8％と「あまり参考にしない」42.0％の計）と答えた人の割合が73.8％となった。

　憲法改正問題に関する情報をどのメディアから入手しているか質問したところ、「民放テレビ」を挙げた人が59.6％と最も多く、以下、「新聞」55.8％、「NHK テレビ」が55.7％、「インターネット」が35.2％という結果になった（複数回答）。憲法改正問題に関する情報で分りやすいと思うメディアは、「民放テレビ」45％、「新聞」42％、「NHK テレビ」38.1％、「インターネット」が23.2％という結果になった（複数回答）。国会で憲法改正問題が議論されていく中で新聞に期待する報道を尋ねたところ、「現行の憲法について詳しく解説してほしい」53.0％、「政党の意見の違いがよく分かるような報道をしてほしい」50.6％が多かった（複数回答）。このように、メディアの有権者への影響は大きいとみるべきであろう。新しくメディアに加わったインターネットの影響は、本調査の頃はまだ大きくないが、これから大きくなり、政党にとって選挙戦略上も不可欠になるであろう。

5．有権者と政治意識

　一般的に、政治に対する信念、態度、判断、思考、感情などの心理的事象を政治意識という。政治意識の形成には、パーソナリティー、性格などの個人的な要因、年齢、性格、性別、職業、社会的地位、階級、帰属意識などの社会的要因、文化的要因、歴史的要因など様々な因子が相乗的に影響を与えると考えられている。有権者の政治意識を科学的・構造的に把握し、分析するための有効な手法は世論調査の結果えられるデータである。そこで、各マスコミによってほぼ定期的に行われる内閣支持率や各党の支持率や、各種選挙での各政党の得票率、無党派層の動向などを通して有権者の政治意識を知ることができる。それを詳細に分析することによってその時点、その時期における有権者の政治意識を知ることができる。

1) 有権者と政治的無関心

　一般的に、政治的無関心とは、現代社会において、政治に対するさまざまな要求が達成されず、政治的無力感と不信感に陥り、政治への関心を失ってしまった人々のことをさす。ここでは代表的で、今や古典的ともいえるH・DラスウェルとD・リースマンの分類を見てみたい。

①ラスウェルの分類
・脱政治的態度：かつて政治に関与していたものの、自己の要求を満たし、期待を充足することに失敗し、政治に幻滅し政治に関心を示さなくなるような態度である。
・無政治的態度：学問、芸術など他の価値に関心を奪われており、政治への知識や関心が低下する場合に起こり、政治は自分とは関係ないものであると考える態度である。
・反政治的態度：自分の固着する価値が本質的に政治と衝突するという前提に立って、政治そのものを軽蔑し否定するような態度である。

②リースマンの分類
・伝統的無関心：前近代社会においては、社会の成員の多くはもっぱら統治の対象としてのみ取り扱われ、政治的意思決定から排除されていた。

このような生活に慣れて、政治は「お上」の仕事と考え、政治参加への意欲も関心もなく、政治的知識もないことからくる人々の政治的無関心を伝統的政治の無関心とよぶ。
・現代的無関心：現代社会は伝統的無関心ばかりではなく、政治的無力感や不信感に起因する現代的無関心層の増大によって特色づけられる。現代の大衆社会の特徴とされるのは、政治に対して冷淡な態度である。政治について、知識や情報を持っており、また政治に背を向けているわけではないが、政治に関連したことで主体的行動を起こす気持ちが失っている状態の無関心である。

2) 政治意識アンケート調査
①低下する政治への関心

政治にどの程度関心があるかについて、住んでいる市区町村の政治、都道府県の政治、国の政治の3つに分けて尋ねると、「非常に関心がある」と、「ある程度関心がある」をあわせた「関心がある」は「国の政治」は66％、「都道府県の政治」は62％で国よりは少ないが、6割を超える人が関心を持っている。但し、「市町村」「都道府県」「国」のいずれについても関心は低い傾向にあり、2009年（衆）から2010年（参）にかけてと、2013年（参）から2016年（参）にかけて「関心がある」が減少している（図7-8）。　また、関心だけでなく、政治についての会話も少なくなっ

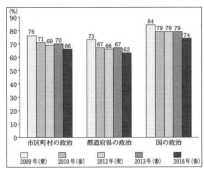

図7-8　政治への関心
『関心がある（「非常に」＋「ある程度」）』(全体)

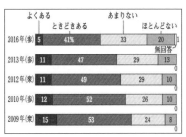

図7-9　政治話題の頻度

出典：図7-8、9とも「18歳選挙権　新有権者の意識と投票行動〜参院選後の政治意識・2016調査から(1)〜」(参考文献④)

ている。政治についてまわりの人と「話し合うことがある（「よく」＋「ときどき」）」という人は2009年（衆）では68%だったが、調査回数ごとに減少し、2016年（参）では46%と半数を切った（図7-9・前頁）。

一方で話し合うことが「あまりない」「ほとんどない」という人の合計は、32%から53%に増えている。政党・政治家が有権者を引き付けることができないことも一つの要因であり、無党派層の増加にもつながるであろう。

3）政治への不満の減少

図7-10は、現在の国の政治に満足しているかを尋ねた結果である。全体では『満足（「満足している」＋「どちらかと言えば、満足している」）』の30%に対し、『不満（「不満だ」＋「どちらかと言えば、不満だ」）』が70%となっている。『不満』は民主党政権から自民党政権に代わる前の2010年（参）が91%と異常に高く、政権交代後の2012年（衆）には75%へ大きく減少した。16年はさらに減少し、これまで5回の調査の中で最も低くなった。

図7-10 政治への満足感
（全体・いまの支持政党別）

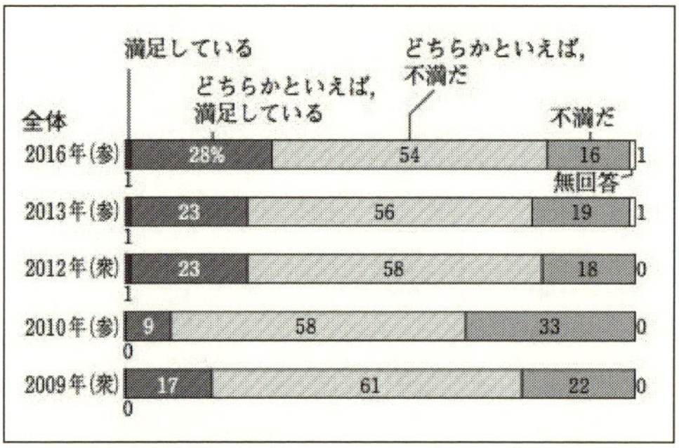

	満足している	どちらかといえば、満足している	どちらかといえば、不満だ	不満だ	無回答
全体					
2016年(参)	28%	54	16	1	1
2013年(参)	23	56	19	1	1
2012年(衆)	23	58	18	1	
2010年(参)	9	58	33	0	
2009年(衆)	17	61	22	0	

出典：図7-8、9と同じ

前回の2013年（参）と比較すると、『不満』は民進党支持層では変化がないものの（86%→85%）、自民党支持層（57%→52%）と支持なし層（88%→82%）では減少している。ただし、政治に対する不満感が低くなったといっても、不満を持つ人が依然として多数を占めていることはこれまでと変わっていない。特に民進党支持層と支持なし層では8割以上が国の政治に不満を感じている。不満な点として、「年金や医療などの社会保障政策」「政治とカネの問題」「消費税を含む税制改革」「景気・雇用対策など主なものである。

4) 自分を保守的と考える人が増加

自分を「保守的」と考えている人が14%、「どちらかといえば保守的」56%「保守的」合わせて71%だった。これに対し、「革新的」は4%、「どちらかと言えば革新的」は23%で、『革新的』は合わせて27%となり、『保守的』が『革新的』を大きく上回っている。(図7－11)。前回の2013年（参）と比べて『保守的』が増加、『革新的』が減少しており、長期的にも『保守的』が増える傾向にある。

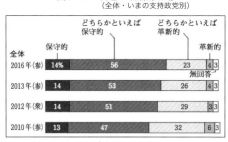

図7-11　自己の政治的立場
（全体・いまの支持政党別）

出典：図7-8、9と同じ

5) 有権者の無党派現象
①政党の分裂と無党派層の増加

わが国では政党再編、政党分裂は二度もあった。そのたびに有権者にとってはこれまで支持してきた政党は支持できなるということも起こったであろう。その第一は宮沢政権での自民党の分裂であった。有権者が投票する候補者を選ぶ上で非常に重要な役割を果たす政党支持態度をもつ有権者の割合は、自民党から飛び出した日本新党、新生党、新党さきがけの3つの保守政党の設立をきっかけとして、絶え間なく政党が離合集散を繰り返すようになった1990年前半から減少している。これは新しい政党が次々と誕生、消滅することで、有権者の記憶に定着せず、長期間にわたって特定の政党への心理的愛着が育まれる機会が少なくなったということの影響であろう。

こうした無党派層の増加は、選挙において政党や候補者を区別することに困難を覚える有権者が増えているということを示唆する。支持する政党を持たない無党派層の有権者にとって、政策で区別できない限り結局どの政党も大差ないということになる。これはつまりその有権者にとって、どの政党が勝とうが負けようが、どの政党の候補者が当選しようが落選しよ

うがどうでもよいということであり、そうなると当然選挙への関心も薄くなり、選挙で投票する動機も弱くなる（参考文献①／No.41）。その結果が投票率の長期的な低落傾向であろう。

さらに、2012年の民主党政権の崩壊によって民主党の分裂、新党の誕生によって小党分立状態になり、小党が有権者の受け皿になりえず、無党派化が進む結果になっている。2017年衆院選においても小党は自民党の不満の受け皿になりえず、有権者からすれば全く頼りにならない小党を支持することもできず、図7－12にみるように、相変わらず多くの有権者が無党派層の状態にある。

いまや、無党派層が多く選挙ではその動向が結果を大きく左右することにもなる。まさしく無党派が政治潮流を大きく変えることにもなり、今や無党派層は小泉純一郎元首相が評するように政党にとって「宝の山」である。政党は有権者の声を政策の中にうまく反映できなければ、見捨てられることになり、緊張感を持って対応しなければならない。

図7-12　過去30年間の無党派層の推移

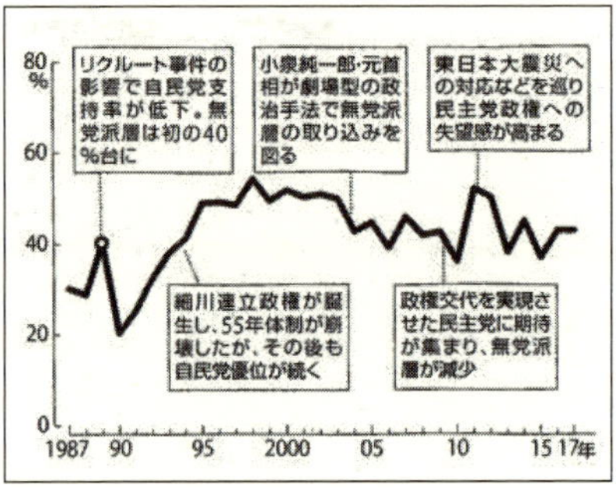

出典：『読売新聞』2017年10月12日

②無党派層の分類

ここでは、無党派層の分類についてその研究の先駆者である橋本晃和の見解に沿って考えてみたい（図7－13・次頁）。各種世論調査で各マスコミが有権者に決まって聞くことは、まず「支持政党はありますか」と問う。「あります」と答えた有権者を「支持政党あり」層と呼ぶ。次に「なし」と答えた人に、「では、あえて言えば、次のどの政党を支持しますか」と問う。この〝あえて〟と聞かれて初めて政党名を挙げる有権者のタイプは「準・無党派」である。このタイプは、党派心が弱く、選挙の度に投票する政党を変える傾向が強い。さらに、「支持政党なし」と答えたなかで、あえてと聞かれてもそれでも「なし」と答える人である。このような全く

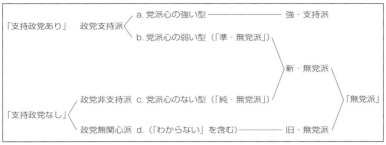

図7-13 党派心の強弱から見た政党支持の三大基本形

出典：参考文献⑦

　党派心を持たない「支持政党なし」層が「純・無党派層」である。「準・無党派」と「純・無党派」を合わせたのが「新・無党派」である。
　この「純・無党派」層は、92年以降になって顕在化して、特に都市部では選挙結果に大きな影響を与えるようになっている。ここでいう「純・無党派」は政治的関心のある有権者を指している。政治的関心のほとんどない有権者やアンケートで「わからない」と記す有権者を「旧・無党派」と呼んで「新・無党派」と区別している。したがって、「旧・無党派」も「純・無党派」も党派心がないという点では共通しているが、政治的関心の有無では大きな違いがあるといえる。
　「純・無党派」層は、1970年代に芽を出し、80年代にひそかに成長し、90年代に入って選挙にも影響を与えるようになり、気になる存在になってきた21世紀型の意識集団と言われた。特に、民意の変容が日本の有権者の中にじわりじわりと浸透していったとき、今までは、ある程度の党派心を持っていた人や、あるいは何らかの政党に対する特定の愛着を持とうとしてきた有権者が、ついにいかなる政党をも継続して支持するという態度をなくしてしまい、結果的に無党派になってしまったと言える。
　その後20年経ってもその傾向は持続しており、国政レベル、自治体レベルの選挙でも無党派層はおよそ4割を占め、選挙結果に大きな影響を与えている。

（照屋寛之）

参考文献

①明るい選挙推進協会『VOTERS』No.41、2017 年
②林大輔『「18 歳選挙権」で社会はどう変わるか』集英社、2016 年
③NHK 放送文化研究所『放送研究と調査』第 67 巻第 4 号
④NHK 放送文化研究所『放送研究と調査』第 67 巻第 2 号
⑤佐藤令・大月晶代・落美都里・澤村典子『主要国の各種法定年齢　基本情報シリーズ②』国立国会図書館調査及び立法考査局、2008 年
⑥那須俊貴「諸外国の選挙権年齢及び被選挙権年齢」国立国会図書館調査及び立法考査局編『レファレンス』779 号、2015 年
⑦橋本晃和『無党派層の研究』中央公論新社、2004 年

8章　政党

本章のねらい
- 現代政治において政党がいかに重要であるかを認識する
- 政党が行っている活動の実態、政治過程において果たしている機能について理解する
- 政党に関し、二党制と多党制の特徴、長所短所を比較し、わが国の政治にふさわしい政党制について考察する
- 政党のかかえている問題点、将来の課題について検討する
- わが国の政党の離合集散の背景と問題点について考える。
- 野党第1党立憲民主党を素材に、政党の誕生過程について考える

1．現代政治における政党の意義

　政党が現代の政治において、政府や議会と並んで、中心的な役割を果たしていることは誰もが認めるところであろう。より強調して言えば、かつてノイマンが「政党は現代政治の生命線である」と述べ、またブライスが「自由な大国であって、政党をもたない国はない。政党なしに代議政治が運用されるといったものはない」と断じたように、政党は現代政治の生死を分ける重要なかぎを握っており、とりわけ議会制民主主義を標榜する国々においては不可欠の存在となっている。これほど今日の政治に身近で重要な存在になっている政党もこれまでの生い立ちは苦難に満ちたものであった。いわゆる政党なるものが政治の世界に登場したのは17世紀後半以降とされるが（イギリスにおけるトーリー党とホイッグ党）、それ以前から「徒党」ないしは「派閥」と呼ばれる党派は見られた。しかしこれら

は意見や利害の対立に根ざすグループで、時に権謀術数や武力行使によってまで自らの利益の実現を図ろうとしたため、好感をもたれることはなかった。初期の政党はこうした徒党や派閥と同類と見られ、多くの人びとは政党に対して警戒的ないし否定的であった。例えばアメリカ建国の父の一人であるジェイムズ・マディソン（James Madison）は党派の弊害を次のように指摘し、これを強く批判した。「われわれの政府は安定性を欠き競い合う党派の対立によって公共の利益が軽視されており、政策は公正なルールや少数者の権利を尊重してではなく、特定の利害関心をもつ尊大な党派の優勢な力によって決められている、……この派閥は共通の利益や動機によって結合し、他の市民の権利や社会の恒常的かつ集合的な利益に反して活動するものである……」

このように政党が生まれて間もない頃は、政府は政党を「敵視」ないし「無視」・「軽視」したが、政党が政治の世界での活動を深め、徐々にその影響力が民衆の間に浸透して行くにつれ、「融合」（政党を政府内に取り込む）を図らざるを得なくなっていた。政党の地位を決定的に高めたのは20世紀に入り多くの国で普通選挙制が実現し、それに伴い大衆民主主義の時代が到来したことであった。この制度の導入によって新たに生まれた大量の有権者の意思を政治に反映させる組織としての政党は、元来足場を民衆において発達してきたがゆえに存在意義を増し、ようやく一般に認知されることとなった。

2．政党の定義

徒党や派閥と区別して政党に一定の定義と意義を与えたのは、18世紀後半のイギリスの政治思想家エドマンド・バーク（Edmund Burke）であった。彼は政党を次のように規定した。「政党とは、その連帯した努力により彼ら全員の間で一致している或る特定の原理にもとづいて、国家利益の促進のために統合する人間集団のことである」(参考文献①)

バークが政党の要件を結成の動機と目的に求め、①「特定の原理（主義）」の下での結集、②「国家的利益」の促進、としていることは、本来

私的に組織された政党に公共性を帯びた公党としての性格を与えたものとして特筆されねばならない。ただし何が国家利益かは極めてあいまいである。また政党が国家利益を主張しても、実際には一部の階級、階層、地域等の部分的利益である場合が少なくないし、初めから部分的利益の実現を掲げる団体を政党と呼ぶことから排除しているわけではない。したがってバークの定義は政党のあるべき姿、めざすべき目的、すなわち理想的側面からのものといえよう。

　政党をより深く理解するには、一方で現実的側面からの考察も必要である。現実政治を明確に特徴づけるのは権力闘争であるから、そこでの政党は、シャットシュナイダー流に平和的手段に限定するか否かは別にして、一にも二にも権力の獲得を目的として組織され活動する団体と規定される。そうしたなかでは従来の政党論を種々検討して、同様の観点から政党についてサルトーリ（G.Sartori）が与えた以下の最小限の定義は簡潔ながら示唆に富むものである。「選挙に際して提出される公式のラベルによって身元が確認され、選挙（自由選挙であれ制限選挙であれ）を通じて候補者を公職に就けさせることができるすべての政治集団である」(参考文献②)。

　政治の実態は権力現象そのものであるから、これに関与する政党を「権力の獲得を目的とする集団」と規定して解明に当たることは重要である。とりわけ20世紀以降、権力闘争は選挙で雌雄を決することがルール化されてきているので、政党間の争いが熾烈になる。こうした争いが血みどろの闘争に陥ることを回避する上でバークの示した定義は、必ずしも実態に合わないが、現代においても生きている。なぜなら政党たらんとするものは、たとえ建て前にせよ、「主義主張」と「国家的利益」を強く意識しなくてはならないからである。

3．政党の活動・機能

1）政党の活動

　現代の政治過程において政党は広範かつ重要な活動に従事しているが、

そもそも政党の目的が、政権を獲得して自らの主義・主張を実践することにあるから、その大半は「選挙に勝つ」ことに向けてのものである。「選挙に勝つ」とは、選挙でより多くの支持を獲得することを意味するから、政党は日常的に支持者の拡大に努める。そのためにまず必要なのはしっかりした党の基本理念とこれに基づく有権者にとって魅力的な政策づくりである。政策づくりに当たって、政党は現に大きな意見の対立がある政治問題（争点）や将来的に必要とされる課題等に積極的に目を向けつつ、政治に対する国民の要求や意見などを広範に収集する（広聴活動）。そしてこれらを自党の綱領や基本理念、活動方針といったフィルターにかけ、整合性を検討し、採否を決定する。フィルターを通過した事項は幅広い有権者の支持が見込め、かつ自党に友好的な業界や労働組合等の利益集団との関係を損なわないように配慮しながら党の見解や政策としてまとめ上げられていく（政策立案活動）。

　見解や政策は多くの国民に周知徹底させる必要がある。そのためには党の機関紙や雑誌・パンフレット・ビラなどを発行・印刷したり、幹部が新聞やテレビで見解を示したり、各地で集会を開いたり、街宣車で繰り出すなどの広報活動、情宣活動が不可欠である。選挙での勝利をより確実にするには組織づくりや政治資金の収集も重要な活動である。同時に当選者を増やすために、候補者として当選可能性の高い人物を発掘し、これに支援を与えることも怠ってはならない。

　こうした努力の結果、議院内閣制の下では議会で多数を占めた政党が、内閣を組織し、与党として政権を担当する。与党は自らの政策を政府の政策として実行すべく、国会における法律や予算の成立に全力を傾注する。一方、野党となった政党は、自らの理念や政策に照らして政府の政策を批判することが主たる任務となる。そのため、時には議会において法案や予算案の成立を阻止したり、修正を迫るなどの行動をとることで政府の政治運営に影響を与えようとすることもある。

2）政党の機能

　以上の政党の活動実態を踏まえ、あらためて政治過程において政党が果

たしている機能について考えてみよう。まず最も特徴的な機能は、利益集約（interest aggregation）機能である。この点に関しアーモンドらは、政党を「現代社会の専門的利益集約構造」ととらえたうえで、政党が遂行する利益集約の意味を「要求を政策の選択肢に結びつけ、これらの政策の選択肢の背後に資源を動員する過程から成っている」（参考文献③）と説明している。

利益集約機能とは、社会内の諸要求にフィルターをかけ、必要なものを政策に転換することで、政治の場で解決していこうとする機能である。政党のもつこうした機能については、多くの政治学者がさまざまな比喩を用いて論じている。たとえばアーネスト・バーカーは「政党は、一方の端を社会に、他方の端を国家にかけている橋」とも、「社会における思考や討論の流れを政治機構の水車にまで導入し、それを回転させる導管、水門」とも表現している。またキーは政党を「大衆の選好を公共政策に翻訳するための基本的な装置」、あるいは「政府と世論を結ぶ連結器」などとしている。

第二は、統合機能である。政党は日常的に自らの見解や政策を作成して国民に提示し、多くの支持者を獲得しようとする。こうした活動は同時に、国民間の対立する利害・意見・世論をいくつかの政党に吸収することであるから、それによって分裂の回避、社会の統合といった機能が果たされる。

第三は、政府形成機能である。政党は行政府の首長（内閣総理大臣あるいは大統領）の選挙に際し候補者を立て、当選すれば政党を基盤とする内閣（政府）が組織される。なお議院内閣制の下では、政党が仲立ちとなって行政府と立法府との有機的な連携を図っていくという媒介機能をも果たしている。

第四は、政治指導者の補充（recruitment）機能である。政党は政治を志す人材を集め、党活動を経験させながら一人前の政治家に育て、国会議員・大臣・総理大臣等の指導的な政治ポストに送り出している。こうした一連のはたらきを補充機能という。

第五は、国民に対する政治教育及び政治的社会化（political socialization）機能である。政党の広報・情宣活動は国民の支持を集めるために行われるが、こうした活動は同時に政治についての知識や情報、種々の政治問題に

対する考え方を提供している。それは国民の政治意識を高め、政治への参加意欲を増し、成熟した有権者を作り出すための政治教育、政治的社会化（社会の成員が成長する過程でその社会において共有されている政治に付するものの見方や行動のしかたを学習して行くプロセス）の働きをしているといえる。政党が政治的社会化を推進する担い手（agent）の一つとされるのは、この意味においてである。

4. 野党の機能

　政党の機能をめぐる研究の蓄積は多い。しかし、ほとんどの場合、与野党を含む政党一般が対象となっており、「野党の機能」についての研究は少ない。わが国では、「政党の離合集散」に見るように、選挙制度改革により政界再編は目まぐるしく起こった。国会議員の党籍移動や「選挙互助会」と揶揄された新党ラッシュなどで、国民の政党不信は拡大している。政権獲得を目指す野党は、野党という冬の時代にどう耐え、有権者の支持を増やすことができるかが問われている。現在の「一党多弱」の与野党の状況で、特に野党が多弱状況を打開するためには、野党として多弱状況を真剣に考え、議会活動、政党活動、政策立案活動を行わなければならないということを踏まえてここでは、野党の機能について考えてみたい。

・第一の機能は与党チェック・監督機能である。民主主義で野党に期待される役割とは、まずは政権与党に対し異議申し立てをすることである。与党が法や倫理に反するような権力行使をしていないかどうか、様々な少数派の不利益になることをしていないかどうか、つまり適切な権力の用い方をしているかを絶えずチェック・監督することがすることが野党の果たさなければならない機能である。この機能との関連で最近話題になったのは、森友学園、加計学園問題をめぐって、教育問題、国有財産払い下げのあり方に不正があったのではないかと、野党は国会で徹底的に真相究明を行った。しかし、国民の納得する結論は得られなかった。新聞、テレビ、月刊誌、週刊誌などの調査が野党の調査能力を上回っている。野党の調査能力不足もあり、十分その機能を発揮することができ

なかった。野党がこの機能を十二分に発揮すれば、有権者の支持を拡大し、政権奪取への足がかりをつかむことができる。
- 第二の機能は争点明確化機能である。争点を明確化するということがあげられる。つまり、与党が推し進めようとする政策に何か問題が生じたときに、それとは別の方法で目的を達成することはできないか、できるとすればそれをどのようにして実施するのか、そもそも、政策が達成しようとするその目的は正しいのかどうか、正しくないとすれば、いかなる目標がより適切なのか。そうした政治的な目的や課題にまつわることを争点化して有権者に問う役割、つまり「政治的争点を可視化」することも野党が担うことができる役割である。2018年の国家予算は97.7兆円であるが、予算の配分は国民生活に大きな影響を与えるものであり、どのような政策を遂行するかは重要である。毎年の予算の成立過程で防衛予算、教育関連予算、国債の発行額などで争点を明確にして、野党支持者の声をどう予算に反映するかも野党の重要な機能である。
- 第三の機能は「民意の残余」を代表する機能である。与党がいくら国民からの負託を得ているといっても、それは選挙を通じて人為的に形成された一時の民意の結果であって、それがすべての民意を汲み取っているということの保証にはなりえない。選挙の結果であるがゆえに、与党には代表し得ない民意が必ず残ることになる。いかなる与党であっても、そのことに変わりはない。この汲み尽くし得なかった残余を政治的に代表することも、野党にとっての極めて重要な役割である。例えば、自民党は農業団体、福祉団体や業界団体などを支持基盤として、さまざまな層の声を代弁する機能をもっている。ところが、その自民党でさえ、非正規労働者の声を吸い上げていない。一方、労働組合の支持を受けている野党も正規労働者の声は吸い上げているが、非正規労働者の要求を十分に政策に反映しているとは言えない。もし野党各党が労働者の4割を占める非正規労働者の要求を政策に生かすことができるならば、支持層を増やすことができ、政権交代への道を開くことも可能である。オポジションとして現れる民意の残余部分を野党が汲み取り、きちんとそれを政府や政策決定の場へ伝達することで、民主主義体制は安定し、持続することが可能である。そして、

民主主義体制が安定すればするほど、いっそう多様なオポジションが汲み取られていくという望ましい循環が起こってくる。民主主義の強さにつながる。そういう循環が形成されるためにも、現代政治において野党は欠かせない存在である。野党は選挙で議席を伸ばし政権を奪取するには、選挙で与党が汲み上げ切れていない、野党の声を組み上げ議席を伸ばさなければ政権を奪取することができない。これらの三つの機能を存分に発揮することができれば、野党は政権を奪取することができる(参考文献③)。

5. 政党制

多くの国において政党が政治過程の主要なアクターになっている今日、政党を中心にして政治を説明することは効果的である。その際に用いられるのが政党制(その国の政治の運営にかかわる政党の数、構成および配置の仕組み)という考え方である。その国の政治の特徴を捉える場合、政党の数が重要な意味を持つことは間違いない。政治学は伝統的に数を基準にして 一つの場合を一党制、二つの場合を二党制、三つ以上の場合を多党制とする三分法で説明してきた。これに対しサルトーリは『現代政党学』の中で、何らかの政党配置を持つ国が増え、政党配置も多様化している今日においては「従来の三分法は不十分であるばかりでなく、現状では、事例を分類する能力を持っていない」として新たな分類法を提示した。彼は単に政党の数にとどまらず、各政党の相対的規模、政党間のイデオロギー距離、各政党の表明しているイデオロギーへの感情移入度(イデオロギー指向かプラグマティズム指向か)、運動の方向(求心的競合か遠心的競合か)、政党や下位グループの自律度、政権交代軸の数と位置といった多角的な観点から検討を加えた。その結果、政党制を政党間の相互に対等な競争を認めない「非競合的システム」と対等な競争を認める「競合的システム」とに大別した。次いで政党の数を基礎にしながら、非競合的システムを❶一党制、❷ヘゲモニー政党制の二つに、競合的システムを❸一党優位政党制、❹二党制、❺穏健な多党制(限定的多党制)、❻極端な多党制(分極的多党制)、❼原子化政党制の五つに細分化した。サルトーリの政党

制の新しさは、自らも述べているように、従来一党制はまさに一党しか存在しないケースとして論じられてきたのに対し、ヘゲモニー政党制と一党優位政党制というカテゴリーを導入し、見かけは複数の政党が存在するが、これらを一党制の範疇に含めた点、またそれまでは三つ以上の政党があればひとまとめに扱われていた多党制を二つに分類して詳細に検討を加えた点にあった。世界の大勢が多党制であることを思えば、示唆に富む指摘であった。

以下において簡単に政党制の内容について見ておこう。

❶一党制は、まさに一つの政党だけしか存在せず、また存在することを許されない政党制である。旧ソ連やフランコ政権下のスペイン、ナチス政権下のドイツなど、いわゆる独裁国家に典型的な政党制である。これら一党制はさらにイデオロギー、強制力、抽出力、動員力、下位集団の自律性などの違いを基に、全体主義一党制、権威主義一党制、プラグマティズム一党制に細分化される。

❷ヘゲモニー政党制とは、外見上は複数の政党が存在するが、政党間の平等な競合・競争が許されず、特定の一党が圧倒的な地位を保持し、恒常的に政権を担当する。その他の政党はヘゲモニー政党のまわりを取り巻く衛星政党の地位にとどまっているという政党制である。これもイデオロギーの比重の大小等により、かつてのポーランドのようなイデオロギー指向ヘゲモニー政党制とメキシコのようなプラグマティズム指向ヘゲモニー政党制とに分けられる。

❸一党優位政党制とは、政党間の対等な競争が許されているにもかかわらず、特定の一党が選挙で常に多数議席を獲得し、圧倒的優位を占める政党制で、当然政権交替は行われにくい。1955年から1993年まで続いた「55年体制」下の日本の政党制はこの代表例であった。

❹二党制について、サルトーリは二党制のルールに従って機能しているシステムであるとし、その条件として「(1) 二つの政党が絶対多数議席の獲得を目指して競合している。(2) 二党のうちどちらか一方が実際に議会内過半数勢力を獲得するのに成功する。(3) 過半数を得た政党は進んで単独政権を形成しようとする。(4) 政権交代が行われる確か

な可能性がある。」を挙げている。その上で二党制はよく知られているにもかかわらず、実際には上の条件に合致した政党制を備えている国は少ないとして、イギリス、アメリカ、ニュージーランドの三国を挙げるにとどめている点は注目しておく必要がある。

❺穏健な多党制（限定的多党制）とは、政党数が3～5で、政党間のイデオロギーにそれほど大きな差がない。さらに各党は同じ土俵で相撲をとろうとし、また自党の主張を押し通そうとするのではなく、妥協的態度をとろうとすることでより多くの有権者の支持を得ようとするから、各党間の競合は求心的な方向に向かう傾向の高い政党制である。そしてドイツ、オランダ、ベルギー、デンマーク、スウェーデン、ノルウェーなどを代表例とした。

❻極端な多党制（分極的多党制）とは、6～8の政党から成り、中に反体制政党やイデオロギーのはっきり対立する政党がいくつか存在する。そのため政党の布陣は一つまたはそれ以上の中間政党と相互に排他的な二つ以上の野党勢力といったかたちに分極化している。したがって政党間の競合は遠心的となるなどの特徴を持った政党制である。

❼原子化政党制は以上の❶から❻に該当しない政党制で、主に地形上の理由などから、他に抜きんでた実績を有する政党が一つも存在せず、地域や部族を代表する多くの政党が分立している状態にある場合に見られる。

なお、政党制との関連で、わが国の政治の特徴について若干言及しておくと、政党制の類型が1993年の総選挙を機に、サルトーリのいうところの「一党優位政党制」から「多党制」へ移行したことである。1955年以来、選挙で各党が自由に競合しながら、常に自民党が多数を占め、政権を担当する政治スタイルが定着してから、それが途切れ、正真正銘の多党制の出現を見たことは画期的であった。さらに、2009年の総選挙で民主党が政権党になり、わが国の多党制は新たな段階に入るのではないかと思われたが、その民主党は2012年の総選挙で自民党に惨敗し、野党に転落、自民党と公明党が政権を取った。2017年の総選挙では、立憲民主党が誕生し、野党第1党になったが、55議席しかなく、わが国の政党制はサルトーリのいう「一党優位政党制」に戻った。

6.「一強多弱」「安倍一強」体制の要因

①小選挙区制と「一強多弱」体制

　サルトーリの政党制の分類では、わが国は一党優位政党制となっているが、現在の政党の与野党の勢力関係を考えると、あまりにも自民党が多数議席を獲得しており、野党は小党分立状況にあることを考慮すると「一強多弱」という呼び方は、政党状況をうまく表現している。この現象は自民党が政権復帰した2012年衆院選から顕在化してきた。

　イギリス、アメリカなどで採用されている小選挙区制は与党、野党第1党には有利であるが、3党以下の野党には致命的に不利になる。わが国の選挙制度は小選挙区比例代表並立制であり、完全な小選挙区ではないが、それでも野党には極めて不利な選挙制度であることは、その導入後の選挙結果からでも明らかである。2017年の衆議院選挙でも、与党自民党は284議席を獲得し、議席率は75%で単独政権でも可能であるが、得票率は48%で過半数にも達しない。わが国の一強多弱下の小選挙区では、第2党以下はほとんど議席が取れない。いわゆる第1党の過剰代表、逆に第2党以下は過小代表となる。野党は異常なほど小党分立で弱体化しているために、強力な野党協力でもしない限り、自公勢力に単独で勝利することは不可能に近い。結果的に、「一強多弱」の政党状況をさらに加速することになる。

　しかし、「一強多弱」と言われているが、自民党の強さは、小選挙区制のマジックで圧倒的な議席を得たのであって、自民党が議席率ほど有権者の支持を得ているのではない。民意を反映しない選挙制度に助けられた一強に過ぎないとの見方もある。このような選挙制度を前提として、野党は「一強多弱」をどう克服するのかが問われている。その状況を打開する方策の一つは、野党の選挙協力である。因みに、2017年衆院選で各小選挙区での野党系候補の得票を合計し、与党系の候補と比較すると、野党が候補者を一本化していれば、少なくとも84小選挙区で与党を逆転していた可能性があった。国民は消極的選択ではあるが自民党を選択している。全く政権の取れない弱小政党に投票しないという投票行動があることも野党

は考慮すべきである。
②派閥の弱体化と「安倍一強」体制
　わが国の政策決定は長く官僚主導で行われ、その弊害も指摘され、細川政権以降、「政治主導」を目指す改革が始まった。その流れは橋本政権、第一次安倍政権、民主党政権に引き継がれ、今の「安倍一強」と呼ばれる「強すぎる官邸」ができ上がった。しかし、その過程で、政治と官僚の役割や領域に関する議論は不十分なまま、政治を強めることに力点を置き過ぎた。その結果、「政治が上、官僚が下」という構図になってしまった。「強すぎる官邸」の装置として内閣人事局があり、官僚人事に大きな影響を与えている。官僚は首相、官房長官には逆らえないシステムがある。結果的に、霞が関に「官邸の意に逆らうと危険だ」という意識が定着している。さらに、内閣府の設置、政務担当の官房副長官の増員も影響している。「安倍一強」の大きなマイナス面として出てきたのが、森友問題、加計問題であることも否定できず、自民党政権にとってマイナス面も大きい（『毎日新聞』2018年3月13日）。
　小選挙区制が導入される以前の中選挙区制の下では自民党内に派閥が顕在化し、閣僚人事、党内人事も派閥の意向が尊重されていた。ところが、選挙制度が中選挙区制から小選挙区比例代表並立制にかわり、派閥のあり方にも劇的な変化を与えた。中選挙区制下の選挙では、立候補の際、党公認を取るのも派閥の政治力が必要であった。かつて自民党の派閥全盛のころは、閣僚の任命も派閥の意向が反映され、各派閥からの推薦名簿が閣僚人事に大きな影響を与え、閣僚人事は派閥均衡内閣、党内人事は三派三役体制と言われていた。ところが、現在の選挙制度では公認は党執行部一存で決定することも可能になった。閣僚人事、党内人事も首相の任命権限がかなり強くなった。派閥の効用には、首相の独走・暴走を止めることもあり、党内野党的な存在で時の総理を牽制することもあった。特に、第二次安倍政権以降では、党内人事、閣僚人事も首相の権限が強く反映され、それらの待望組にとっては、党の意向には逆らえなくなり「安倍一強」体制ができ上がった。国民の代表として国政の場に送りだされた議員は国民の声よりも首相の声の方が気になることもある。選挙制度が代わり派閥の存

在意義も薄れ、派閥は弱体化し、人事への影響力はかなり失われた。

7. 日本における政党の離合集散

図8-1に見るように、日本の政党の離合集散は異常である。政治の安定性という点でも問題があり、政党への不信が政治不信にもつながり、政党支持なし層の増加にもつながっているとの指摘もある。1992年の政治

図8-1　平成の主な政党の離合集散　※年月は党発足の時期、西暦

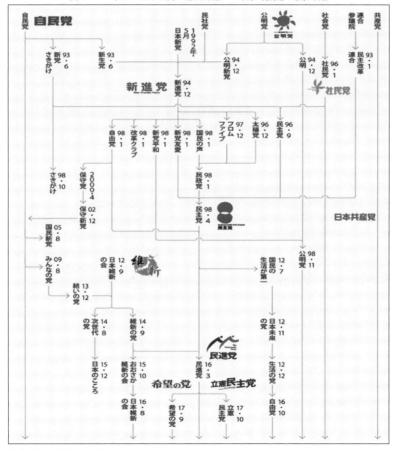

出典：毎日新聞2018年2月1日

改革の頃から2017年衆院選までの政党の離合集散の流れについて考えてみたい。

1980年代末には、リクルート事件、佐川急便事件、金丸脱税事件が起こり、わが国では「政治とカネ」の問題が起こり、国民の政治不信が高まった。このような自民党に愛想をつかし、細川護熙衆議院議員・元熊本県知事は92年日本新党を結成し、政権交代を訴えた。さらに自民党内では政治改革をめぐって意見が分かれ、党内抗争に発展し、93年6月、自民党羽田派が自民党を離党、小沢一郎氏らと「新生党」を結成した。時を同じくして、宮沢内閣不信任案可決による衆院解散で武村正義らが自民党を離党、武村氏を代表に「新党さきがけ」を結成した。自民党は93年衆院選で過半数を獲得できず、野党に転落し、選挙後、93年8月8党会派による細川連立政権が誕生し、55年体制の終焉となった。新党の党首が首相となったのは画期的であり、細川内閣への国民の期待は大きかった。細川政権で政治改革の一環として小選挙区比例代表制の導入が決まった。

ところが、政治改革を掲げ、クリーンな政治を訴えた細川内閣であったが、佐川急便からの1億円献金問題で細川首相は辞任に追い込まれ、その後、日本新党は94年末に解党した。同じ94年に小沢一郎らによる「新生党」「公明新党」「日本新党」が合流し「新進党」が誕生した。しかし、小沢氏主導の新進党は衆参で200人を超えたものの、96年の衆院選で156議席を獲得したが、選挙前からの議席数は横ばいであった。小選挙区制で初めての96年衆院選挙で伸び悩み、政権交代を実現することなく97年12月に解党に追い込まれた。その結果、翌98年1月には国民の声、新党友愛、新党平和、改革クラブ、自由党が次々と誕生した。

96年には鳩山由紀夫、菅直人両氏を代表とする「旧民主党」が結党された。さらに、民主党は98年に民政党などと合流し、2000年衆院選では選挙前の95議席から127議席まで伸ばした。民主党はその後、非自民・非共産勢力を糾合し、09年衆院選で308議席を得て政権交代を果たした。ところが、民主党政権は内部抗争に明け暮れ、鳩山、菅、野田佳彦の3政権とも短命に終わり、12年衆院選挙で自民党にあっけなく政権の座を奪われた。

12年衆院選直前にも新党の結成があった。元滋賀県知事・嘉田由紀子氏らが中心になって結党した日本未来の党と、橋本撤・大阪市長の旧・日本維新の会である。12年衆院選の際に衆院選で民主党離党者などが集まって結成された日本未来の党は、選挙前の61議席を9議席に減らす惨敗で選挙直後に消滅の運命をたどった。逆に日本維新の会は11議席から54議席へ躍進したが、その後、一部が民進党に加わるなど離合集散の道をたどらざるを得なかった。
　2012衆院選後も民主党は党勢の低迷を克服できず、維新の党が合流して民進党に衣替えした。ところが、看板は変わったものの相変わらず離党者が相次ぐ状況が続いていた。2017年衆院選では、小池百合子東京都知事が希望の党を立ち上げ、これに民進党の一部も合流した。しかし、憲法改正、集団的自衛権の賛否で合流を拒否された民進党の議員は、枝野幸男氏を中心に立憲民主党を立ち上げ、民進党は3つに分裂した。選挙の結果、民進党に変わって立憲民主党が野党第1党になった（『毎日新聞』2017年10月10日、『朝日新聞』2017年9月28日）。

8．立憲民主党の誕生

　以上のような離合集散の政党状況の中で2017年衆院選で注目を集め、一挙に野党第1党になった立憲民主党を通して政党の誕生過程について考えてみたい。

1）結党の経緯

　2017年衆院選で最も国民の注目を集めたのは、第1党の自民党ではなく、誕生間もない立憲民主党であった。同党は民進党から希望の党への合流を拒否された、あるいは、合流に政治理念、政策的に相いれない枝野幸男氏らを中心に選挙を目前にして急きょ立ち上げた政党であり、いわゆる「排除宣言」を受けて誕生した政党である。枝野氏は「政治家にとって理念や政策は何ものにも代えがたい、譲ってはならない筋である」と述べ、リベラル議員の受け皿として「立憲民主党」の結党を宣言した。立憲民主

党という党名は枝野氏が、ずっと温めてきた党名であった。結党会見において枝野代表は、1億総中流社会を例示しつつ、現在の格差社会や貧困の増大、それによる社会の分断に言及し、立憲主義とも関連付けながら、「こうした状況を変えていく責任、役割を果たしていかなければならない。そして安心できる、立憲主義や法の支配が、民主主義が、自由な、その中で社会の構成員がお互いに支え合い、お互いに認め合える、そんな社会をつくっていく」と語った。

　急ごしらえの政党ではあったが、2017年衆院選で日ごとに有権者を引き付けた。これぐらい盛り上がった野党の選挙は最近では記憶にない。何が有権者をここまで引き付けたのか、考えてみたい。

　まず、選挙での国民との約束によれば、1．生活現場から暮らしを立て直します。2．一日も早く原発ゼロへ、3．個人の権利を尊重し、ともに支え合う社会を実現します。4．徹底して行政の情報を公開します。5．立憲主義を回復させます。同時に「日本社会は危機の中にあります。分断と排除の政治が行われ、立憲主義が壊されています。社会の多様性が脅かされ、国民の大切な情報が隠蔽されています。一握りの人たちがトップダウンで物事を決めてしまう、傲慢な政治が横行しています。政治は政治家のためでも、政党のためでもなく、国民のためにあるものです。今の政治に怒りや危機感を持つ、多くの国民の声に応え、政治の流れを転換させたい……。」という「代表メッセージ」も有権者の琴線に触れたであろう。有権者は無関心ではない。政党が「有権者は何を求めているのか」をつかむことができるか否かである（立憲民主党ホームページ）。

2）立憲民主党の選挙戦
①有権者主役の政治の確立

　立憲民主党が公示前の15議席から55議席を獲得し、大躍進したのは、立憲民主党が掲げた政策や「リベラル的訴え」が支持されたことも当然であるが、枝野氏の演説に多くの有権者が共感したためでもある。有権者の投票行動は、有権者にとって「こちら側を向いてくれている。同じ目線で動いてくれると共感できる政党に投票する」という投票行動であった。そ

れは、単に勝ち馬に乗るのではなく、自分の一票で政治が動くのをみたい、投票した意味を実感したい、満足感を得たいという欲求が非常に強くなっている。枝野氏の演説は、こうした有権者の意識を見事に捕らえた。枝野氏は、有権者に「主人公は政治家ではない」「決めるのは有権者の一票」という思いを抱かせた。そして最後に「あなたの力が必要だ」「一緒に頑張ろう」と、政治家と有権者を同じ目線、同じラインに乗せて締めくくっている（参考文献⑤）。投票に行かない有権者は有効性感覚がないことがその一因である。この選挙で有効性感覚が実感できれば、投票することが明らかになった。有権者を引き付けるかどうかは政党次第である。

②既存政党への不満の「受け皿」

　枝野代表は有権者に「このままでは選択肢がない。入れるべき政党がない。多くの皆さんに背中を押していただいて立ち上がりました」「社民党、共産党以外の選択肢を作った。安全保障法制反対で国会前でデモに参加し、『でも入れるべき政党がない』と思っていた人たち、いまこの演説に集まっている人たちにとって、まさに救世主のような存在です」と訴え、選挙戦を有利に展開した。枝野代表が結党の記者会見をしてからわずか20日間で、野党第一党にまで躍進した。それだけ立憲民主党の存在を渇望している有権者がいるということだった。支持拡大の理由について枝野代表は、「理念の筋を通す姿勢を感じてもらえたのではないか」と語っている。

　同時に、立憲民主党が「受け皿」の中心となりえたのは、希望という保守系野党と、共産の「間」の政策を求める有権者のニーズを的確に射止めたからである。枝野代表の街頭演説での「右でもなく、前へ進む新しい選択肢を掲げたい」という訴えは、自民でもない、社民、共産でもない有権者の求めているものであった（『毎日新聞』2017年10月23日）。

3）政権党への可能性

　これまで誕生した新党のうち日本新党は、結党間もなく1993年の衆院選後に連立で政権を射止めた。民主党は2009年の衆院選で政権の座についた。「次の選挙で政権交代を目指さないといけない。それが野党第1党

の責任だ」とは言うものの。立憲民主党にその可能性はあるか。野党第1党とはいえ、たった55議席しかなく、その議席率は1割強でしかない。政権党への可能性は現時点では想定しにくいが、そのポテンシャルまで否定することはできない。しかも小選挙区制は政権党に大きな不祥事が起った時には、一気に激変するので、2009年衆院選で野党であった民主党が政権を取ったように、議席が今後の再編や衆院選で3桁に乗るかどうかが一つの目安になる。そのチャンスが到来した時に、それを生かせるように政党の力（野党力）を蓄えておく必要がある。政権党への期待が高まれば、無党派層・浮動票を獲得することができる。2009年の政権交代選挙で旧民主党を政権に押し上げた2000万票は、その後、ほとんどが無党派層、浮動票になっているといわれている。その票を立憲民主党が動かすことができれば、政権党への展望を開くことができる（参考文献⑥）。現行の小選挙区比例代表並立制の下では、立憲民主党だけでは自民党を食い止めることは不可能である。改憲、安保法制、原発反対を旗印にもう一度野党が共闘していくべきであると多くの有権者は望んでいるのではないか。立憲民主党にはそのリーダーシップをとることが求められる。着実に議席を増やし政権政党へと成長していくのかどうかは、枝野代表の力量は勿論のこと、立憲民主党の今後の党運営、野党機能を存分に生かして、有権者の声を政策作りに生かせるか次第であろう。

（照屋寛之、上岡　敦）

参考文献

① E. バーク／中野好之訳『現代不満の原因』みすず書房、1973年
② G. サルトーリ／岡沢憲芙・川野秀之訳『現代政党学』早稲田大学出版部、1980年
③ 吉田徹『野党論』ちくま新書、2016年
④ G. アーモンド・B. パウエル／本田 弘・浦野起央監訳『比較政治学』〔第2版〕時潮社、1986年
⑤ 世界編集部『世界』902号、岩波書店、2017年
⑥ 大下英治『枝野立つ！立憲民主党のさらなる闘い』河出書房新社、2018年

9章　圧力団体・市民団体

> **本章のねらい**
> ・利益団体、圧力団体とはどのような団体であるかについて考える
> ・政治過程における圧力団体の機能について考える
> ・わが国の圧力団体の特質及び政党・官僚・圧力団体の「鉄の三角同盟」について考える
> ・NPO、NGO、市民運動の政策決定への影響について考える

1．圧力団体の概念

　通常、Interest Group を「利益集団」「利益団体」と訳し、Pressure Group を「圧力団体」と訳している。その違いを意識して使用することもあれば、同義的に使用することもある。その点では用語・概念の混乱も見られる。圧力団体という用語が定着していく中で、その不確定性について、あらためて問題提起したのは、D.B. トルーマンであった。すなわち、トルーマンは、『政治過程論』の中で、❶「圧力団体」という用語が、利己的で無責任な特殊的特権への固執を示す感情的意味をたぶんに含んでいる。❷「圧力」という言葉は、利益団体がその目的を達成するために用いる一つの方法あるいは一つのカテゴリーに属する方法を示唆するに過ぎないと論じ、「より包括的で、いっそう中立的な用語」として、「政治的利益集団」（Political Interest Group）を提示したのである。要するに、トルーマンによると、利益集団は、社会における他の利益集団に対してある一定の要求を行う「態度共有集団」であり、この団体が、もしその要求を政治的制度を通じて、あるいはそれに対して行うならば、そのときこの団

体は、「政治的利益集団」になる。

　このように、利益団体が自らの利益を擁護し、推進するために議会や行政部などに圧力活動を展開する場合、普通、この種の利益団体を圧力団体と呼ぶ。他方、政治活動を行う団体を価値中立的に分析する場合に利益団体という用語が使用され、その団体の利己的・特殊的側面を批判的に論ずる場合に圧力団体という用語を使用されることもある。特に、わが国では「圧力」という言葉の響きが「不当性」を連想させることもあり、かつての日本医師会のように「圧力団体」を呼ばれることに嫌う団体もあった。しかし、現実の政治過程ではほとんどの利益団体がその特質上多かれ少なかれ政治にコミットするのは当然であり、多くの利益団体は利益の獲得を目指して圧力団体化するのである。圧力団体という呼び方は、利益団体の活動面・機能面に着目したものである。

　多くの研究者によって圧力団体の定義は行われているが、よく使われている圧力団体の定義としては、V.O. キーの定義である。キーは圧力団体とは、「公共政策に影響を及ぼすために形成された私的な任意団体であって、自己の集団利益を促進するために政府に対して影響力を行使するが、政党とは違って、直接、公職を選挙で争おうとしたり、政府運営の責任を引き受けようとはしない団体」である（参考文献①）。キーは政党との違いに着目しながら定義している。

　圧力団体の特質は、政党との相違点を考えれば、さらに分かりやすい。その違いの第一点は、政党は究極的に政権の獲得・維持を目指すが、圧力団体は政権獲得を目指さない。したがって、政党が選挙に候補者を立てて争うのに対して、圧力団体は選挙を重視することはあっても直接介入することはあまりない。圧力団体は政策の決定過程や執行過程に影響を与えることで、間接的にその団体の特殊利益の実現を目指す。第二点は、政党が政権を目指すものである以上、その主義主張を綱領や運動方針として国民の前に提示し、その実現に責任を負う。しかし、圧力団体はこのような公的な責任・義務はなく、圧力活動の結果についても公的な責任が問われることがない。第三点は、政党は常に国民各層の利害を調整し、それを広く国民の要求に合わせた弾力的・包括的な政策に転換することが求められて

いる。これに対して、圧力団体は特殊利益の追求を目的とするものであり、その求める政策は固定的・限定的である。したがって、圧力団体は団体の利益を達成するためには、いかなる政党や候補者とも連携することもできる。これが圧力団体のいわゆる無党派性である。ところが、わが国では、戦後ほぼ一貫して自民党が政権の座にあったので、政党別に系列化されてきたことは否めない。

2. 圧力団体の機能

(1) デモクラシーの安定化機能：D.V. トルーマンは重複的集団加入をもってアメリカ政治の一つの安定要因と考えた。すなわち、アメリカ人は一般に多くの団体に加入する傾向にあり、そのため、集団加入は重複的となり、いかなる集団も個人の全的忠誠を勝ち取ることはできない。そして、このゆえに個人的意見は緩和され、かつ集団のリーダーシップはその活動を抑制されることになり、その結果、アメリカ政治の相対的安定性が保たれることになる。確かに、このような傾向は、「集団噴出」時代の今日、程度の差こそあれ、わが国をはじめ他の国々の圧力政治についてもほぼ等しく認められるであろう。

(2) 地域代表性の補完機能：現行の選挙制度、特に小選区制は地域を基礎にしている。したがって、地域を越えて広がっている職業上の利益を政策に反映させることは容易ではない。しかし、現実には地域利益と同時に職業上の利益が重要である。それゆえに、企業や業界、医師会などの職能団体がそのグループの利益の獲得を目指して多くの職業上の団体を結成するに至った。ここにおいて、諸団体は、事実上、今日の代議政治の伝統的な地理的代表を一種の職能代表を形成することによって補完する役割を担ってきたといえる。このことは、特にアメリカ、イギリスやわが国のように、小選挙区制を採用している場合にはなおさらその必要性が増す。

(3) 情報の提供機能：今日、社会変化と技術の発達の速度が速く、その結果、政府の取り扱う領域は専門的な領域にまで及んでいる。従って政策課題は専門化し、複雑化していることは言うまでもない。政党・政治家が

時代のニーズにマッチした政策立案をする上でも大量の専門的な知識と情報を必要としている。しかし、議会で立法に関わる政治家は多忙を極め、情報収集の時間も十分とはいえない。圧力団体は、政策に関連した調査ならびに批判的活動を通じて、立法あるいは行政活動に必要な貴重な資料、情報を収集し、議員に提供することができる。

3．わが国の圧力団体

1）圧力団体台頭の主要因

　現在、わが国には表9-1（次ページ）にみるように、多くの圧力団体がある。その台頭の要因としては、第1に、新憲法によって集会・結社の自由が規定され、ならびに請願権が確立されたことである。旧憲法下においてもこれらの権利がまったく否定されていたわけではないが、あくまでも「法律の範囲内」という大きな制約があったために、団体が政治的に発言することにはおのずから限界があった。新憲法によってこれらの制限が撤廃された。請願権（第16条）、集会結社表現の自由（第21条）、労働者の団結権（第28条）が保障されたことによって、労働組合の目覚しい発展、あるいは他の諸利益の組織化が急速に組織化されていった。このように、これらの権利の保障が、圧力団体の発生・台頭の主要な政治的契機の一つであったと考えられる。

　第2に、政治・行政の積極化と官僚統制の増大である。現在、国民生活は政治・行政を離れて考えることはできない。「ゆりかごから墓場まで」という言葉にシンボライズされるように、国民生活の隅々まで政治・行政の影響を受けている。このような政治行政にあっては、官僚の活動領域と権限の大幅な拡大が社会の各分野に対する政府の統制を強めることになる。たとえば、官庁は補助金や融資の決定、さらに、各種の許認可権、公共事業の請負契約などによって社会の隅々にまで統制することになる。したがって、官僚統制の増大は、それによって重大な利害の得失を被る者同士を集団化せずにはおかず、それらの集団はまた自己団体に有利な決定や処分を引き出すために積極的に圧力活動を展開することになる。

表9-1　日本の主な圧力団体

経済団体	経団連、日経連、経済同友会、日本商工会議所、日本鉄鋼連盟、石油連盟、全国銀行協会連合会、日本中小企業政治連盟、日本中小企業団体連盟、関西経済連合会、日本証券業協会など
労働団体	全日本民間労働組合連合会（連合）、全日本自治団体労働組合（自治労）、政府関係特殊法人労働組合協議会（政労協）、日本教職員労働組合（日教組）、全国金属産業労働組合同盟（全金同盟）、合成化学産業労働組合連合（合化労連）、日本自動車産業労働組合連合会（自動車労連）、日本私鉄労働組合総連合（私鉄総連）、全日本郵政労働組合、全国金属労働組合、日本新聞労働組合連合など
農業団体	全国農業協同組合中央会、中央酪農会議、日本酪農政治連盟、中央畜産会、全国農業構造改善協会、全国土地改良事業団体連合会など
専門家団体	日本医師会、日本歯科医師会、日本弁護士連合会（日弁連）、日本建築士会連合会、日本不動産鑑定協会、日本獣医師会、日本薬剤師会、日本看護協会、全日本計理士会など
行政関係団体	全国知事会、全国市長会、全国町村会、全国都道府県議会議長会、全国市議会議長会、全国町村議会議長会、東京市制調査会、日本道路協会など
福祉団体	日本遺族会、軍恩連盟全国連合会、全国社会福祉業議会、国民健康保険中央会、健康保険組合連合会、全国社会保険協会連合会など
市民・政治団体	憲法擁護国民会議、原水爆禁止日本国民会議、主婦連合会、日本消費者連盟、日本婦人有権者同盟、日本生活協同組合連合会など

出典：松村岐夫・伊藤光俊・辻中豊『戦後日本の圧力団体』東洋経済新報社より作成

　第3は、政党組織の未確立である。わが国の政党組織の弱体性はその党員数の少なさに端的に現れている。因みに、2017年2月現在、自民党の党員数が約100万人、公明党41万人、民進党24万人、日本維新の会1万人、共産党30万人、社民党2万人、自由党6千人、日本のこころ5千人、有権者が約1億人に達する中で、各党は党員数を増やすことができず、日常的な政治活動を組織の末端において有効に展開し、なおかつ大衆的基盤に立つ健全な党財政を確立することができない。各党のこのような弱体な組織を肩代わりする役割を果たしているのがまさにわが国の圧力団体である。自民党と経済団体、農業団体、福祉団体など、社民党・共産党・立憲民主党と労働組合との関係は周知の事実である。政党と圧力団体

の協力関係は、圧力団体にとってもまたむしろ望ましいものであった。圧力団体は選挙の際、政党、候補者に対する支持と引き換えに、選挙後それらに対する影響力を保持し、議会や行政部への団体の声を反映するための回路を確保することができるからである。

　第4に、戦後のわが国における経済的利益の著しい分化が挙げられる。都市化、工業化の急激な進行が、経済的利益に際立った細分化を伴ってきた。今日では夥しい様々な経済的利益が存在し、これらのあらゆる相違点が各利益の組織化の契機として利用されてきたのである。戦後のわが国において圧力団体を急速に発展せしめ、その勢力を強大ならしめたのは、戦後のわが国社会の根底に醸成されてきた激しい経済的利益の対立であった。

2）わが国圧力団体の活動上の特質

　わが国の圧力団体の活動についてみるとき、いくつかの特徴を指摘することができる。第一に、わが国の圧力団体の活動において、行政ロビイングが中心である。わが国の場合、政策形成に関して戦後の相当な改革、1990年代に行政改革が行われたにもかかわらず、依然として行政部が実際の主導権を掌握している。すなわち、行政部は政策の執行機関であると同時に、強力な政策形成機能を有している。例えば、予算案の場合でも、財務省案が出るとほぼそれで大勢が決まってしまうことは毎年の予算の成立過程をみれば明らかである。したがって、圧力団体は財務省案が決定される前に、行政部に圧力をかけて盛り込んでもらわなければ、政策にならないという政策形成のメカニズムが出来上がっている。それゆえに、圧力団体のプレッシュアーも必然的に行政部に向けられる。第二に、圧力団体は国、地方レベルの各種選挙においてしばしば団体独自の候補者を立てることである。わが国では55年体制下で自民党がほぼ一貫して政権の座にあったので、政党と圧力団体の間にも系列化が生じた。思想的に自民党と相容れない団体は別として多くの団体が自民党に系列化されていった。その代表的な団体が、日経連、経団連などの経済団体、日本医師会、日本遺族会、農協などであった。第三に、圧力団体の党派性の強さである。わが国の圧力団体の場合、その大半は、伝統的に特定の政党とほとんど恒久的

な協力関係にある。労働組合はもっぱら社民党、共産党、民進党、新たに誕生した立憲民主党と、日経連など経済団体は自民党と提携している。

4. 政党・官僚・圧力団体＝鉄の三角同盟

　政党、官僚、圧力団体の大きな権力構造は、「じゃんけん」関係との見方ができる。「グー・チョキ・パー」の関係は、どちらかが絶対的に強いというのではなく、あくまでも相対的な関係である。つまり、政党は官僚に対して人事権を有し、法案も予算案も最終的には国会で多数派を握る政権党の了解が不可欠であり、政党は官僚の優位に立つ。一方、官僚は法案を作成するほか、行政のさまざまな許認可権限や補助金・租税特別措置などを掌握しているので圧力団体に対して強い立場にあるため、官僚は圧力団体に優位に立つ。そして、圧力団体は資金や集票での政治力を持っており、政党は圧力団体の意向をを尊重せざる

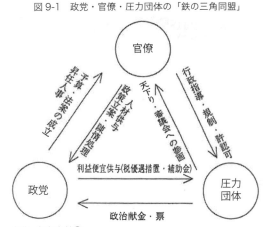

図9-1　政党・官僚・圧力団体の「鉄の三角同盟」

出典：参考文献③

を得ず、圧力団体は政党に優位に立つ。つまり、政党、官僚、圧力団体は「じゃんけん」関係である。その意味で、どちらが強いかは、一概に言えず、「さんすくみ」の関係とも言うこともできる（参考文献⑩）。政党、官僚、圧力団体は「鉄の三角同盟」と呼ばれるほど、強固な絆によって結ばれ、わが国の政策決定過程において大きな影響を与えている。この三者の関係を抜きにわが国の政策決定過程を論ずることはできない。三者の相互関係に着目しながら考えてみたい。

9章　圧力団体　｜　137

1）政党と官僚

　官僚にとっての関心事の一つは、自分たちが目指す政策の実現である。ところがそれを実現させるためには、それが予算案であれ、法律案であれ、自民党の政務調査会や財務省の主計局の了解を得て、さらに国会での可決・成立が必要である。この点で官僚にとって政権党である自民党は最も頼りになる存在である。したがって官僚は起案の段階から自民党の意向をうまく盛り込みながら素案を作成することになる。

　さらに、政権党である自民党は、官僚機構の人事にも大きな発言権を持っている。通常、各省庁部局の課長人事までは官僚機構内部のルールや慣例に基づいて決められるが、それ以上のクラスになれば、政権党との関係が重要である。自民党の人事介入は官僚に大きな影響を与えることになる。特に、安倍政権の下で2014年に内閣人事局が設置され、事務次官や局長ら約600人の人事を首相や官房長官が主導して決定するため、官僚が首相官邸の意向を尊重せざるを得なくなるほど影響を与えるようになった。

　政党からすれば官僚との良好な関係は、政党の政策立案という観点からしても大いにプラスになる。特に日本の政党の場合、政策立案のスタッフが少なく、それをうまく補完してくれるのが最高の頭脳集団である官僚機構である。それ故に自民党は政策立案では官僚に依存しながら、一方では、優秀な官僚を自民党から立候補させることによって官僚のこれまでの労に報いて、議員として自民党の政策形成に関与させている。ちなみに、2017年衆院選で官僚出身は自民党が53人で同党の獲得議席の19％であった。結果的に、霞が関の現役官僚と永田町の官僚OBとのタイアップは自民党の政策立案に多大な貢献をしている。さらに、日常の政治活動のなかで政党は圧力団体、後援会などからの陳情を処理するためにも官僚との関係は良好なものにしておくことが必要である。

2）官僚と圧力団体

　官僚は予算編成、金融政策、行政指導、許認可等々の固有の権限によって強大な影響力を持っている。このような官僚の権限に着目するならば、官僚は圧力団体に対して「生殺与奪の権」を有しているといえる。従っ

て、圧力団体はその利益の実現を目指して官僚に対してさまざまな陳情を行う。時には有利な立法をしてもらうように働きかけることも珍しくない。このように圧力団体は官僚に依存せざるを得ない。

次に官僚にとって圧力団体との関係にはどのようなメリットがあるのかについて考えてみると、官僚は圧力団体と大なり小なりの人的つながりを作り上げ、圧力団体は官僚を破格の待遇で天下りさせることもある。したがって、官僚は在職中から将来の天下り先を考え、圧力団体から絶えず影響を受けることになる。時には審議会などの公的諮問機関に委員を送り込み、政策立案過程や行政執行に関わる過程に参画してくる。その他、経済界は各省庁・政府関係機関の顧問、参与、理事、総裁等々のポストを占めて影響力を行使している (参考文献③)。

官僚の業界団体などへの天下りについて具体的な事例を参考にしながら考えてみたい。財務省は金融機関を中心とした民間企業、公正取引委員会などの公職、政府系金融機関など非営利法人が主要な天下り先である。財務省の天下りには強い規則性があることに注目すべきである。例えば、日本開発銀行総裁、日本輸出入銀行総裁、国民金融公庫総裁といった政府系金融機関のトップは歴代事務次官の指定席である。さらに、大手地方銀行への天下りで注目されるのは、地銀トップである横浜銀行の歴代総裁は、財務省事務次官経験者の指定席である。旧運輸省（現・国土交通省）はJRやJAL、ANAなどの巨大企業に天下っている。旧建設省（現・国土交通省）の歴代事務次官は、特に昭和40年代以降、水資源開発公団、住宅・都市整備公団、日本道路公団、本州四国連絡橋公団、住宅金融公庫、首都高速道路公団の総裁ポストに天下っている。農林水産省の場合、歴代事務次官の天下り先としては、農林漁業金融公庫総裁、農林中央金工理事長などが指定席となっている。また、JRA（日本中央競馬会）の理事長職も、農水省の事務次官の指定席である。その他の省庁もそれぞれ多くの天下り先を確保している。官僚にとって退職後の天下り先との関係を現職の頃から良好にしておくことは、当然であり、それぞれの団体からの要望が官僚の政策決定に何らかの影響を与えることになる (参考資料⑪)。

3）政党と圧力団体

　まず政党が圧力団体に依存するのは政治資金である。わが国の政治において政党が政治活動を行うには、想像を絶するような莫大な政治資金が必要であるといわれている。ところで、政党は政治資金をどのように調達するのか。共産党を除く各政党に政党助成法によって毎年およそ320億円が国民の税金から政党助成が行われている。しかし、それだけでは政治活動に必要な政治資金を賄うことはできず、毎年経済界を中心に巨額の政治献金が行われている。

　総務省が発表する「政治資金の報告書」によれば、財界、業界を中心とする圧力団体から巨額の政治献金が行われている。因みに、2016年度は約23億円が自民党の政治献金の受け皿である国民政治協会に経済界から献金されている。その他にも自民党の安倍首相をはじめ党の実力者や派閥にも多額の献金が行われていた（『朝日新聞』2017年12月1日）。経済界をはじめとする圧力団体は政党に政治資金を提供することによって政党の政策決定に大きな影響を与え、官僚の持つ政策執行に伴う裁量権に影響を与え、圧力団体に有利な決定を獲得する。官僚は政策立案・執行を通じて、圧力団体の利害に決定的に影響を与える立場にあるが、圧力団体から直接的に影響を受ける立場にはない。圧力団体は政党・政治家を介して官僚の裁量権の行使に何らかの影響を与える。政策上の見返りは財政・金融上の措置、景気対策、税制上の優遇措置などなどであり、このことは、安倍政権におけるアベノミクス、法人税の税率引き下げをみれば明らかである。

　さらに、注目すべきことは、歴代の総理（首相）と経済界のトップである経団連会長は親密な関係にあった。例えば、現経団連会長（中西宏明氏）と安倍首相は、財界人有志が安倍首相を囲む「さくら会」のメンバーで、政権との距離も近く、首相と会食をするほどの親密な関係にある。さらに、政府の未来投資会議の民間議員も務めており、安倍政権と太いパイプがある。経団連は早期の原発再稼働や新増設を求めるなど、一貫して原発推進の立場である。そのことが、自民党の原発政策に与える影響は大きいといわれている（『毎日新聞』2018年1月10日）。安倍内閣で推進されているアベノミクス、人づくり革命、生産性革命、働き方関連法案などは経済界

からの強い要望であり、国民生活、労働者よりも経済界優先の政策だといえる。

しかし、政党と圧力団体、特に経済界とのカネを媒介とした共生関係は、デモクラシーの観点から多くの問題点が指摘されてきた。財界のトップリーダーと政権党の党首や有力政治家との話し合いが政策形成に大きな影響を与えることは、民主政治の原則を大きく逸脱するものであり、政治を私物化し、劣化されることにもなり、つとに批判を浴びる日本政治の政策過程における「密室性」を象徴する一形態である（参考文献③）。このような政党と経済界の癒着が「ロッキード疑獄」「リクルート事件」「佐川急便事件」等々の一連の汚職事件を引き起こしたともいえる。

5．NPO、NGO、市民運動

以上みてきたように、圧力団体は政策決定過程に大きな影響を与えてきた。しかし、政策に影響を与えるのは圧力団体にとどまらず、NPO、NGO、市民運動も影響を与えていることが近年、特に注目されている。ここではわが国の主なNPO、NGO、市民運動がどのように政策決定過程に影響を与えているかを具体的事例も参考にしながら検討してみたい。

1）NPO（Non Profit Oganization：非営利組織）
①NPOの定義

NPOは一般に「営利を目的としない民間組織（民間非営利組織）の総称である。この方針では、特に、市民が行う社会貢献活動を促進するという観点から、NPOを「市民が主体となって継続的、自発的に社会貢献活動を行う、営利を目的としない団体で、特定非営利活動法人及び市民活動団体やボランティア団体などの任意団体」と定義されている

1998年に制定されたNPO法の特徴は、それが議員立法によって制定されただけでなく、法案の作成段階から市民活動団体が関与し、立法過程においても大きな影響力を行使したことであった。特定非営利活動促進

法第1条（目的）によれば、「この法律は、特定非営利活動を行う団体に法人格を付与すること等により、ボランティア活動をはじめとする市民が行う自由な社会貢献活動としての特定非営利活動の健全な発展を促進し、もって公益の「増進」に寄与することを目的とする。」と規定しており、公益を実現するためのボランティア活動を通して公益を実現する活動を行っている。この法律を作るきっかけの一つは、阪神淡路大震災であった。わが国では震災以前はボランティア活動はあまり活発ではなかった。NPO法が制定されるまで「公」を担うのは行政であり、市民は「私」として営利活動を担うものであって「市民による公益活動」という概念は認められていなかった。その活動としては、例えば、環境や人権・平和、開発、教育、保健医療などの分野で政府から独立して活動している。NPOに期待される役割には、市民の自発的な社会参加の機会の提供、公共サービスの提供、市民のネットワーク化と社会資源の活用、市民が主体となった地域社会の形成がある。

② NPO設立の必要性

これまで公共サービスの提供については、第一に政府がその役割を担うことが当然であった。しかし、近年における景気後退と歳入の減少に伴う財政支出削減する傾向の中で、もはや政府に多くの問題解決を期待することが困難になってきた。政府の手の及ばないサービス領域が拡大するとともに、それを補完するようにNPOを中心とする第三セクターが台頭してきた。今日地域社会が抱えている問題は多様化し複雑化している。このような地域の諸問題に対して、政府は素早く対応することができない。即応性を身上とするNPOは、このような状況の中で問題解決のために設立されたのである（参考文献④）。

〈具体的事例〉「自殺対策支援センター ライフリンク」の活動と自殺対策基本法の制定

ライフリンク代表の清水康之氏は、NHK在職中に自殺遺児への取材から自殺が社会的問題であると認識し、自ら対策の推進役を担うためにNHKを退職し、2004年10月ライフリンクを設立した。法案制定に向けては国会議員に自殺問題の重要性を認識してもらい、法案制定に向け

ての賛同者を得るために、2005年5月ライフリンクは参議院議員会館で自殺対策をテーマにした初めてのシンポジウムを開催した。超党派で自殺対策に取り組む意欲がまとまっていた与野党の参議院厚生労働委員会理事は、このシンポジウムに各党議員の参加を呼び掛けた。その結果、尾辻秀久厚生労働大臣（当時）をはじめ、11人の国会議員や約20人の議員代理も含めて参加者は200人を超えた。尾辻厚労大臣は、「分かりましたでは済まない。真剣に考える」と挨拶し、政府として対策に取り組むことを約束した。シンポジウムは大きな成果を得る結果となった。

これを受けて同年7月19日、参議院厚生労働委員会は「自殺に関する総合対策の緊急かつ効果的な推進を求める決議」を全会一致で採択した。市民サイドの活動も活発であった。世界自殺予防デーには、ライフリンクは「自殺対策グランドデザインを考える」緊急フォーラムを開催し、専門家約100人が対策を話し合った。一方、政府も同年9月に「自殺対策関係省庁連絡会議」を発足させた。12月の「自殺対策に関する政府方針」に結びついた。

一方、法案成立のために清水代表は、2006年5月自死遺族や全国の仲間たちと署名運動を展開した。ライフリンクや自殺防止センターなど22団体が、全国一斉街頭署名を実施、自殺対策基本法の早期成立を訴えた。

このような活動が功を奏し、2006年6月、自殺対策基本法が成立した。法案成立後、自殺対策に取り組む環境は格段に改善した（参考文献⑥）。

2) NGO（Non-Governmental Oganization：非政府組織）
① NGOとは

NGOはNPOと全く異なるものではなく、むしろ、同じような実態の組織の別名称であるともいえる。Non-Govermentalという言葉には、国境に拘らないという意味もある。日本では一般的に、地域や労働、子育てなど国内の課題の解決に取り組むのがNPOであり、NGOは国境を越えて、開発、貧困、紛争など国際的な課題に取り組む民間の国際援助団体を意味することにもなる。国際協力NGOは、開発、貧困、人権、人道、環境、平和など、国境を越えた地球的規模の発展途上国で援助活動を行って

いる。環境NGOのように、市民の環境保護に対する意識が高まるにつれて、リサイクルや自然環境に取り組むNGOもある。

1992年の国際環境開発会議（地球サミット）で採択された「アジェンダ21」では、NGOの役割の強化が謳われ、NGOは政府の対等なパートナーとして位置づけられた。1997年の地球温暖化防止京都会議（COP3）では、各国間の交渉から合意に至るプロセスで、環境NGOが大きな役割を果たした（参考文献⑧）。

さらに、わが国のNGOの支援活動には、ハイチ地震や東日本大震災などの緊急時に迅速に援助を行う緊急人道支援と、特定の国・地域や特定の分野で随時行われる草の根ベースの協力活動がある。

② **NGO設立の必要性**

NGOが社会の注目を集めるようになったのは、ボランタリズムにある。これまで公共サービスは、政府の役割であり責任であるとされてきた。民間の役割は、企業に代表されるように、モノを作り、サービスを提供することであると考えられてきた。政府は、国民から税金を徴収し、税金をもとに公共サービスを行う。企業は、モノやサービスを国民に提供し、利潤を得て活動する。しかし、近年、市民が社会的な意識を高める中で、本来なら、政府が行ってきた公共サービスの一部の活動を、市民が自主的に行うようになってきた。行政では十分に対応できない部分を社会のニーズに応えて、非営利のNGOの活動が国内、国外で行われる必要が出てきた。必要に応じて法律の制定にも影響を与えるほど積極的な活動を行っている（参考文献⑨）。

〈**具体的事例**〉国際環境NGO FoE Japanと「20ミリシーベルト」撤回運動

FoE Japan（フレンズ・オブ・ジ・アース・ジャパン）は、世界78か国にグループがある国際的な環境団体のネットワークの一員である。気候変動、森林、廃棄物、環境問題に取り組んできた団体であるが、原発や放射能問題での活動はなかった。ところが、東日本大震災をきっかけに「原発に取り組む。福島の被ばく最小化に貢献する」と宣言し、そのための活動に取り組むことになった。

原発事故後、2011年4月19日、文科省は、学校の校舎・校庭等の利

用判断における放射線量の目安として「年20ミリシーベルト」という基準を福島県教育委員会や関係機関に通知した。このことにより、いままで校庭の利用を控えていた学校側は、毎時3.8マイクロシーベルトを安全基準と判断し、子どもたちの野外の活動制限を解除した。しかし、「年20ミリシーベルト」、また、そこから導き出された「毎時3.8マイクロシーベルト」という基準は「ドイツの原発労働者に適用される最大線量に相当する」との理由から極めて問題であった。これに対して国内外で大きな批判の声が上がった。そこで、FoE Japan は、その撤回を求める政府交渉や署名活動を積極的に展開した。世界61か国から1074団体の賛同及び5万筆以上の署名が集まった。2011年5月2日、FoE Japan は、厚労省、文科省、原子力安全委員会に対する政府交渉を行った。この交渉の過程で原子力安全委員会が、「20ミリシーベルトを安全とした専門家はいない」「内部被ばくを重視すべき」「子どもであることを考慮に入れるべき」と明言したことは成果であった。さらに、FoE Japan は、署名活動第2弾を開始した。また、精力的に国会議員への働き掛けも行った。しかし、文科省は頑に態度を変えなかった。ついに、「福島老朽原発を考える会」（フクロウの会）と FoE Japan とで、福島の親たちが直接文科省に交渉をする場を設けることを要請した。5月23日、文科省に福島からバス2台を連ねてやってきた70名の父母たちとそれを支援する市民団体、総勢650名、与野党を問わず、駆け付けた国会議員。あくまで20ミリシーベルトの撤回を求める父母たちに対して、これを受け入れない文科省を全国から参加した市民による人間の鎖によって取り囲んだ。ついに、文科省は「福島県内における児童生徒等が学校等において受ける線量低減に向けた当面の対応について」を発表し、「今後できる限り、児童生徒等の受ける線量を減らしていくという基本に立って、今年度学校等において児童等が受ける線量について、当面1ミリシーベルトを目指す」とした。これは、FoE Japan や市民団体の運動の大きな成果であった。さらに、FoE Japan は、原発事故被災者支援法の制定にも大きな役割を果たした（参考文献⑦）。

3) 市民運動

　市民運動とは、一人ひとりの市民が民主主義を基盤に、プロの政治家ではなく、素人の人たちが市民として権利意識を自覚し、互いに職業、置かれた立場などを乗り越えて連帯・団結することによって、特定の共通の目的（利益）を達成しようとする運動である。市民運動の特徴は、個々人の自主的な参加を前提としており、流動的で柔軟な組織を通して、非政治的な市民による党派的な運動を展開しているところにある。圧力団体が主として仕事上の利益を獲得するのに対して、市民運動は市民として生活する中で自分たちの利益、権利が大きく侵害される事態が起こった際に、市民が立ち上がり、組織を作ることによってその利益の獲得を目指すものである。本来、市民の要求は、政党の機能の一つである「利益集約機能」として政策に反映されるべきであるが、その機能も国民の諸々の要求を政策として実現することには限界があり、同時に、政党の機能も十分に発揮されているとは言えない。そこで、市民は自分たちの声を政策に反映させるために、組織を作り運動を展開せざるを得ない。現在わが国では、環境問題、景観問題、原子力発電問題、基地問題などをめぐって市民運動がある。

〈具体的事例１〉米軍基地建設反対の市民運動

　　沖縄は戦後72年、復帰後46年経った現在でも、国土のわずか0.6％の沖縄に在日米軍専用施設の70％が過重に配備されている。米軍統治下においても、復帰後も基地の撤去を訴えてきたが、日本政府は日米安保体制の安定的運用を優先し、基地削減に積極的に取り組むことはなかった。1995年に少女暴行事件が起こった。その事件をきっかけに基地の撤去を求める県民運動が強くなり、日米両政府は、翌96年モンデール・橋本会談で米軍普天間基地の返還に合意した。

　　ところが、表９−２に見るように県民の求める同飛行場の閉鎖・撤去ではなく、名護市辺野古に移設することになり、新たな移設先の施設は最新鋭化はもちろんのこと、基地機能も強化する形となっている。運用年数40年、耐用年数は200年と言われている。それは基地の恒久化であり、負担軽減どころか負担増大である。日米両政府が米軍普天間飛行場の名護市辺野古への移設をＶ字型滑走路案で合意した2006年から

2017年まで11年の間沖縄で米軍普天間飛行場の辺野古への移設容認を公約に掲げて当選した知事、関係市長（名護市、宜野湾市）、国会議員は2017年衆院選で自民党の西銘恒三郎氏以外は一人もいない。

このような反対の民意が選挙で明確になっているにも関わらず、政府は「辺野古が唯一の選択肢」と決め、建設工事を始めた。これに対して反対を訴える市民は、キャンプシュワブ基地ゲート前で座り込みで反対運動を展開してい

表9-2　普天間移設を巡る経過

年月	出来事
1995年9月	米兵による沖縄少女乱暴事件
96年4月	日米両政府が米軍普天間飛行場返還と沖縄県内移設で合意
12月	沖縄本島東海岸沖に代替基地建設との日米特別行動委員会(SACO)最終報告。名護市辺野古沖を想定
97年12月	名護市の住民投票で建設反対が過半数
99年12月	移設先を辺野古に閣議決定
2009年9月	民主党の鳩山由紀夫首相が県外移設前提と表明
10年1月	名護市長選で辺野古移設反対の稲嶺進氏が初当選
13年12月	仲井真弘多知事が辺野古埋め立て承認
14年1月	名護市長選で稲嶺氏再選
11月	翁長雄志氏が知事に初当選
17年4月	政府が埋め立て護岸工事に着手
7月	沖縄県が工事差し止めを求め提訴

る。反対運動には辺野古新基地をつくらせない「オール沖縄会議」、普天間基地の県内移設に反対する県民会議、ヘリ基地反対協議会等が中心となっている。これに対して政府は県内、県外からも警察、機動隊を動員し、反対運動の市民を排除し、工事を強引に進めている。ゲート前での抗議の座り込みは、2018年2月末で1333日になった。なお、ドイツの「国際平和ビューロー」（IPB、ベルリン）は2017年のショーン・マクライド平和賞（平和や軍縮、人権の分野で活躍した個人・団体に贈られる）を「オール沖縄会議」に授与することを決めた（『沖縄タイムス』2017年9月1日）。

〈具体的事例２〉全国的な反原発市民運動

わが国が国策として原子力発電を推進してきた。ところが、2011年3月11日の巨大地震の発生で福島原子力発電所が壊滅的に破壊され、世界でも経験したことのない被害が東北地方を中心に起こり、これまでの原子力の安全神話は一挙に崩れた。事故当時、すべての原子力発電所は稼働を中止していたが、稼働し始めている。一方、原発政策への反対の市民運動は以下のように全国的に広がってお

出典：琉球新報2018年2月5日

り、原発政策に影響を与えている。
- 「原発に反対する市民の会」では、福島原発事故3か月後に、原発に不安を抱いた人たちが集まって学習会として出発した。再稼働への動きに危機感を持ち、2014年5月から毎月第3金曜日に街宣活動を行っている。冬の雪の降る日も行い、街宣後には学習会もある。安保法制反対などでは「9条の会」とも連携し、「9条の会ニュース」に原発事故に関するコラムなどを掲載して反原発を訴えている。
- 「みやぎ金曜デモの会」では、安倍政権の暴政に抗議する人々が宮城でもいろいろな活動を展開している。今、宮城県の脱原発運動の焦点は二つあり、一つは、「指定廃棄物最終処分場建設反対」運動であり、二つ目は、女川原発再稼働を阻止する運動である。

この二つの運動にとどまらず、反原発の市民運動が全国的に行われている。仮にこのような運動が行われていなかったならば、これまで推進してきた原発政策は、3.11後も政府が安全性を宣言し推進したであろう。ところが、全国的な運動によって原発政策に大きくブレーキをかけている。市民運動が国策としての原子力政策に影響を与えているといえる(参考文献⑤)。

(照屋寛之)

参考文献

① V. O. Key, *Politics, Parties, and, Pressure Groups.* Thomas Y. Crowell Company, 1958年
② M. オルソン／依田浩・森脇俊雅訳『集合行為論』ミネルヴァ書房、1996年
③ 中野実『日本の政治力学』日本放送出版協会、1993年
④ 賀来健輔・丸山仁編『政治変容のパースペクティブ』ミネルヴァ書房、2005年
⑤ 鎌田慧・広瀬隆・木幡ますみ・黒田節子・たんぽぽ舎・再稼働阻止全国ネットワーク編『原発をとめる・戦争を止める』梨の木舎、2016年
⑥ 明智カイト『ロビイング入門』光文社、2015年
⑦ 藤岡美恵子・中野憲志編『福島と生きる』新評論、2012年
⑧ 山内直人『NPO入門 第2版』日本経済新聞出版社、2004年
⑨ 馬橋憲男・斎藤千宏編『ハンドブックNGO』明石書店、1998年
⑩ 金井利之『行政学講座』ちくま新書、2018年
⑪ 中野雅至『「天下り」とは何か』講談社現代新書、2009年

10章　政治家と官僚

本章のねらい
・政治家（国会議員）の役割を考える
・日本の政治家の特徴を考える
・政治家と官僚の関係、役割を考える

1．政治家の役割

　政治家（statesman［政治家］、politician［政治屋］〈159ページも参照せよ〉）という言葉を聞くと3Ù（薄汚い、うさんくさい、〈選挙の時に〉うるさい）のイメージを持つ人も多いだろう。ところが、政治家の仕事は、民主政治の維持・強化を目的とし、われわれの生活に密接にかかわる仕事をしていることを忘れてはならない。
　通常、われわれが政治家という場合、「公職を選挙で争う人々のうち、政治活動が主な仕事になっている人たち」のことを意味する。国会議員を先頭に、知事や市町村長、それに都市部の地方議員などがそれに含まれる。しかし、とりわけ国会議員（衆議院議員のみ代議士とも呼ばれる）は、日本国憲法で「全国民を代表する選挙された議員」（43条）と明記されているように地域の代表ではなく、全国民の代表である。

1）政治家の活動
①議員活動
　議員活動の中心は、国会（本会議、各委員会）であるが、アメリカ、イギリスのように1年を通じては開かれず、以下のように国会の目的

によっていくつかの種類がある。
 通常国会－翌年度の予算や関連法案の審議を中心として毎年1回、必ず開かれる（会期150日間）。
 特別国会－衆議院の解散総選挙が行われた後に開かれる（選挙後30日以内）。
 臨時国会－予算（補正）・外交その他、国政上緊急に必要な議事を行う。
 参議院の緊急集会－衆議院の解散中に国政上緊急に必要な場合に開かれる。
 国会議員は、①法律の審議・議決、②国家予算の議決、③条約の承認、④総理大臣の指名などの仕事を行う。また、選挙区からの陳情は積極的に行わなければならない。国会議員は選挙区と国とのパイプ役を務めることになる。
 つまり、中央省庁と選挙区との橋渡しを行い公共事業などの予算を獲得することは議員として重要な仕事であるため、国会議員は中央での活動は、もちろんのことハードスケジュールをこなさなければならない。特に、国会会期中は、金曜日の夜に地元の選挙区に帰り、週末に選挙区での会合などに出席し、火曜日には国会に戻るという、いわゆる「金帰火来」の生活を繰り返すのである。

②党活動
 議員の活動としては、政党のための活動もある。無所属の議員もいるが、ほとんどの議員は、政党あるいは会派に所属して政党活動を行っている。日常的には政党の組織化のための活動、各種の演説会などに参加して政策をアピールする活動、党本部や支部などの役職についてこれをリードしていく活動、さらには選挙応援をする活動などがある。
 国会議員は、その役職に就くと同時に地元の選挙区の責任者にもなり、地方議員と一緒に党活動を積極的に行う。政治家にとって地元で党の政策を訴え、浸透させることは議員の大切な仕事である。また党の政策作りも議員の重要な活動の一つである。

③集票活動
 かつて自民党代議士大野伴睦（1890～1964）が言ったように、「猿

は木から落ちても猿だが、政治家は選挙に落ちればただの人」である。したがって、議員にとって一番恐ろしいことは選挙で落選することである。そのために、議員は日常的に自分の選挙区での冠婚葬祭をはじめ地元のさまざまな行事（少年野球の大会、婦人会の盆踊り、忘年会、新年会、町内の運動会など）に参加し、有権者とのつながりを絶やさない。なぜならば、こうした活動は、すべて選挙に当選するための票に結びつけるための活動であるからである。

それでは一体、政治家は冠婚葬祭にどれくらい頻繁に顔をだすのか。朝日新聞の調査によると葬式は代議士本人に夫人、秘書の代理出席を含めて1ヵ月間に「10回以上29回以下」と答えたものが一番多い。「50回以上99回以下」「100回以上」の答えもかなりある。平均で月26.5回。結婚式は平均6.5回。忘年会・新年会の回数となると平均116回という驚くべき数字が出ている。「200回以上」と答えた政治家が100人中14人もいる。これは、政治家が好んでやっているわけではなく、すべては選挙に当選するための票に結びつけるための活動である。

2）政治家とカネ

こうした政治家の政治活動のために必要な資金を政治資金という。政治資金の内容は、次の選挙に向けての維持費や人件費などの選挙資金をはじめ、政策を立案、法案化するための作業の資金、政治家や政治団体、政党の意見や政策をPRする資金、さらには、選挙民との接触を含めたすべての政治活動に必要とする資金など複雑多岐にわたっている。したがって今日、政党、政治家が政治活動をしていくためには、莫大な政治資

表10-1 自民党各派閥の総収入・特定パーティー収入ランキング

団体名(派閥)	金額	うちパーティー収入
1 志帥会(二階派)	2億3664	1億7810
2 清和政策研究会(細田派)	2億3411	1億5946
3 宏池政策研究会(岸田派)	2億847	1億5777
4 平成研究会(額賀派)	1億4712	1億1301
5 為公会(麻生派)	1億1744	8951
6 番町政策研究所(山東派)	7394	6038
7 水月会(石破派)	6528	4495
8 近未来政治研究会(石原派)	5358	3558

※単位は万円。金額は千の位を四捨五入
出典：『毎日新聞』2017年12月1日

金が必要なのであり、どのようにして調達するかが問題なのである。政治資金には、寄付（献金）、政治資金パーティー（表10-1／前ページ）などの資金集めがある。

一方、「政治とカネ」の問題は、政治腐敗の原因にもつながり、これまで日本の政治における汚職事件を見れば明らかである。1988～89年のリクルート事件の反省から、1994年に細川護熙政権（1993～94）下での政治改革関連4法案の一つである政治資金規正法（1948年制定）が改正され、政治家の組織団体への寄付が従来よりも制限され、政党・政治団体に収支報告書の提出が義務づけられ、公開するように定めている。

2000年からは、政治家個人への企業・団体献金が廃止されたが、政党支部、政治資金団体（政党の政治資金の受け入れ団体）経由には制限がない。2004年に発覚した自民党をとりまく日本歯科医師連盟の闇献金事件や迂回献金問題などは、自民党への献金に見せかけて、特定の政治家にカネが流れる「迂回献金」があきらかとなった。現行の政治資金規正法は、いまだ多くの問題点が指摘され（156ページも参照せよ）、抜け穴を探し資金の授受をする者は絶えない。「政治家とカネ」の問題は究極的には、収支の透明性の確保であり、それは、政治家側の問題である。

2. 誰が政治家になるのか？

1）政治家のリクルートメント

政治家のリクルートメントとは、政治家を志願する者を探し、彼らに政治家になるための教育、訓練を与え、彼らの立候補を支援することを意味する。イギリスにおける政治家のリクルートメントは、政党リスト登録・選挙区選択型と特徴づけることができる。労働党と保守党では、政治家志願者は事前に党候補者リストに登録することが義務づけられ、新しい候補者を決めなければならない選挙区は、そのリストの中から選ばれなければならない。その結果、両党ともに候補者に政党活動の経験があるか否かが重視され、前職や経歴は多様である。

アメリカにおける政治家のリクルートメントは、個人立候補者・選挙民

参加型である。民主党と共和党の候補者は、選挙民が参加する予備選挙で決定されるので、指名を求める者は、予備選挙に立候補しなければならない。立候補者は、専門職（弁護士、経営者など）の出身者が連邦議員であり70％以上を占めている。一方、日本における政治家のリクルートメントは、政治家個人主導型である。政党は、政治家志願者を探し育成するのではなく、かつて政治の世界に入り込んだことがある経験者など、いわば出来合いの政治家を候補者として公認してきた。

例えば自民党は、これまで組織的な候補者探しを行わなかった。1960年代から1970年代にかけて、派閥が勢力を拡大する目的で官僚出身者、地方議員出身者、世襲の政治家などを候補者に公認する傾向があり、そうした経歴をもつ者が同党の国会議員の大半を占めた。また、旧社会党は、地方議会議員出身者、労働組合出身者を候補者に公認する傾向があった。したがって、サラリーマン出身、女性、若者、マイノリティには、政治の世界は、無縁の世界であった。こうした状況を解決するために、1992年に日本新党によって候補者公募制が初めて採用された。その後、自民党では、国会議員の世襲が進み、官僚を含む若年有力者の多くが民主党から立候補したため、都市部で新しい有力候補者を確保することが必要になったという理由で、1995年から公募制も導入している。しかし公募では、個人の思想や素行のチェックは難しく、近年、公募で当選した議員が不祥事起こすことが多く、公募制を見直そうという議論もある。

なお、2017年、第48回衆議院議員選挙の衆議院立候補者1180人を主要政党別にみると、自民党と希望の党はともに地方議員がトップで、自民25.9％（86人）、希望21.3％（50人）であった。公明、共産両党は政党職員が最も多く、公明37.7％（20人）、共産83.5％（203人）であった。

2）女性、マイノリティ

日本の政治家のリクルートメントをめぐる問題に、女性の政治家が極めて少ないことである。多国間の国会議員による国際的な交流組織である列国議会同盟（Inter-Parliamentary Union　本部ジュネーブ、1889年設立）の調査によると日本の衆議院における女性議員の比率は、2018年4

表10-2 女性立候補者の推移

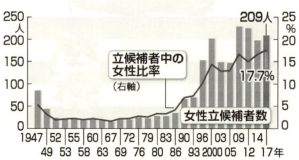

出典：時事ドットコムニュース【図解・政治】衆院選2017・女性立候補者の推移

月の時点で193か国中158位であった。

「女性活躍」が叫ばれている中、2017年における第48回衆議院議員選挙の女性の衆議院立候補者は、1180人中209人で全体の17.7％であり、前回比11人増（2014年第47回衆議院議員選挙）だが、依然として女性候補は1割台にとどまっている（表10-2）。主要政党の女性候補の割合を比べると、立憲民主党が24.4％でトップ。以下共産党23.9％、希望の党20.0％、社民党19.1％と野党が上位を占めた。一方、与党は公明党9.4％、自民党は7.5％であった。

女性の議員を増加させるも最も効果的な方法は、政党が一定比率の女性を候補者にすることを定める、または国会議員の一定比率が女性でなければならないことを選挙法または、憲法で義務づけるクオータ制（quota system：割当制）を採用することである。2018年5月、超党派連の提案として国会で選挙での男女の候補者数をできる限り均等とすることを目指す「政治分野における男女共同参画推進法」が成立した。

なお、欧米諸国では、女性の政治家の増加は、当然のこととみなされており、現在では、マイノリティの政治家を増やすことに関心が集まっている。アメリカでは、1990年から連邦議会議員選挙でマイノリティ選挙区（各州では総人口に占めるマイノリティ人口の比率に応じて、マイノリティが多数派となるような選挙区）がつくられ、黒人、ヒスパニック議員の増加が図られている。

表 10-3　衆議院議員選挙における世襲政治家数（比率）の推移（1990～2012）

年	当選者数	世襲候補者数	全議席に占める比率（%）
1990	125	169	24.4
93	132	158	25.8
96	122	162	24.4
2000	110	152	22.9
03	122	150	25.4
05	118	144	24.5
09	75	133	15.6
12	120	124	25.0

出典：吉野孝他編『論点　日本の政治』東京法令出版、2015 年、52 ページ

3．わが国の政治家の特徴

1）日本の政治風土と世襲議員（二世、三世議員）

　わが国の政界の特徴の一つとして、世襲議員が多いといわれている。世襲は、一般に「3 親等以内の親族が国会議員で同一の選挙区から立候補する」ことと定義され、いわゆる父母や祖父などが政治家であり、その選挙地盤を受け継いで当選した議員を世襲議員という。

　イギリス、アメリカにも二世議員はいるが、日本のそれとは大いに異なっている。これらの国々では、選挙地盤の世襲は、政党も有権者も認めないために、下院レベルでフランス、ドイツはほとんどない。イギリスの上院（貴族院）議員の半数近くは世襲貴族議員で占められていたが、1999 年ブレア首相が、世襲貴族議員制度を廃止した。比較的多いアメリカでも下院は 5% ぐらいである。そのいずれも日本のように選挙地盤を継承していない。

　日本では二世議員が佐藤栄作政権（1964～1972）以後から目立ちはじめ表 10-3 にみるように衆議院議員選挙の場合、世襲当選者数が最も多かったのは、1990 年代である。以来、世襲候補者数と世襲当選者数は減少しているが、2005 年第 44 回衆議院議員選挙では世襲議員（二世、三世議員）は 144 人で、これは自民党の候補者の約 3 割、民主党の候補者の約 1 割を占めており、そのうち 118 人が当選している。衆議院に占める割合は 28% である。2009 年選挙は例外として、世襲議員が衆議院議員の

なお約4分の1を占めている。世襲率は、自民党が毎回他党を圧倒しており、2017年の衆議院議員選挙では、立候補者数1180人中、世襲立候補者は128人であった。そのうち自民党が94人とトップで2位は、希望の党17人であった。こうした世襲議員が多いのは、以下のような理由からであろう。

①選挙に立候補するのは、巨額の費用がかかり、落選した場合の保障もないために、一般のサラリーマンが立候補するのは、まず無理である。ところが世襲議員は、選挙の3種の神器といわれる三バンを、親から引き継ぐ。三バンとは、地盤（後援会組織）、看板（知名度）、鞄（資金）のことで、これがあれば選挙戦を有利に戦うことができる。

②後援会側の事情で、ある議員が引退あるいは死亡した場合、後援会は自分たちに利益をもたらすパイプを絶やしたくないため、後継者を立てようとする。つまり、後援会側は、後継者争いで利権構造がくずされないよう希望し、その際、後援会が一番まとまりやすいのが、その議員の子供や親族の候補者である。

③非課税措置が世襲を促進する大きな要因となっている。子供が新たな政治資金管理団体を設置し、そこに親の政治団体から資金を移す場合、資金移転は政治団体間の寄付にあたるので非課税である。政治資金規正法には、子供が親の政治資金管理団体を引き継ぐ場合、この行為を禁止する規定がないため、資金の相続は非課税である。

2）世襲を規制すべきか？

ところで、「改革」を繰り返し叫んでき小泉純一郎元首相も世襲議員である。祖父の小泉又二郎は浜口雄幸内閣（1923～1932）の逓信大臣、父小泉純也も衆議院議員、小泉元首相は三代目である。注目すべきは2009年8月31日の衆議院選挙で、その地盤を息子の進次郎に譲ったことである。小泉元首相は、地元での支持者に涙を浮かべながら政界引退を表明し、後援会での次のような旧来型の世襲を宣言した。

「祖父の又二郎は明治41年、1908年に初めて当選した。三代目の私が100年目に引退する。四代目を継ごうとしている進次郎が立候補する。親

バカぶりをご容赦いただき、ご厚情を進次郎にいただけるとありがたい」
(『朝日新聞』2008年12月27日)

　こうして小泉元首相は、息子に地盤を譲る理由を挙げる。結果は、トップ当選であった。世襲は今後、議員の世代交代とともに次世代を担う有能な新人議員の登竜門を狭める可能性もある。ただし、いわゆる叩き上げの政治家と比較すると、世襲の政治家は貧弱で胆力がないと言われるものの、そうでもない世襲政治家も多いことを指摘しておく。いわゆる三バンが揃っている世襲政治家は、比較的若い時から政界に参入し再選率も高いので、早い時期から党内や国会のポストに就くことができ、政治家としての必須なる経験を積むことができる。

　一方、世襲議員は長期的には解消へ向かう、という議論もある。たとえば、麻生太郎政権（2008〜09）は首相自身と閣僚の半数以上が世襲だったが、それは二世、三世が大量当選した中選挙区時代の議員にすぎず、二世と三世は衆議院の自民党に集中し、それも若いほど少なく、古参ほど多いことなどから、世襲はなくなるという。1996年から小選挙区選挙が初めて実施され、民主党も世襲ではない人材を集めていた、自民党も候補者公募を多用しはじめたが、公募議員の不祥事も多発している。日本の政治風土は、大きく変質したのだろうか、まだ議論の余地があろう。

　とはいえ世襲の制限には政党は、消極的な傾向にある。自民党は、2009年に「3親等以内を同一選挙で公認しない」との方針を掲げたものの、その後、公募を条件に世襲を容認し、2011年には世襲制限の方針を撤廃した。かっての民主党も内規で、現職国会議員が引退する場合、親族（3親等以内）が継ぐ形で同一選挙区から立候補することを禁止しているものの、事実上は、世襲を容認していた。2017年の衆院選の小選挙区で自民党から当選した218人のうち世襲議員は72人と33.0％を占めた。立憲民主党10.0％、国民民主党12.5％に比べ突出している。安倍晋三首相や岸田文雄政調会長、石破茂元幹事長も世襲である。

　なお、地方レベルでは世襲の議員の重要性が指摘できる。つまり、県レベルでは、議員のなり手が少なく、選挙でも立候補者が少ないことが大きな問題となっている。2015年4月の41道府県議会議員選挙での無投票当

選者は51%で、総定数に占める比率は、21.94%に達した。地方レベルにおいては、世襲の政治家は重要なリクルート源である。

4．政治家に求められる資質

　政治家は、内政、外交、金融、防衛政策も、すべての分野についての方向性、基本方針、重要法案について意見を持たないといけない。政治を志向する人間に共通してみられる資質を心理的にみた場合、そこに強い「権力欲」がある。「権力欲」とは、名誉欲や獲得欲などと同様に人間の本能に属する自然な感情であり、誰もが有しているものである。ただし、政治を志向する人間は人一倍、権力欲に対する強い執着がある。他の人間とは異なる政治的資質があると考えることができる。政治家には、どのような資質を期待したらよいのだろうか。

1）政治的人間とは

　権力と人間との関係を精神分析学的に明らかにしようとしたのは、アメリカの政治学者ラスウェル（Lasswell, Harold Dwight 1872～1970）である。彼は、フロイトの精神分析的方法をもとにその著『権力と人間』(1948) で政治を志向する人間を政治的人間（political man）と呼んだ。ラスウェルによれば政治的人間には、他の人間とは異なる政治的資質があるとし、平均的人間と権力を志向する人間とを区別する立場から、「権力に飢えた人間」として政治的人間について次のように、その条件を明らかにした。
　①権力を欲求し、他の価値にも権力の手段として追求する。
　②権力の欲求に貪欲である。
　③権力の追究が、それまで自分が受けたさまざまな剥奪に対する代償行為となって現れる。
　④その期待は権力を用いて成功した過去の歴史および未来の可能性に集中させる。
　⑤自分の要求に応じた技術や能力を、十分に行使できるような熟達の域に達している。

このような性格的特質を有する者が、政治人であるとされ、ラスウェルは、その人間的動機を次の図式で解明した。

$$p \} d \} r \} = P$$

$\}$ は変換（$\}$ = transformed into）を意味し、政治的人間（P = Political man）とは、「私的動機（p = private motives）を公的目標に転換し（d = displacement）、公的利益のための名によって私的動機を合理化する（r = rationalization）」人間であるとしている。ラスウェルは、こうした変換を成功裏に行い得た者が政治的人間、すなわち政治家であると呼んだ。

ただし、政治を志向する人間は、人一倍、権力欲に対する強い執着があるといわれるが、私的利益の追求だけが幅をきかせては、政治家とはいえない。国民に選ばれた政治家の最大の存在理由は、「公」に奉仕することであり、こうした責任倫理をもった政治家を statesman と呼ぶ。そうでなければ、自らの利害に重きをおいて行動する政治屋（politician）にすぎないのである。

2）政治的人間の類型

多くの学者が政治的リーダーの類型分析をおこなっているが、ここではラスウェルの分析を挙げておく。彼は、政治を志向する人間を「煽動家」「行政家」「理論家」の三つのタイプに分類し、それぞれ「劇化的」「脅迫的」「冷徹的」という性格特性を関連させている。

①劇化的性格を有する煽動家タイプ
　危機的状況に適合するタイプで、自己顕示欲が強く、挑発的で性急に人々の情緒的な反応を求める性向がある。

②脅迫的性格を有する行政家タイプ
　平時に適合するタイプで、緻密に秩序立てられたものを好み、常に計画性、合理的な志向をする。

③冷徹的性格を有する理論家タイプ
　観念や思想の分野で創造的才能を発揮するものであり、議論は抽象的で理論的な傾向を持つ。

3) マキャヴェリ、ウェーバーから見る政治家像

①マキャヴェリ（Machiavelli, Niecolò 1469～1527）『君主論』（1532）

イタリア・フィレンツェの外交官・歴史家であったマキャヴェリは、その著『君主論』（全26章）の中の第18章で「君主は偉大であろうとするならば、虚言や違約を恐れてはならず、自ら進んで狐と獅子とにならなければならない。なぜならば、人間は概して不信であり悪徳であるから…。君主は愛せられるよりも、恐れられることが必要である…。およそ支配者の行動は、結果における事柄によって推量されるべきであって、何か大きな冒険の事業を企てることによって、絶えず国民を緊張せしめ、国民の心をつなげなければならない」と述べている。

さらに、君主（為政者）は、いかなる事態に対しても、その政治社会の秩序維持を目的とするために、個人的な道徳感情を超えなければならないことがある、としている。そして政治家の責任は、その動機いかんにかかわらず、「結果責任」であることを明らかにしている。

②ウェーバー（Weber, Max 1864～1920）『職業としての政治』（1919）

ドイツの社会学者であったウェーバーは、晩年の講演「職業としての政治」の中で、「政治家の資質と要件」という自説を説いている。ウェーバーは、「政治家にとっては、情熱、責任感、判断力の三つの資質が特に重要であるといえよう…。・情熱とは、それが「仕事」への奉仕として、責任性と結びつき、この仕事に対する責任性が行為の決定的な基準となったときに、はじめて政治家を作り出す。そしてそのためには判断力 ―これは政治家の決定的な心理的資質である― が必要である。すなわち精神を集中して冷静さを失わず、現実をあるがままに受け止める能力、つまり、事物と人間に対して距離を置いて見ることが必要である」と述べている。

そしてウェーバーは、この講演のしめくくりとして「政治とは、情熱と判断力の二つを駆使しながら、堅い板に力を込めてじわっじわっと穴をくり貫いていく作業である」と述べている。このウェーバーの提言は、政治を天職（Beruf）とする者は、安易なロマンティシズムによって行動してはならず、「事柄」にかかわる冷めた情熱を保持することが

肝要であり、「事柄」への判断は、それへの距離を保つ冷静な態度を持続すべきことを強く要請している。

5．政治主導と官僚主導

政治家は、議会制民主主義の下でその地位が国民の意思に基づいてる。そうした政治的正当性をもとに、政治家は、国の方向性・基本方針を示す。官僚は、政治的には中立であり「国民全体の奉仕者」という立場から、政治を示す基本政策に従って、その実施を担当し、行政の執行にあたる。また官僚は、政治家が政策を決定するに際して、シンクタンクの役割を担い、必要な資料を提供し、政策の選択枠を提示する。こうした構図が理想的なのだが、実際には、政治家と官僚との関係には多くの問題を抱えている。ここでは、そのうちの一端を明らかにする。

1）政治主導

2009年に政権交代が行われ民主党政権から、「官僚主導から政治主導」という言葉をよく耳にした。この政治主導とは、多義的な概念である。政治家主導でもあり、「首相を中心する内閣主導」という考え方もある。この意味を理解するために国民、政治家、官僚との関係をバスにたとえてみる（図10-1）。

いうまでもなく、バスが他の車両と異なるのは、乗客と停留所があるこ

図10-1　政治家（政府）と官僚と国民との関係

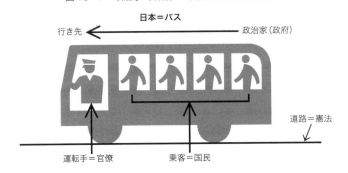

とである。つまりバスは、行先が決まっている。道路が憲法、バスが国家、乗客が国民、運転手が官僚、行先―国の方向性・基本方針―を示すのが政治家（政府）である。その相互関係は、乗客は選挙によってバスの行先を表示する政治家（政党）を選択する。当選した政治家（政権政党）は表示していた、その行先（公約或いは、マニフェスト）を実現するために、運転手である官僚に指示を下す。そして、専門知識に精通している運転手は、その指示に応じながら安全にバスに乗車している乗客（国民）を運ぶのが、それぞれの役割である。

　もし、バスが国民の期待にそぐわないような方向に走ったならば、次の選挙でその方向を下した政治家（政党）は、落選（政権交代）となる。2005年の小泉純一郎政権（2001～06）の下でのいわゆる「郵政民営化選挙」では、小泉政権が明確に国民にバスの行先を示した一例であろう。

　このように、政治主導とは、政治家が官僚の代わりをやるということではなく、政治が官僚をコントロールして、リーダーシップを発揮することである。別の視点から考えれば、首相および内閣の機能を強化することでもあり、首相を中心に内閣主導で政策を決定するシステムでもある。内閣が主導権を発揮し、与党の実力者の多くが政府（内閣）に入ることにより、与党の持っている政策権限と責任を内閣において果たすことにある。ただし、政治主導をするうえで政治家が、最も頼りにしているのは官僚であることを忘れてはならない。

2）官僚主導

　官僚は、われわれがいなければ国が成り立たないという使命感から、さきに述べた統治者意識というものを持っている。したがって、政治家が明確に官僚にバスの行先を明らかにしないか、または、バスの目指すべき行先が多く、その優先順位がはっきりしないとなると、運転手である官僚は、その統治者意識から、自らの省益（各省庁の利益）にそぐわない行動はしない。国民の乗っているバスを自分たちの省益に向けて走らせるのである。これが、官僚主導の意味である。

　1996年、橋本龍太郎政権（1996～98／自民党、社会党、さきがけ三

党連合）の下での菅直人厚生大臣による薬害エイズ事件における事実関係の究明と責任問題の追及は、この事件が歴代内閣の下での厚生行政に対する官僚主導の誤りとの反省から、それを内閣が政治主導へと移行させた一例である。

　被害を拡大させた原因は、旧厚生省による薬務局による政策決定の誤りにあった。その過程で、エイズという病気や非加熱製剤の危険性についての情報が迅速に国民に知らされていれば、ある時点以降の被害をかなり食い止められたに違いない。旧厚生省はそれを、「知らせると血友病患者の間でパニックになる」という理由で公表しなかった。

　諸外国と異なり日本では、政権交代があっても官僚組織には全く影響しない。また、大臣が交代しても、官僚にとって都合の悪い情報は大臣には上げないし、また、いったん隠した情報は永久に隠し通せるのが、これまでの例であった。薬害エイズのように、官僚が誤った判断とわかった場合―官僚主導の失敗―は、まさに政治判断が必要であり、それは、政治家の仕事である。

3）政と官のあり方

　こうした政治家と官僚の関係のあり方を整理すると、三つの原則が挙げられる。

　①統制の原則

　　政治家が官僚を指揮・統率するという原則である。政治家は、政治判断のいらない小さなテーマは、官僚に任せ、官僚の領域である行政実務にまで介入するといった「政治家の官僚化」であってはならない。

　②協働の原則

　　政治家と官僚との役割分担の明確化の原則である。政治家と官僚との関係は、役割分担の関係にあり、緊張を保ちながら相互の立場を理解し協力し合うという関係であり、上下関係ではない。

　③分離の原則

　　行政機関によるさまざまな利益配分を党派的な圧力から切り離すという原則である。予算配分、公共事業や政府調達の発注、許認可の運用

などは関係者の利害に大きな影響を与えるため、常に汚職、腐敗の原因となりやすい。そこで、行政機関における利益配分、利害調整の過程から政党・政治家をできるだけ排除する必要がある。

この三つの原則は、自動的にうまくいくものではない。統制を重視すれば、政党・政治家が行政における利益配分まで介入し、分離の規範を損なうことが起こる。協働を重視し、官僚の合理的な活動を容認しようとすれば、目標設定や方向づけにおける政治のイニシアティブが空洞化し、統制の規範を損なうということも起こりうる。三つの原則をいかにして調和させるかは、政治家と官僚の関係を制度的にどのように構築するかという問題と密接に関連している。

この三つの原則が政治家と官僚との間で機能すれば、国民の期待にこたえることができる政治、行政を実現することができる。

(田才徳彦)

参考文献

① H. D. ラスウェル／永井陽之助訳『権力と人間』東京創元社、1954 年
② 辻清明『日本官僚制の研究　新版』東京大学出版会、1969 年
③ M. ウェーバー／脇圭平訳『職業としての政治』岩波文庫、1980 年
④ 広瀬道貞『政治とカネ』岩波新書、1989 年
⑤ 市川太一『世襲代議士の研究』日本経済新聞社、1990 年
⑥ 後藤田正晴『政と官』講談社、1994 年
⑦ 山口二郎「現代日本の政官関係」『年報政治学』岩波書店、1995 年
⑧ 菅直人『大臣』岩波新書、1998 年
⑨ N. マキャヴェリ／河島英昭訳『君主論』岩波文庫、1998 年
⑩ 佐々木毅『政治の精神』岩波新書、2009 年
⑪ 吉野孝・今村浩・谷藤悦史編『誰が政治家になるのか－候補者選びの国際比較』早稲田大学出版部、2001 年
⑫ 三浦まり・衛藤幹子他編『ジェンダー・クォーター－世界の女性議員はなぜふえたのか』明石書店、2014 年

11章　マスメディア

本章のねらい
・現代の政治過程におけるマスメディアの機能について考える
・政治報道番組は政治にどのような影響を与えているかについて考える
・自民党のメディア支配と戦略の現状について考える
・わが国の記者クラブ制度の現状と問題点について考える

　わが国においてマスメディアが政治、とりわけ選挙で大きく取り上げられ、話題となったのは、2005年の小泉内閣での衆議院選挙（郵政選挙）であった。現安倍政権もマスメディアを巧みに活用し、選挙戦もうまく乗り切り、内閣支持率をあげることにもつながっている。今や、マスメディアは第四の権力とも言われ、「マスメディアを制すものが政治をも制す」と言っても過言ではあるまい。本章では、マスメディアの政治に与える影響を中心に考えてみたい。

1．現代政治とマスメディア

　現代の政治社会でマスメディアは国民、有権者の現実認識、政治意識の形成、投票行動に大きくかかわっていることは言うまでもない。さらに、国民、有権者に多少なりとも共通した現実認識を持たせることで、現代のようなマス・ソサイアティにおいてメンバーの相互行為が円滑に行われるための土台を提供しているともいえる。現代のあらゆる社会分析にとってマスメディアの役割が無視できないゆえんである。とりわけ、政治過程には政治家や官僚、利益集団など様々な行動主体〈アクター〉が参加してい

るが、マスメディアはこうした行動主体間を取り結ぶ単なる情報の導管（パイプ）にとどまらず、後述するように、マスメディアそれ自体も一種の政治的行動主体・アクターとして活動し、政策決定過程に大きな影響を与えており、かつてのアメリカのウォーターゲート事件、日本でのロッキード疑獄に見るように、時の政権を大きく揺るがすこともある。

1）政治過程におけるマスメディアの機能

　政治過程におけるマスメディアの機能は、「ミラー」「アリーナ」「アクター」の三つに分類することができる。

　「ミラー」とは、受け手に対して日々生起する政治的現実を鏡のように映し出す機能である。言い換えるならば、政治、社会環境を監視し、どのような公共的問題や出来事が起こっているかを描写する機能である。一般の新聞報道、ニュース番組などが果たすのはこの機能である。憲法改正、外交防衛問題、老人・子どもの貧困問題、待機児童問題等さまざまな政治的、社会的な問題を毎日のようにメディアはリアルタイムで伝える。

　「アリーナ」とは、さまざまな人々が自由に意見表明と議論を行う場を提供する機能である。「言論の府」と言えば、すぐに議会を想起するが、テレビメディアの発達した今日では、討論の場は議場にのみ限られるわけではない。安保法制、集団的自衛権の問題、森友学園、加計学園問題などに関して多くの政治家が意見表明し議論に参加したが、その「アリーナ」として最も効果的なものの一つがテレビメディアであった。なかでも、テレビ朝日系列の「ニュースステーション」、ＴＢＳ系列の「報道特集」、ＮＨＫの「日曜討論」、フジテレビ系列の「報道2001」と言った番組であった。

　「アクター」とは、マスメディアが政治過程への主体的な参加者としてそれ自身の主張を直接に表明する機能である。新聞の社説やコラム、テレビのニュース番組におけるレギュラー解説者の論評などはこの典型である。

　「アクター」や「アリーナ」は、世の中でどういう問題に関してどういう主張が提起されているか、どういう利害が対立しているかという状況を

提示することである。三つの機能のうち、一番能動的なものは「アクター」である。他の政治的行動主体と同様に、マスメディア自体が自らの主張を唱え、他の行動主体や一般大衆に何らかの影響を及ぼすことを意図するものである。

　ところが、所詮、マスメディアは「社会状況の全面を映す鏡ではなくて、ひとりでに突出してきたある一面についての報告」に過ぎないということも忘れてはならない。したがって、現実に起こった政治的な出来事や議論の中からほんの一側面だけを取り上げて、受け手に提示することになる。何を選択し、それをどう伝えるかは、マスメディアの表現の自由が認められている民主的な社会では、マスメディア組織自身の裁量に委ねられている。いわゆる客観報道主義は、ジャーナリストの間で職業的規範として広く受け入れられているが、これは報道対象として選択した出来事について、正確に、偏りなく、記者自身の価値判断を抑制しながら伝えるべきであるという考え方である。しかし、そもそも何を報道対象として取り上げるかを決める際には、マスメディアは日々積極的に価値判断を行っているのであり、伝えるべき情報の取捨選択をしながら、一つの政治的行動主体として積極的な役割を演じている。この機能によって、マスメディアは政治的影響力を行使することが可能になる。すなわち、どのような社会問題、政治問題をどのように取り上げるのか、事実をどのような形で提示するかにより、受け手の政治的態度に大きな影響を与えることになる。マスメディアの報道内容には、外見の「中立」とは裏腹に特定の政治的意図が潜在的に含まれていることもある (参考文献 ①)。

2) マスメディアの世論形成能力

　マスメディアは前述の三つの機能の他に世論形成にも重要な働きがある。特に、民主政治は世論に基づく政治である。そこでは、国民の意向が世論という形で集約され、政府の政策に的確に反映されることが、政府が支配の正当性を確保する上での基本的な条件となっている。そして、現代の大衆社会状況において、政府—国民間の政治的コミュニケーション手段として不可欠な役割を果たしているのがマスメディアである。したがっ

て、マスメディアを抜きに世論形成を考えることはできない。現代の政治社会において世論が政治に大きな影響を与えることはいうまでもない。同時に、マスメディアが世論形成に与える影響は大きいものがある。マスメディアによって形成された「世論」は、ある個人や集団への同情心、怒り、不満、喜び、あるいは政治システム全体に対する不満などである。マスメディアは社会全体に、この「世論」を分配する。例えば、最近の例では、安倍政権の下で起こった、森友学園問題、加計学園問題などに見るように、マスメディアは国民の間に自民党政治の正当性に疑問を投げかけた。このことが政府に対して、状況の改善をもたらすように圧力となることもある。マスメディアによって形成された、あるいは増幅された「世論」は、政治的な波、時には政権を揺さぶるぐらいの大波を作り出すことにもなる。

　マスメディアの影響力の増大によってより多くの利益を受ける個人や集団は、一般に不法な扱いによって苦痛を受けているグループである。例えば、最近の事例として、政府が待機児童問題になかなか本腰を入れてないため、保育所に子供を預けることができなかった匿名の主婦がブログで「保育所落ちた日本死ぬ」と書いたことが大反響を呼び、国会で野党議員が安倍首相を厳しく問い質すことになり、新聞、テレビのワイドショーでも大きく取り上げられ、政府も待機児童問題に真剣に取り組むようになった。待機児童問題で困っていた多くのお母さんたちは、その状況がマスメディアによって報道されることによって、同じような問題で悩み、解決策を探し求めていた多くのお母さんたちの共感を得ることができた。

　同時に、政策決定者は、このように、マスメディアで大きく取り上げられている主婦、国民の間の要求を無視することはできなくなり、政策として取り上げることもある。世論に押され、政府が緊急の対応策を発表した。このことは、マスメディアの積極的な報道とそれに対する政策決定者の対応の事例としてあげられる。

　政策決定の主体であるエリート官僚も、❶マスメディアの意向が政策決定に直接大きな影響を及ぼすことは少なくないこと、❷しかし、重要な政策決定になればなるほど多くの行動主体が政策決定に関与してくるので、

政策決定をスムーズに行うには世論の支持が必要になること、❸その世論形成にマスメディアは重要な役割を果たしていることの3点をあげていることにも注目したい (参考文献 ②)。

3）マスメディアの信頼度

ところで、このように政治に大きな影響を与えるようになったマスメディアを国民がどのように受け止めているのであろうか。以下のアンケート調査から考えてみたい。

今日、政党、政治家がメディア戦略を重視するようになったのは、有権者のメディアの信頼度、引いてはその影響力にあるのではないか。特に、テレビの場合は映像で訴えるので、新聞以上に影響力がある。第9回「メディアに関する全国世論調査（2016年）調査結果の概要」によると、全面的に信頼している場合は100点、全く信頼していないは0点、普通の場合は50点として点数をつけてもらったところ、「新聞」は68.6点となり、「NHKテレビ」は69.8点、「民放テレビ」が59.1点、「ラジオ」が57.6点、「インターネット」が53.5点であった。全てのメディアの信頼度が、前年度の調査より低下したが、「民放テレビ」と「ラジオ」の低下がやや大きい。また、「NHKテレビ」「新聞」「民放テレビ」「ラジオ」は2008年調査開始以来最低の信頼度得点となった。しかし、メディアの信頼度は低下傾向にあるものの、情報源としてまだまだ高いとみるべきであろう。インターネットは若者には人気があるものの、信頼度という点では、既存のメディアほどではない。しかし、これから若者の間での信頼度はますます高まることが予想される。既存のメディアに大きな影響を与えることも考えられる。テレビの場合、NHKと民放では10.7点の差があり、政党にとってNHKの番組、報道のあり方に絶えず注意する必要があるのではないか。特に政権党の自民党は過敏で、番組のあり方に注文を付けたことがある。

2．テレビと政治：テレポリティクスのはじまり

1）政治報道番組の影響力

　近年マスメディアの中でも政治への影響力という点ではテレビが突出しており、テレポリティクスという言葉も定着した。テレビと政治について考えてみたい。

　わが国において 80 年代にテレビでも政治を大きく取り上げる番組が増えた。「ニュースステーション」、「朝まで生テレビ！」、「サンデーモーニング」、「サンデープロジェクト」、「報道 2001」、「日曜討論」、「報道特集」と、政治を扱う番組が増え、多様化する中で政治家のテレビ出演も増えていくことになった。政治家にとってテレビへの出演がある種のステイタスにもなり、選挙での地盤・看板・カバンの三バンを強化することにも役立っている。

　「テレビと政治」の関係は、選挙、政党支持率、内閣支持率への影響はもちろんのこと、政党の誕生という一つの出来事をとっても大きな影響を与えることは、2017 年衆議院選挙直前、「希望の党」の誕生を見ても明らかである。希望の党の立ち上げは、うまくテレビを活用した事例であった。テレビは連日のように、ニュース、報道番組、ワイドショーを中心に報道した。一時的には、衆院選で 100 議席以上獲得し、自公政権に大きな打撃を与えるのではないかと言われ、自民党、その候補者は戦々恐々であった。

　ところが、希望の党代表のいわゆる「排除発言」によって様相は一変し、テレビの報道は代表に批判的な論調に様変わりした。その一方で希望の党との合流に難色を示し、あるいは合流を拒否された民進党の議員が結党した「立憲民主党」への報道が多くなった。まさしく希望の党への批判、立憲民主党への賞賛にダイナミックに変化し、それによって有権者の希望の党への評価は悪くなり、立憲民主党への評価は高まったとみるべきであろう。結果的に、自民党は希望の党に流れそうな支持者を食い止めることができた。マスコミの取り上げ方によって視聴者・有権者の評価も大きく変わることを実感されるものであった。このように、今や政党、政治

家への評価もテレビの与える影響が強く、テレビを抜きに考えることはできない、と言っても過言ではあるまい。

2）自民党のメディア戦略

　このようなテレビとメディアの関係が変化する中で自民党は政党の中でいち早くメディア戦略に着手した。選挙も地盤・看板・カバン・メディアの時代になったといえる。「メディアを制すものが選挙を制す」時代になったと言える。今やメディア戦力のない政党に政権は取れないといっても過言ではないぐらいメディアの影響力が顕著になった。2005年の郵政選挙で小泉自民党が圧勝したのは、自民党の政策が有権者に受けた以上に、自民党のメディア戦略が功を奏したといわれている。郵政民営化に反対する自民党議員を除名し、次々と著名な、話題性のある「刺客」を送りも込み、その刺客をメディアは毎日のように報道した。自民党は広告料を支払うことなく、毎日のようにニュース、報道番組、ワイドショーで取り上げられた。自民党がメディアを存分に活用した選挙となり、選挙結果は自民党の圧勝であった。メディアが自民党にうまく利用され「乗っとられた選挙」であったとの見方もできた。

　選挙広報予算も破格であった。郵政選挙は自民党がメディアを存分に活用した選挙であったことが広報予算からも明らかである。政治（政府）は、メディアに対して強力な政治的影響力を発揮することができるカネ（広報予算）を活用し、選挙を有利に展開することも可能であった。因みに、政府は「〈郵政民営化TV〉キャラバンなるものを自ら発案し、テレビに出演して民営化の必要性を説いてまわった。全国27局の地方テレビで、郵政民営化を訴える竹中平蔵氏の姿がテレビに映し出された。政府広報事業を請け負っていたのは大手広告代理店の電通で、政府はこのテレビキャンペーンのために電通に約1億4100円を支払っていたとの報告もある (参考文献③)。

　自民党のメディア戦略を取り仕切ったのは、第二次安倍内閣で内閣官房副長官に就任した自民党の世耕弘成議員であった。世耕氏は国会議員になる前はNTTの広報部門で働いた経験もあり、政治マーケティングやPR

について、多くの知識と高い関心をもつメディアに精通した国会議員である。1998年に政界入りして以来、一貫して自民党の広報戦略に取り組んできた。世耕議員は2000年代の自民党のメディア戦略を主導したメディア戦略の達人である（参考文献⑫）。

3）自民党の強さとメディア戦略
①安倍政権のメディアへの圧力

2014年衆院選の投票率は、52.66%で戦後最低を記録した。その背景には、テレビ各局が扱った選挙期間の話題が激減したとの見方もある。自民党が公示前に、NHKと在京民放5社に「選挙期間中における報道の公平中立の確保についてのお願い」という文書を安倍首相の側近でもある、萩生田光一副幹事長らの名前で送り、出演者の発言回数と時間、ゲスト出演者の選定で公平を期すよう要請した。また政策テーマについて「特定の立場から特定政党出演者への意見の集中をしない」、街頭インタビューや資料映像で「一方的な意見に偏る」などしないよう求めた。その結果、「NHKとEテレ、在京民放キー局5社の選挙関連の総放送時間」は2012年衆院選では、37時間11分45秒であったが、14衆院選では24時間17分56秒でほぼ3分の2になっていた。

立教大学の服部孝章教授（メディア法）は「放送時間の減少も、低投票率の原因になっただろう。テレビは総じて引いてしまい、政権の広報メディアのようだった」と語っている。さらに、公示後に施行された特定秘密保護法の伝え方にも疑問を呈した。「施行のニュースとしては扱ったが、選挙の争点に結び付けた報道は私の知る限りなかった。この問題を長く取り上げれば与党批判になり、公平性からまずいという判断をしたのだろう。ある民放局員は「会議でお達しがあった。結果的に、番組での選挙の扱いは激減した」と証言した（『東京新聞』2014年12月20日）。

②安倍政権のメディア支配

安倍政権になってからは、メディア側から首相との懇談を希望する形が多くなっている。この背景としては、安倍政権が気に入らない新聞やテレビ局には、政府・自民党の要人の取材を拒否されたり、テレビ出演を断る

といった強硬戦術をとっているので、その手法がメディア側を委縮、低姿勢にさせるという効果がある(参考文献④)。

　安倍政権は協力的なメディアの対しては、スクープ、特ダネを与え、単独インタビューに応じる。協力的なメディアは読売新聞、産経新聞、夕刊フジなどである。2013年4月16日、安倍総理は読売新聞の単独インタビューを受け、憲法改正について憲法96条をまず見直すという考えを明らかにしている。2013年9月26日、読売新聞は政府が考える集団的自衛権の内容を最初にスクープしている。さらに、2017年5月3日、再び安倍総理は読売新聞の単独インタビューを受け、2020までに9条を含めた憲法改正を目指すという発言をしている。また、夕刊フジも2013年12月、特定秘密法についての安倍総理の単独インタビューを掲載している。そして2017年5月4日、憲法改正に関する単独インタビューに成功している。単独インタビューを受けてもらったメディアは、総理への批判のペン先は鈍ってしまう。結果的に、報道の内容自体もコントロールする。一方、敵と選別された朝日新聞や毎日新聞では、単独インタビューはほとんど実現していない(参考文献⑤)。

　ところが、このような安倍政権のメディア対応には批判もある。どのメディアも社会の木鐸として取材し、国民に情報を伝える使命があり、首相の好みで選別すべきことではない。公平・平等に各メディアに情報を提供することは首相としての責務である。

③安倍政権とテレビ

　2017年衆院選では、安倍首相は衆院解散を表明したその夜、NHK「ニュースウォッチ9」(60分番組のうち20分)、テレビ朝日「報道ステーション」(70分のうち31分)、TBS「NEWS23」(55分のうちCMを入れずに29分)の3テレビ局で生出演した。安倍首相にとっては公共の電波を使って自民党の政策、安倍政治の正当性を訴える機会を得たことになる。

　テレビ朝日報道部は「弊社から取材をお願いし、ご出演いただいた」。TBS広報部は「解散の真意を直接聞くため、政府の長である首相として出演いただいた」。NHK広報局は「個別のニュースや番組の編集判断、取材の過程などの詳細に関しては、答えを差し控えさせていただく」と、

それぞれの局は首相の出演についてコメントした。番組の中で、キャスターが厳しい批判的な質問をすることはなく、安倍首相が自分の政策が間違ってないことをテレビを通して国民に語り掛ける場をメディアが提供している感は否めない。結果的には、メディアが利用されているとの指摘もある（『朝日新聞』2017年9月28日）。

　特に、安倍政権になって制定された特定秘密保護法がもたらす重大な影響を考えざるを得ない。政府が恣意的に「特定秘密」を指定できてしまう。秘密にアクセスして知る権利に応えることがメディア、報道の原点であり、使命でもある。このような中でメディア、ジャーナリズムは真っ向から政府と対決することも余儀なくされている。特に、安倍政権下で自民党一強多弱の現状では、国会による行政監督機能が劣化しており、代わってメディアによる政治チェック・監督機能の社会的役割がこれまで以上に期待されている。

3. マスメディアと政治権力

1）マスメディアへの圧力の事例

　政治権力とは、最も広義に解すれば「他の人間（個人または集団）の所有ないし追及する価値の剥奪もしくは剥奪の威嚇を武器としてその人間の行動様式をコントロールする能力」である。マックス・ウェーバーは、権力とは「社会関係のなかで抵抗に逆らっても自己の意志を貫徹する各々のチャンス―このチャンスが何に基づこうとも―を意味する」と説いている(参考文献⑥)。権力をこのように理解するならば、メディアと政治権力を考える場合、前述したように、メディアの「ミラー」の役割として政治上の諸問題などを時々刻々と報道するが、その報道が政治権力側にとって不都合だと判断した場合、権力が報道のあり方について放送法などを盾に多々注文を付け、権力側に都合の悪い報道、少なくとも不利な報道を控えさせるために暗黙のうちに圧力をかけることが起こることも想定される。

　わが国では、政治権力のメディアへの圧力が話題になったのは安保法制の頃からである。ここでは、キャスター降板で国民の注目を集めた、

NHK「クローズアップ現代」、「NEWS23」、「報道ステーション」を通して、マスメディアと政治権力について考えてみたい。

① NHK「クローズアップ現代」の国谷裕子キャスターの降板

当番組は、国際感覚に優れた国谷さんが 20 年以上キャスターを務めた NHK 報道の看板番組であると同時に、時々の政治や経済の問題に鋭く切り込む姿勢が「売り」の番組であった。ところが、硬派であるが故に、従来から時の政権とはたびたび摩擦を起こすこともあった。特に安倍政権になってからは、外交や安全保障、それに中国、韓国との歴史認識の問題も積極的に取り上げ、国谷キャスターの歯切れの良いコメントに安倍政権に批判的な関係者までが「ここまで言って大丈夫か」と思うこともしばしばあったようである。とりわけ 2014 年 7 月の菅義偉官房長官へのインタビューで、国谷キャスターが繰り返し集団的自衛権の行使容認の閣議決定の問題点を指摘し、執拗に批判的な質問をしたことが決定的だったと言われている。この一件のあと官邸からの風圧は日増しに強くなり、降板につながった (参考文献⑧)。

その件について国谷氏は次のように語っている。少々長くなるが引用したい。「契約を更新しない理由は、すでに決まっていた編成見直しにより、〈クローズアップ現代〉が夜 10 時からの放送になるのに伴って番組をリニューアルし、併せてキャスターも一新するため、とのことだった。」その理由に本人はもちろんのこと、視聴者も納得しがたいものがあり、何らかの圧力はあったのではないかと推測したのではないだろうか。国谷は「その理由が、番組のリニューアルに伴い、ということになるとは想像もしなかった。ここ 1、2 年の〈クローズアック現代〉のいくつかが浮かんできた。ケネディ大使へのインタビュー、菅官房長官へのインタビュー、沖縄の基地番組、「出家詐欺」報道。」と語っているように、本人も思い当たる番組はあったが、決して常識的に考えれば降板になるようなことではなかった。(参考文献 ⑦)。

②政治評論家の岸井成格氏の「NEWS23」降板

これも視聴者の疑念を抱いた。日本外国特派員協会での会見で岸井氏は「私に対して直接、間接の政権側からの圧力は一切ないが、となっている

が、岸井氏は採決が目前に迫っていた安全保障関連法案について「メディアとしても廃案に向けて声をずっとあげ続けるべきだ」と発言した。この発言が政治的公平性を求めている放送法に違反しているとして、一部の作家や評論家でつくる「放送法遵守を求める視聴者の会」が発言を非難する意見広告を産経新聞と読売新聞に出したという経緯がある。岸井氏は2015年3月25日の放送を最後にNEWS23のアンカーを降板し、4月1日付でTBS専属の「スペシャルコメンテーター」に就任する。そのため、発言への批判と番組降板がリンクしているとの見方も強かった。この点について、岸井氏は「私に対して直接、間接の政権側からの圧力は一切ない。それを感じさせるものもない。おそらく相手も、それをやれば、私が番組でそれを明らかにして批判することは当然察知しているであろうと思う」と、しながらも、「タイミングが非常に悪かった」と説明した。番組改編に向けた人事が動き出したところに意見広告が出るなど様々な動きがあったため、国民・視聴者が「メディアが委縮している」という印象を受けたのも無理はなかった（日本外国特派員協会での岸井氏の発言要旨）。

③「報道ステーション」古舘キャスター降板の経緯

「12年を一つの区切りとしたい」（古舘）などと、いずれも「政治的な圧力による交代ではない」というのが社やキャスターサイドの公式見解であったが、同番組は、放送中に安倍政権を厳しく批判したゲストコメンテーターの元経済産業省官僚の発言や古舘自身の発言や「安保法案の採決は強行採決だと思います」と言ったコメントが政府与党から問題視されていた。

NHKと民放キー局に要望書が出されたその数日後の2014年11月26日には、自民党の報道局長名義でテレビ朝日「報道ステーション」宛の要望書も出されていた。「貴社の11月24日放送の『報道ステーション』において、アベノミクスの効果が、大企業や富裕層のみに及び、それ以外の国民には及んでいないかの如く、断定する内容の報道がなされた。」「できるだけ多くの角度から論点を明らかにしなければならないとされている放送法4条4号の規定に照らし、同番組の編集及びスタジオの解説は十分に意を尽くしているとは言えません。」「貴社におかれましては、公平中立

な番組作成に取り組んでいただきますよう、特段の配慮をお願い申し上げます。」(参考文献 ⑧)。権力者たる官邸から頭ごなしに強く抗議され、総務省から放送免許を受けている放送局に対して委縮効果が働くのは当然であろう。以上のように、NHKとテレビ朝日、TBS大手3社のそれぞれの看板番組のメインキャスターが同時に降板することは決して偶然ではなく、メディアを操作しようとする安倍政権と、それを歓迎する社会の一部の風潮の中で起こったと言える。このような流れは、他のテレビ局はもちろん、新聞や雑誌などの活字メディアの世界でも起こりつつある。わが国は今やメディア全体、ジャーナリズムそのものが危機に瀕していると言っても決して過言ではあるまい。

4. 記者クラブ

1) 記者クラブ設立の背景と課題

「記者クラブ」とは、日本新聞協会加盟者の社員である常駐記者たちが、日本の官庁、地方自治体など公的機関の主要なニュース・ソースの建物の中にある記者室を使用し、取材・報道する記者集団のことである。

わが国の記者クラブの歴史は古く、1890年(明治23年)年、帝国議会が発足した際に取材を要求する記者たちが「議会出入り記者団」(のちに「同盟記者倶楽部」を結成したことに始まる。これをきっかけに、「情報を隠ぺいする体質の根強い官庁報道機関が記者クラブをつくり、公権力に対して情報公開を求める」動きが広まり、霞が関の省庁、自治体、警察などに記者クラブが作られることになった。

記者クラブについて日本新聞協会の見解は時代状況の変遷に伴って変化してきた。「記者クラブに関する新聞協会の方針」(1949年)では、「記者クラブは各公共機関に配属された記者の有志が相集まり、親睦社交を目的として組織するものとし、取材上の問題には一切関与せぬこととする」と定められた。その方針がそのまま堅持されていたならば、現在のような記者クラブ批判は起こらず、公平性で健な組織として存続できたといわれている。ところが、1978年の「記者クラブに関する日本新聞協会編集委

員会の見解」では、「その目的はこれを構成する記者が、日常の取材活動を通して相互の啓発と親睦をはかることにある」とその性格付けが一部変わった。「取材活動を通して」という、この文言によって記者クラブは実質上、親睦団体から、取材拠点へと変わった。結果的に、ここには大手メディアしか参加できず、外国人記者やフリージャーナリスト、雑誌、ネットメディアは参加できなくなった。その排他性によって、報道内容そのものに対する競争が消えていく。権力側から記者クラブに加盟するメディアだけに流される情報を、各社横並びに伝えるだけなら、もちろんメディア間の競争原理はあまり働かない。結果的に、閣僚や官僚の記者会見においても質問はあらかじめ決められた内容になってしまうこともある（参考文献⑨）。本来のメディアの役割が果たせないことになり、メディアへの国民の信頼は低下することになる。

2）脱・記者クラブ宣言

　このような閉鎖的な記者クラブのあり方に一石を投じたのは、田中康夫長野県知事（当時）であった。田中知事は2001年5月15日「脱・記者クラブ宣言」を出し、「本来、新聞社と通信社、放送局を構成員とする任意の親睦団体的側面を保ちながら、時として排他的な権益集団と化す可能性をぬぐい切れぬ。現に、世の大方の記者会見は記者クラブが主催し、その場に加盟社以外の表現者が出席するのは難しい。また、日本の新聞社と通信社、放送局が構成員の記者クラブへの便宜供与は、少なからず既得権益化している。長野県においても例外ではない。県民の共有財産たる県庁舎内の3ヶ所に位置する〈県政記者クラブ〉〈県政専門紙記者クラブ〉〈県政記者会〉は、長きに亘って空間を無賃で占有してきた。須らく表現活動とは、一人ひとりの個人に立脚すべきなのだ。責任ある言論社会の、それは基本である……。如何なる根拠に基づいていたか、記者クラブ主催だった長野県知事の記者会見は今後、県主催にする……。今回の宣言が、県民の知る権利を更に拡充する上での『長野モデル』の一つになる事を切に願う」（長野県ホームページ）。

　宣言の中で「表現活動とは、一人ひとりの個人に立脚すべきなのだ。責

任ある言論社会の、それは基本である」という理念の下、記者室を撤去して、「プレスセンター」を設ける。そこは「フリーランスで表現活動に携わる全ての市民」が利用可能である。この宣言が、「表現活動は、一人ひとりの個人に立脚する」と定義したのは、画期的であり、新しい視点である（参考文献⑩）。

3）記者クラブの擁護論・廃止論

　報道の役割は権力監視こそが第一であり、そのためには「記者クラブ」や「記者室」を有効に活用し、使うべきである。記者クラブ発の記事が当局寄りであり、権力監視の役割を果たせてないのは、記者クラブ〝制度〟の問題ではなく、記者個人や幹部の〝姿勢の問題〟である。つまり、報道の最大の役割である権力監視は、記者クラブ制度に左右されているのではなく、現場記者とその所属組織に「権力を監視報道を実践する意志があるかどうか」に掛かっている。要は「やるか、やらないか」である。

　官公庁の場合、記者室はだいたい、大臣室や知事室、市長室などの近くにある。その記者室を拠点に、ありとあらゆる記者が役所内を行き交う。それは権力者にとっては相当に煙たいことに違いないし、そういう「権力監視の拠点」を簡単に手放すことはない（高田昌幸：なぜ記者クラブ問題なのか、問われているのは〝制度〟ではなく、記者個人や幹部の〝姿勢の問題〟）（参考文献⑪）。

　ところが、記者クラブには、次のような厳しい批判があることも忘れてはならない。記者クラブの記者たちの主たる仕事は権力の監視ではなく、権力側から情報をとることに終始しており、大手マスコミもその情報を十分に吟味することなく権力の都合の良い情報を記事にしているのが実状である。従って、どの新聞も同じような内容の記事しか載らないといった質の低下も起こると言われている（参考文献⑩）。

　現在の記者クラブは、メリットとして市民の代表として「権力の暴走」を監視することになっているが、逆に、市民の知る権利を阻害させ誤った認識を与える存在として、さらに記者クラブに所属する記者をただ情報がくるのを待つだけの存在にさせるというデメリットにもなっている。

さらに、次のような問題点も指摘しておきたい。自民党政権を揺るがしたほど社会を騒がせた「年金問題」であったが、社会保険庁の杜撰さを追求したのもフリーランス・ジャーナリストであった。仮に省庁の記者会見にこれらのフリーランスのジャーナリストたちが参加することができていたならば、鋭く質問し、もっと早く問題が発覚して、国民の年金制度がうんざりするほどひどい事態にはなっていなかったに違いない。記者会見の解放は、政治家・官僚・記者との健全な緊張関係の構築を意味する。質問の事前提出もなく、不利な質問が出て来ることも当然である。そのことによって、政治家も官僚も鍛えられ、また記者の方も事前調査と取材が必要となり、スキルアップすることになる。これを継続的に行うことによって政治の透明度も高めることにもなる。日本の記者クラブは、もっぱら官僚機構を補完し、サポートする役割を演じてきた。政治家の批判をしても官僚の批判をしないのは、霞が関を敵に回すと情報がリークされないという恐怖心からであろう。このようなことは記者クラブ制度の大きな問題点として指摘することができる（参考文献 ⑨）。

（照屋寛之）

参考文献

①内山融「マスメディア、あるいは第 4 の権力？」佐々木毅編『政治改革 1800 日の真実』講談社、1999 年
②蒲島郁夫・竹下俊郎・芹川 洋一『メディアと政治』有斐閣、2007 年
③佐々木実『市場と権力』講談社、2013 年
④原寿雄『安倍政権とジャーナリズムの覚悟』岩波書店、2015 年
⑤ M. ファクラー『権力者とメディアが対立する新時代』詩想社、2018 年
⑥ M. ウェーバー／阿閉吉男・内藤莞爾訳『社会学の基礎概念』角川書店、1976 年
⑦国谷裕子『キャスターという仕事』岩波書店、2017 年
⑧週刊金曜日・編『安倍政権と言論統制』週刊金曜日、2016 年
⑨上杉隆『記者クラブ崩壊』小学館、2010 年
⑩浅野健一『記者クラブ解体新書』現代人文社、2011 年
⑪アジア記者クラブ『アジア記者クラブ通信』208 号、2009 年
⑫西田亮介『メディアと自民党』角川書店、2015 年

12章　立法と予算編成の過程

本章のねらい
・政策の裏付けとなる法律と予算の作成過程を理解する
・国の政策がどのようにして作られ、決定されるのかを理解する
・国会以前で展開される政治過程について理解する
・国会で展開される政治過程の特徴について理解する

1．日本の立法過程

1)　立法過程の概要

　日本では、立法過程、政策決定の流れは図12 − 1（次ページ）のようになっている。内閣あるいは議員が、衆議院か参議院のどちらかに法律案（法案）を提出する。国会に提出された法案は、まず先議院の委員会で審査が行われ、法案の可否が議決される。次に本会議にて審議が行われ、法案が可決されると後議院に送付される。後議院における法案の審議は先議院と同様である。法案は両議院で可決された場合に法律となる。もし、両議院で議決が異なった場合、両院協議会等で両院間の意思調整が行われた場合は法律となるが、調整がつかない場合、衆議院で3分の2以上の多数によって再可決がなされた場合、衆議院の議決が優先される。

　日本の立法過程を分析する際には、狭義の立法過程である国会内部で展開される立法手続のみに着目するだけでは、実態を理解することはできない。日本の政策決定過程を理解するためには、国会内外で繰り広げられる公的、非公的な政治過程を考慮する必要があり、法案が提出されるまでの国会前過程までをも含めた広義の立法過程に着目しなければならない。し

図12-1 法律ができるまでの流れ

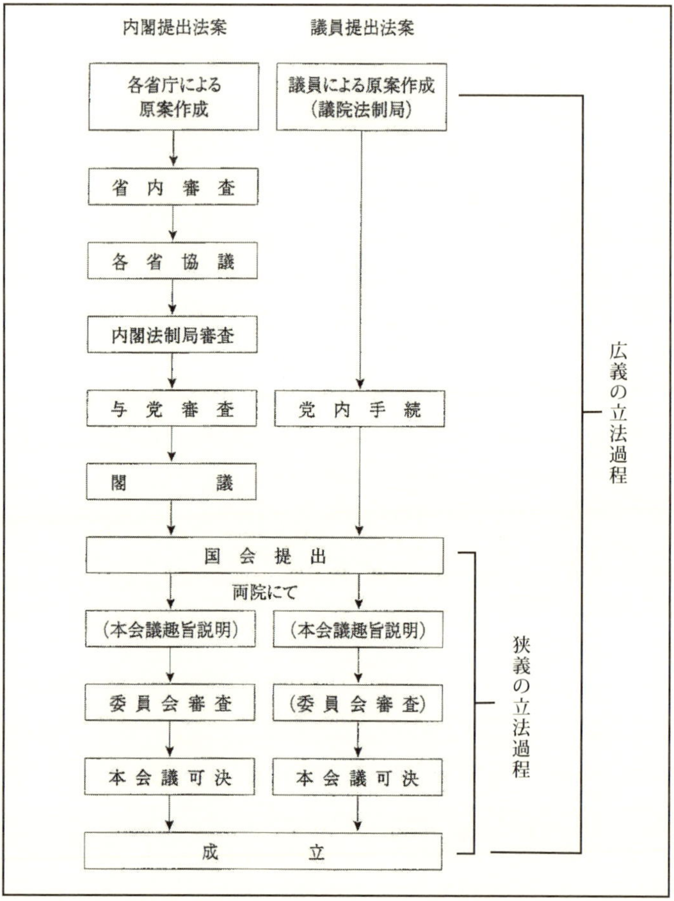

```
         内閣提出法案           議員提出法案

      ┌──────────┐       ┌──────────┐
      │ 各省庁による │       │ 議員による原案作成 │
      │  原案作成  │       │ （議院法制局）  │
      └─────┬────┘       └─────┬────┘
            ↓                    │
      ┌──────────┐              │
      │ 省 内 審 査 │              │
      └─────┬────┘              │
            ↓                    │
      ┌──────────┐              │
      │ 各 省 協 議 │              │        広
      └─────┬────┘              │        義
            ↓                    │        の
      ┌──────────┐              │        立
      │ 内閣法制局審査 │            │        法
      └─────┬────┘              │        過
            ↓                    ↓        程
      ┌──────────┐       ┌──────────┐
      │ 与 党 審 査 │       │ 党 内 手 続 │
      └─────┬────┘       └─────┬────┘
            ↓                    │
      ┌──────────┐              │
      │ 閣   議   │              │
      └─────┬────┘              │
            ↓                    ↓
      ┌────────────────────────┐
      │       国 会 提 出         │
      └────────────┬───────────┘
                両院にて
            ↓              ↓
      ┌──────────┐  ┌──────────┐
      │(本会議趣旨説明)│  │(本会議趣旨説明)│   狭
      └─────┬────┘  └─────┬────┘   義
            ↓              ↓        の
      ┌──────────┐  ┌──────────┐ 立
      │ (委員会審査)│  │ (委員会審査)│  法
      └─────┬────┘  └─────┬────┘  過
            ↓              ↓        程
      ┌──────────┐  ┌──────────┐
      │ 本会議可決 │  │ 本会議可決 │
      └─────┬────┘  └─────┬────┘
            ↓              ↓
      ┌────────────────────────┐
      │       成     立          │
      └────────────────────────┘
```

出典：参考文献⑤ P.32、図1に加筆

たがって、本章においては主として内閣提出法案に注目しつつ、内閣提出法案が国会に提出されるまでの国会前過程にも視野を広げ、法案の作成過程も扱うこととする。

2) 議員提出法案の作成過程

議員提出法案は、衆議院に提出される衆議院議員提出法案（衆法）と参

議院議員提出法案（参法）に分かれる。議員提出法案は衆議院で20名、参議院では10名以上の賛成者を必要とする（国会法56条）。ただし、予算を伴うような法案の場合は、それぞれ50名、20名の賛成者が必要になる[*1]。また、議員以外に国会に設置されている委員会も法案を提出することができる。さらに、衆議院では賛成者要件の他に、各会派の幹事長や国会対策委員長などの責任者による機関承認が必要とされる慣例があり、機関承認のない法案は提出することができない。

2. 内閣提出法案の作成過程

1）府省内における意思決定過程

　議院内閣制を採用している日本では、国会に提出される数も成立する数も内閣が提出する内閣提出法案が圧倒的に多い。一方で、議員によって提出される議員提出法案は提出数、成立数ともにそれほど多くはない。内閣提出法案は、各府省が政策課題への対応として作成したものであり、法案作成の契機としては、社会に存在する問題解決のためや、突発的な災害、事件、事故への対応などがあげられる（参考文献⑤ pp.42〜47）。

　法案の作成は、各府省の担当部局によって基本的に行われる。府省内における意思決定の特徴として稟議制があげられる。稟議制とは、担当部署の一職員が、事案を記載した稟議書を作成し、その文書を関係者に回して承認を受け、上位の役職者に承認印を求めていく方式である。最終的な承認を得た後で、最後に事案の決裁者、つまり決定者に説明を行って、決済を得ることで事案の処理方針を決めるような政策形成の方法をさす（参考文献⑧ P.112）。稟議制には、日本官僚制の特徴である責任の分散や、指導力不足の原因になっているという批判が存在する一方で、各府省の意思決定方法は多様であって、稟議制のみではないことが現在では明らかになっている。各府省の意思決定方式としては、順次回覧型、持ち回り決裁型に

(*1) 賛成者要件　賛成者要件は提案者以外に必要とされる人数であるため、実際に議員が法案を提出するためには、賛成者要件＋1名の人数が必要となる。

分けられる。順次回覧型とは、定型的な事務処理が可能な案件について行われる、稟議制のイメージに近いものである。回覧型は、起案書と呼ばれる稟議書を、担当係の起案者から課長補佐、担当課長に回し、総務課課長補佐、課長を経て審議官、局長へと回覧し、決済を下す。これに対し、順

図12-2 持ち回り決裁型の稟議書の流れ

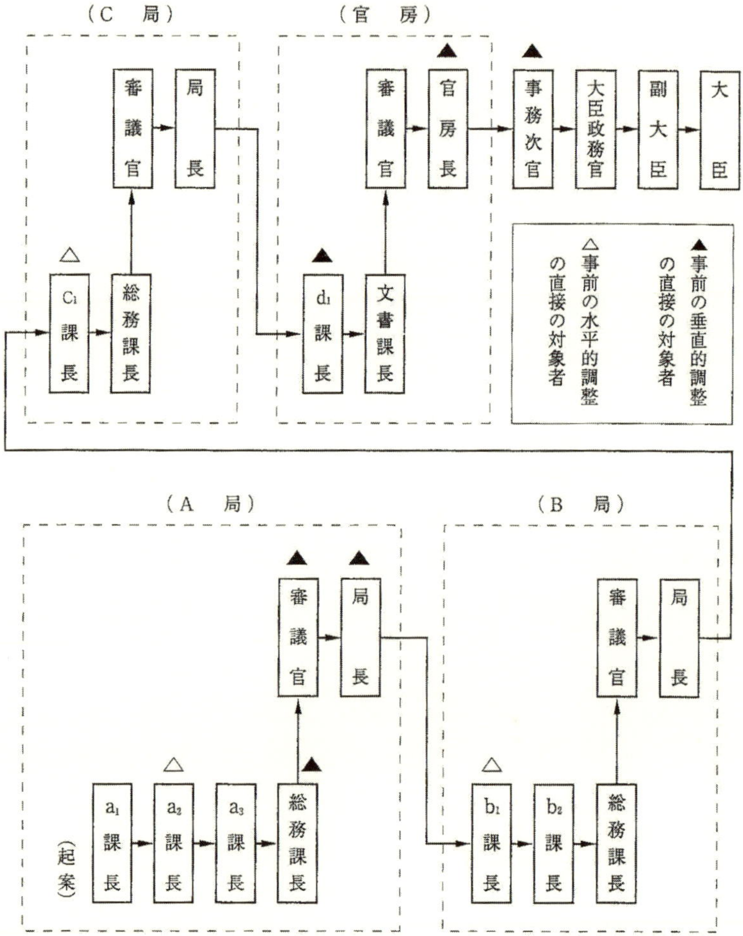

（C局）　（官房）

審議官 → 局長

△ C_1課長 → 総務課長

▲ d_1課長 → 文書課長

審議官 → 官房長 → 事務次官 → 大臣政務官 → 副大臣 → 大臣

△ 事前の水平的調整の直接の対象者
▲ 事前の垂直的調整の直接の対象者

（A局）

▲ ▲ 審議官 → 局長

（起案） a_1課長 → △ a_2課長 → a_3課長 → ▲ 総務課長

（B局）

審議官 → 局長

△ b_1課長 → b_2課長 → 総務課長

出典：参考文献⑥ P.183、図11-1

次回覧型は法令の制定・改廃といった政策的・政治的に重要な案件の意思決定方式であり、回覧型と異なり、担当職員が関係者の席に書類を持参して説明をした上で、押印を求めるものである。ただし、持ち回り型の場合には、稟議書の作成以前に会議によって垂直的・水平的意見調整がはかられ、実質的な意思決定が行われている。加えて、国会答弁資料の作成や審議会等の報告書作成など、稟議書を作成しない意思決定方式もある（参考文献⑤ p.56）。

2) 内閣法制局審査

後述するように、国会には会期制が採用されており、法案審議には時間的制約が存在する。したがって、局長の決済が下りた法案は、大臣官房を中心に法案提出の優先順位が検討される。作成された法案は、内閣法制局の審査を受けることになる。

内閣法制局による審査は、法律として制定する必要性、規則、手続等について憲法を頂点とする既存の法体系との整合性、表現の統一、条文配列の論理的整序、文章の正確さ、といった点が厳しく審査される（参考文献⑤ pp82～83）。

3) 各府省協議

法案の閣議提出にあたっては、各府省間での事前の調整が必要になる場合がある。閣議の前日に開催される事務次官等会議[*2]において、全会一致制が採用されているため、会議前までの調整が必要となる。

調整の場として機能するのが、各府省会議である。会議では各府省の利益の調整が行われる。中島（参考文献⑤ p.86）によれば、各府省の利益調整

(*2) 事務次官等会議　事務次官等会議は事務の内閣官房副長官、内閣法制局次長、各府省事務次官から構成される会議である。閣議の前日の正午から開催され、翌日の閣議にかける案件を調整する。会議で了承されたもの以外は、かつては閣議にかけることはできないといわれており、官僚主導の象徴とまでいわれていた。

民主党政権下で廃止されたが、東日本大震災を契機に東日本大震災各府省連絡会議として復活した。その後、各府省連絡会議と改称され、第二次安倍内閣成立後、次官連絡会議と改称し、現在では、閣議案件の調整を行うのではなく「内閣の基本方針を徹底し、各府省間で情報共有する」ための会議と位置づけられている。

の具体例として、廃棄物行政を所管する環境省が、産業廃棄物の規制強化を目指した法案を提出しようとする場合があげられている。この場合、電気・ガス事業を所管する経済産業省、農業を所管する農林水産省、建設業を所管する国土交通省などの各省、各種業界との調整が行われるとされる。

4) 閣議

閣議とは内閣の意思決定のために開催される会議である。閣議は、首相と閣僚の他、政務・事務の内閣官房副長官、内閣法制局長官から構成され、全会一致によって意思決定が行われる。ただし、官房副長官、法制局長官は意思決定に参加しない。閣議には毎週火曜日と金曜日に開催される定例閣議と組閣の際などに開催される臨時閣議、緊急に案件を処理するために内閣事務官が、閣議書を持って閣僚を回り署名をもらう持ち回り閣議がある。

図12-3 内閣提出法案の閣議書
(国立公文書館所蔵)

5) 与党の事前審査

与党の事前審査とは、内閣提出法案の国会への提出にあたり、事前に与党の了承を得る手続をさす。与党審査は法律上必要とされる手続ではないが、与党の了承のない法案は基本的に国会へ提出することはできない。

内閣提出法案の作成にあたり、各府省の官僚は府省内での調整を進めながら、族議員と呼ばれる特定分野の政策に詳しく、所管官庁と関係の深い議員たちの理解を得ていく。与党審査は、自民党の政務調査会を主たる舞

台として展開される。まず、自民党政務調査会の関係部会において審議を行い、部会で了承されると政務調査会の総会である政務調査審議会で審議がなされる。審議会でも了承がなされた場合、自民党の日常的な意思決定機関である総務会にかけられるが、総務会では基本的に審議は行われない。総務会で了承された時点で、自民党の了承を得たことになる。この際、与党の議員には党議拘束がかけられる。党議拘束とは、党の所属議員に対して、党の決定事項に従うよう求めることである。連立政権下においては、政権を構成する他の与党の了承を得る過程が加わることになるが、基本的な変化はない。

　与党審査の行われる理由としては、制度的な点から説明できる。政府は、さまざまな政策を実施するために、数多くの法案を成立させなければならない。しかしながら、日本の国会制度には、どの法案を、いつ審議するのか、法案の審議日程を決める権利である議事運営権が、政府にないという特徴がある。政府に代わって議事日程を調整するのが与党の役割となっており、したがって与党としても事前に法案の中身を把握し、問題点があるような場合、修正を行うことで内閣提出法案の成立を担保する。あるいは、党と議員が対立しているような場合に調整を図る機能もある。例えば、議員の支持者が反対するような法案に対して、党議拘束によって賛成を強いることになるため、議員個人の意見を自由に表明する機会を与えることで、党内民主主義を確保することになる。

3. 国会の制度と過程

1) 国会制度

　国会は憲法によって「国権の最高機関」と「唯一の立法機関」と規定されている（41条）。国会は衆議院と参議院から構成される二院制を採用しており、法案の審議は委員会と本会議で行われる。

　国会には会期があり、常会、臨時会、特別会の3つに分けられる。表12－1のように会期については憲法や国会法によって細かい規定がなされている。

　国会の意思は会期ごとに独立しており、会期中に両議院で議決に至らな

表12-1　国会の種類と会期日数

国会の種類	会期日数		延長	招集
常会	150日		1回まで	毎年1回1月中に召集（憲法52条）
臨時会	・両議院の議決 ・議決が一致しない場合は、衆議院の議決が優先		2回まで	・内閣が必要と認めた場合（憲法53条） ・いずれかの議院の総議員の4分の1以上の要求があった場合（憲法53条） ・衆議院の任期満了による選挙または参議院通常選挙が行われた後、新議員の任期の始まる日から30日以内に招集(国会法2条の3)
特別会	・両議院の議決 ・議決が一致しない場合は、衆議院の議決が優先		2回まで	衆議院の解散による総選挙が実施された場合に、総選挙の日から30日以内（憲法54条）

かった議案は次の会期には引き継がれない。これを会期不継続の原則という。つまり、先議院で議決された法案が後議院での審議途中で会期末を迎えた場合、廃案とされ、次の会期で改めて法案の先議院への提出から始めなければならないということである。ただし、会期不継続の原則があっても、各議院の議決で閉会中審査あるいは継続審査の手続が取られた場合、その法案は次の会期に継続される。

2) 委員会審査と本会議審議

　国会には法案審査のために常任委員会と特別委員会が設置されている。常任委員会とは、国会法によって定められているものであり、表12-2のように、基本的に各府省に対応して常に国会に設置されている。ただし、衆議院と参議院では議員数が違うため、若干の違いがある。特別委員会は、会期毎に議院の議決によって設置される委員会である。常任委員会は定例日といわれる開催日が決まっており、特別委員会は、定例日が決まっておらず、必要に応じて開催することができる。また本会議も開かれる曜日、時間が衆議院、参議院でそれぞれ決まっている。

　国会に提出された法案は、常任委員会の1つである議院運営委員会に付託される。議院運営委員会では、提出された法案をどの委員会で審査するのかといった議事日程を決定する。その後、法案が付託された委員会で法案審査が行われる。委員会審査では、まず法案の提案理由が説明される。

表 12-2　衆議院と参議院の常任委員会の数と委員人数（2018 年 1 月時点）

衆議院		参議院	
内閣委員会	40 人	内閣委員会	20 人
総務委員会	40 人	総務委員会	25 人
法務委員会	35 人	法務委員会	20 人
外務委員会	30 人	外交防衛委員会	21 人
財務金融委員会	40 人	財政金融委員会	25 人
文部科学委員会	40 人	文教科学委員会	20 人
厚生労働委員会	45 人	厚生労働委員会	25 人
農林水産委員会	40 人	農林水産委員会	20 人
経済産業委員会	40 人	経済産業委員会	21 人
国土交通委員会	45 人	国土交通委員会	25 人
環境委員会	30 人	環境委員会	20 人
安全保障委員会	30 人	国家基本政策委員会	20 人
国家基本政策委員会	30 人	予算委員会	45 人
予算委員会	50 人	決算委員会	30 人
決算行政監視委員会	40 人	行政監視委員会	30 人
議院運営委員会	25 人	議院運営委員会	25 人
懲罰委員会	20 人	懲罰委員会	10 人

出典：衆議院、参議院 各ホームページをもとに作成

次に質疑が行われ、質疑者が大臣や官僚らに疑義をただす一問一答形式で行われる。委員会の運営は会派を代表する理事たちで構成される理事会で決定されるが、質疑が終局したと判断されると各会派による意見表明である討論が行われ、採決が行われる。委員会での採決は原則として起立採決で行われる。

　委員会での採決が行われた法案は、本会議にて報告が行われる。本会議における審議では、委員長によって委員会審査の経過と結果が報告される。その後は、委員会審査と同様に、質疑、討論、採決が行われることになる。本会議での質疑は委員会とは異なり、質問を一度に全て述べた後、答弁もまとめて行う形式となっている。基本的に本会議での質疑は省略されることが多く、討論も重要な法案に限って行うこととされており、委員長の報告が終わった段階で、採決が行われることが多い。本会議の採決の方法は、起立採決、記名投票、意義の有無の確認がある。さらに参議院では押しボタン式による投票が行われる場合がある。

　先議院で可決された法案は後議院へ送付され、先議院と同様の手続が行われる。法案は、両議院で可決された場合に法律となるが、両議院の議決

が異なる場合は異なる手続となる。衆議院を先議院として考えた場合、衆議院で可決された法案が参議院へ送付され、参議院で異なった議決が行われた場合、衆議院の出席議員の3分の2以上の多数で再可決すれば衆議院の議決が国会の議決となる。

　衆議院における再可決以外に、両議院間の意思を調整する制度として両院協議会がある。両院協議会に関する事項は、主に国会法によって定められており、衆議院、参議院からそれぞれ10名の委員によって構成される（89条）。両院協議会では出席委員の3分の2以上の多数で協議案が成案となる（92条）。委員の選出に関しては、国会法で特に規定はないが、慣例上、各議院の意思を代表する側からのみ選出されている。より具体的に言えば、可決した議院からは賛成した会派から、否決した議院からは反対した会派からのみ委員が選ばれる[*3]。委員である議員は党議拘束を受けているため、自分の所属する政党の意思と異なる行動をとることは難しい。したがって、両院協議会における協議が合意に至ることは、ほとんどなく、採決を行っても賛否が同数となるため、実質的に両院協議会が機能しているとは言い難い状況にある。

　日本の法案の移動は、賛成した議院→反対した議院→賛成した議院という形で1度のみが想定されている。しかし、例えばアメリカなどでは両院協議会のほかに、法案が上院と下院の間を何度も往復し、合意が形成されるような制度になっていることを考えれば、日本の国会は両院間での意思調整の仕組みを十分に持っていない、という指摘も可能である。

3) 国会は機能しているのか

　国会は立法府とも呼ばれることから、国会の役割は法律を作ることであると考えている人は多い。しかし、議会には立法機能だけではなく国民代表、審議（争点明示）、行政監視、正統性付与といったさまざまな機能が

[*3] 会派と政党　会派とは国会議員2人以上で結成する国会内における団体である。委員会の人数配分や、質問時間の配分など、国会の運営は会派単位で行われる。一般的には、所属政党と所属会派が一致しているが、無所属議員など政党と会派が一致しない議員もいる。

あるとされ、国によってどの機能を重視するのかは異なる。

このような違いを前提に、各国の議会を比較する基準として、アメリカの政治学者である、ポルスビー（Polsby, N.W）の示した議会類型がある。ポルスビーは、議会の立法機能と審議機能に着目して、議会を変換型議会とアリーナ型議会に分類している（図12－4）。

図12-4　ポルスビーの議会類型

低 ←　　　　　　　　　　　変換能力　　　　　　　　　　　→ 高			
アリーナ議会 (arena)	準アリーナ議会 (modified arena)	準変換議会 (modified transformative)	変換議会 (transformative)
イギリス ベルギー フランス (第5共和制)	西ドイツ イタリア フランス (第4共和制)	オランダ スウェーデン	アメリカ

出典：参考文献① P.7などをもとに作成

　変換型議会とは、社会に存在する様々な要求に応えて、法律を作る機能を果たす議会、つまり議会の立法機能を重視しているような議会をさす。一方でアリーナ議会とは、議会での議論を通じて、国民に問題点を明らかにしていく機能を果たしている議会、つまり審議機能を重視しているような議会をさす。変換型議会の典型はアメリカ議会である。大統領制を採用しているアメリカ議会においては、大統領に法案の提出権が認められていないため、法案の作成は議会が行うことになる。よって、議会がどの程度法案を作成しているか、どれほど修正をしているのか、という点が基準となる。アリーナ議会の典型はイギリスである。議院内閣制を採用しているイギリスでは、政府、内閣が法案を提出することができるので、議会の役割は立法よりも、審議を行って国民に政治的争点を示すことが重視される。

　以上のように、執政制度と議会制度は関連しており、立法機能にのみ着目していては議会が機能しているのかどうかは判断ができない。では、日本の国会は果たして機能しているのだろうか。かつて日本の国会に対しては、まったく機能していないという国会無能論が主張されていた。国会無能論の背景には、表12-3（次ページ）にみられるように内閣提出法案の提出数と成立数が議員提出法案よりも圧倒的に多いという点や、アメリカ

議会に比べて議員立法が少ないといったものがある。
　すでにみたように、内閣提出法案の作成は各府省の官僚によって行われる。そのため、国会は官僚の作った法案に対して、承認印を押すラバースタンプでしかなく、無能であるという評価がなされた。

表12-3　日本とアメリカの法案成立状況

年	内閣提出法案			議員提出法案		
	提出	成立数	成立率(%)	提出	成立数	成立率(%)
2005	113	98	87	77	26	34
2006	103	101	98	77	21	27
2007	107	104	97	108	34	31
2008	95	81	85	75	18	24
2009	81	73	90	101	23	23
2010	84	60	71	84	22	26
2011	106	90	85	69	31	45
2012	93	62	67	85	34	40
2013	98	90	92	126	22	17
2014	112	101	90	107	32	30
2015	75	70	93	72	14	19

議会期	(年)	法案提出数	成立数	成立率(%)
103	1993—95	8544	437	5.5
104	1995—97	6808	236	3.5
105	1997—99	7732	404	5.2
106	1999—01	9158	604	6.6
107	2001—03	9134	383	4.2
108	2003—05	8625	504	5.8
109	2005—07	10703	396	3.7
110	2007—09	11228	416	3.7
111	2009—11	10770	338	3.1
112	2011—13	10612	239	2.3
113	2013—15	9093	296	3.3

　しかし、1980年代以降、国会は機能しているという国会機能論が主張されることになる。日本は議院内閣制を採用しているが、議院内閣制は政府、内閣が議会多数派の支持によって成り立っている制度である。よって、本来、内閣提出法案の成立率は100％近くでなければならない。例えば、同じ議院内閣制を採用しているイギリスでは、内閣提出法案の成立率は100％に近い水準である。だが、日本の場合は約80％前後になる。つまり、20％前後の法案が成立していないといえる。この現象を考える際に有用なのがヴィスコシティ（viscosity：粘着性）概念である。ヴィスコシティは、議会が政府の提出する法案をどれだけ否決するか、あるいはいかに修正するのかを分析する指標であり、法案の否決率や修正率が高い場合、ヴィスコシティが高いと評価される。したがって、ヴィスコシティ概念を用いて国会を評価した場合、一定の機能が果たされているといえる。国会のヴィスコシティを高めている要因としては、二院制、会期制、委員会制などがあげられる。
　以上のような違いを前提として、国会を考えてみると、変換型として見た場合の国会は、議員立法の提出数も成立数も少ないために、機能してい

るとはいえない。野党の批判を受けて、国会で法案を修正する場合もあるが、それでも国会が立法機能を果たしているとは言い難いといえる。では、アリーナ型としてはどうか。日本は、諸外国の議会に比べて、会期制や、会期不継続の原則、二院制の存在などによって法案の審議に使える時間が短い、つまり可処分時間が少ないといわれる。そのため、牛歩戦術であったり、法案の審議を拒否する審議拒否といった、審議を行わないという戦略を野党が採ることで野党は政府に抵抗を行ってきた。よって、アリーナ型の議会としても、日本の国会は不十分な議会になってしまっているといえる。日本では、国会に対して、立法府なのだから、アメリカのように議員立法をもっと増やさなければ、ということが話題になるが、すでに見たように大統領制を採用するアメリカ議会には、そもそも議員立法しかない。国会を立法機能だけで評価をすることは適切ではないが、審議機能も果たしているかといえば、疑問符がつく状態であることは事実だといえる。今後は、国会での審議をいかに充実させていくのか、という点が課題といえる。

4. 予算過程

1) 予算制度の概要

　予算とは、「政府の財政権限を拘束する文書であり、国民の代表である議会が内閣を統制する手段」である（参考文献④ P.16）。政策を実行するために法案が可決されたとしても、予算の裏付けがなければ政策は実施できない。予算が作成され、執行されていく過程を予算過程と呼ぶが、予算過程は編成、執行、決算に分けられ、この一連の過程を予算の循環と呼ぶ。以下、本節においては、まず予算の基本的知識を概観し、予算の編成過程、執行過程、決算過程を順に見ていく。

　予算は毎年4月1日から翌年3月31日までを1つの単位として編成され、これを会計年度という。内閣は予算を国会に提出して議決を受けなければならない（憲法86条）。法案と異なり、予算は内閣のみが作成、提出することができる（憲法72条）。予算は必ず衆議院先議でなければな

らず、予算の議決に関して、衆議院と参議院の議決が一致しない場合、最終的に衆議院の議決が国会の議決となる（憲法60条）。予算は、新しい年度が始まる前に成立させることが求められるが、新年度の開始までに予算が成立しない場合は、政府活動の停滞を防ぐために暫定予算が提出される。暫定予算は人件費等の必要最低限度の経費を計上したものであるため、円滑な政策実施のためには、早期の予算成立が求められるなど、予算の編成にあたっては時間的な制約がある。

2) 予算編成過程

　予算編成過程は内閣が予算案を作成する立案過程と、国会で予算案を審議、議決する決定過程に分けることができる。予算の立案過程はマクロの予算編成とミクロの予算編成に分けられる。マクロの予算編成とは、予算全体の規模を決め、財源確保のための公債発行の規模や、税制改正の検討などをする過程をさす。マクロの予算編成は、トップダウンで行われるため、上からの予算編成ともいえる。一方、ミクロの予算編成とは各府省から提出される概算要求を個別に査定し、予算構成を細かく決定していく過程である。ミクロの予算編成は積み上げ式で行われるため、下からの予算編成といえる。

　マクロの予算編成は国の財源を管轄する財務省の専権事項であり、さらに財務省内でも権限が分割されている。例えば、税収を見積もる権限は主税局、公債発行に関する権限は理財局が有している。財務省原案と呼ばれる予算原案は、主計局が税収の見積額に基づき、マクロの予算編成とミクロの予算編成を調整しながら作成される。

　具体的な予算編成の流れを確認する。まず、各府省各課内において予算要求が行われる。局レベルでは、課が局に対して要求を行う。この段階では、局総務課によって査定が行われる。さらに、各局は大臣官房会計課に要求を行っていく。各府省大臣官房会計課では、2ヶ月ほどかけて、局の予算要求が検討されることになる（参考文献⑨ P.90）。通常国会終了後、閣議で概算要求基準が了解された後、予算編成は具体的に動き始めるが、例年8月末までに財務省に対して各府省は省内で正式に取りまとめられた概算

要求を提出する。

　概算要求基準（シーリング）は 1961 年から導入されているものであり、各府省が財務省に予算要望できる限度額となっている。概算要求基準によって、予算を要求する側は際限なく予算を要求することはできず、予算を査定する側も大量の予算要求を査定せずに済んでいる。1982 年には要求額を前年度水準とするゼロ・シーリング、1983 年には前年度水準を下回るマイナス・シーリングが導入された。しかし、2012 年に発足した第二次安倍内閣では、2014 年度予算から概算要求基準の上限を設けていない。理由としては、従来の概算要求基準が予算の硬直を招いており、景気の動向に応じて歳出を柔軟に増減させるべきだという考えがある（参考文献⑦ p.69）。

　9 月からは各府省と財務省主計局との折衝が始まる。かつては折衝の後に、主計官から各府省大臣官房会計課長に対して財務省原案が示され、各省大臣と財務大臣によって復活折衝が行われていた。しかし、民主党政権誕生を機に、財務省主導の予算編成の脱却という目的から、廃止されている。予算案の閣議決定は例年 12 月下旬に行われる。

　予算編成過程、特に立案過程に着目した場合、注目されるのが経済財政諮問会議である。経済財政諮問会議は、2001 年に行われた中央省庁再編に伴って、予算編成過程における首相のリーダシップ強化を目的として内閣府に設置された。経済財政諮問会議は、首相の諮問に応じて、経済全般の運営の基本方針、財政運営の基本、予算編成の基本方針その他の経済財政政策に関する重要事項について調査審議し、意見を述べることが役割とされる。経済財政諮問会議は民主党政権下においては開催されていなかったが、第二次安倍内閣によって再び開催されている。経済財政諮問会議は、財務省が行う予算編成作業に先立ち、6 月を目途に「経済財政運営と構造改革に関する基本方針」を取りまとめる。内閣は基本方針を閣議決定することで、政府方針とし、財務省は方針を受けて概算要求基準を設定する。

　経済財政諮問会議は、特に小泉純一郎元首相によって活用された。小泉元首相は、経済財政諮問会議を最も重要な政策会議と位置づけ、基本方針

を「骨太の方針」と名付けることで、官邸主導の予算編成を行うことに成功したといわれている。

3) 予算の循環と決算過程

予算が成立すると執行されることになるが、予算が適切に執行されたかどうかを精査する必要がある。この精査の過程を決算過程と呼び、決算は予算が執行された翌年度に行われる。内閣は決算を作成し、会計検査院の検査を受け、検査報告とともに国会に提出をしなければならない（憲法90条）。

決算過程は、政府が前年度の会計を整理し、決算報告を作成する過程、会計検査院による会計検査、政府の決算報告と検査報告の国会での審議、承認という過程から構成される。決算過程は1年にわたることが多く、予算の作成、執行、決算という予算循環は3年以上で1つの区切りとなる。つまり、ある年を考えた場合、今年度の予算を執行しながら、前年度の決算を行い、さらに翌年度の予算を作成することになる。

決算の具体的な流れを確認すると、予算の執行終了後、各府省の長は歳入、歳出の結果を決算報告書としてまとめ、7月末までに財務大臣に送付する。財務大臣は提出された決算報告書に基づいて決算を作成し、作成された決算は閣議決定がなされた後に、11月末までに会計検査院に送付される。

会計検査院は行政機関ではあるが、憲法上内閣から独立した組織である（憲法90条）。会計検査院による会計検査は、正確性、合規制、経済性、効率性及び有効性の観点から行われる（会計検査院法20条第3項）。

4) 予算をめぐる問題

以上のように、作成された予算は国会での報告・承認という決算過程を通じて適正に執行されたのかが検査される。しかし、予算とは異なり決算は国会の議決が義務付けられてはいない。また議員の関心も予算に向けられているため、決算はほとんど重視されない。例えば、2017年4月には、2012年から2015年までの4年分の決算が、衆議院で議決されていなかった。

国家財政が緊迫している中で、予算がどのように使われたのか、効率的に配分がなされているのか、執行した予算に対してどの程度政策的な効果があったのか、という点は重要な問題であり、決算過程で検証を行う必要がある。そのためには会計検査院の検査だけではなく、国会がしっかりと議論を行わなければならず、決算のあり方は検討されなければならないだろう。

（上岡　敦）

参考文献

①岩井奉信『立法過程』東京大学出版会、1988 年
②大山礼子『日本の国会』岩波書店、2011 年
③加藤秀治郎・水戸克典編『議会政治』〔第 2 版〕一藝社、2009 年
④小西砂千夫『財政学』日本評論社、2017 年
⑤中島誠『立法学』〔第 3 版〕法律文化社、2014 年
⑥西尾隆編『現代の行政と公共政策』放送大学教育振興会、2016 年
⑦原田久『行政学』法律文化社、2016 年
⑧真渕勝『行政学』有斐閣、2009 年
⑨村上弘・佐藤満編『よくわかる行政学』〔第 2 版〕ミネルヴァ書房、2016 年

第Ⅲ部
混迷する世界と日本

13章　グローバリゼーションのなかの中国

> **本章のねらい**
> ・中国における権力移行の特徴について考える
> ・中国における反腐敗闘争の本質について考える
> ・中国における民主化の可能性について考える

1．はじめに

　毛沢東時代の中国は全体主義といわれるが、鄧小平時代の中国はポスト全体主義と考えられる。毛沢東の全体主義政治の特徴として、指導者のカリスマ性、社会の動員力、社会と国家の一体化やイデオロギー指向の強さ、などが取り上げられる。それに対して、鄧小平時代のポスト全体主義では、権力の中枢に二つ以上の声がある。それは、指導者のカリスマ性の後退と、経済政策の資本主義化、すなわち経済の自由化によって社会の多元化への傾斜である。しかし、経済の自由化はあくまでも従来の権力を維持していく方策であるため、それは政治の自由化、すなわち政治の民主化のための準備段階ではないと考えられる。したがって、経済の自由化を推進させても、政治の民主化は前進せず、締め付けを強める一方である。とりわけ、鄧小平時代の経済改革や対外開放政策の実施は、1980年代に始まった第三次グローバリゼーションの時期とほぼ一致した。このグローバリゼーションの流れは全世界に大きな影響を与えるなかで、中国の経済発展も多くの恩恵を受けている。言い換えれば、経済のグローバリゼーションは、中国の経済発展を促進させることとなった。また、マネー・ヒト・モノの移動が活発化し、世界の経済秩序は新局面に直面している。経済面

において、中国は、世界との関係はかつての隔離から相互補完の関係になり、国際社会のさまざまな基準に合わせるようになった。

しかし、中国政府は、第三次グローバリゼーションの到来を想定して改革開放政策を実施したと考えにくい。というのは、毛沢東時代の経済政策は中国社会に与えた破壊が深刻であり、1976年時点では中国経済が崩壊の寸前という状況に直面し、長期にわたり国民の生活レベルが極貧の状態を強いられていたため、中共の支配の合法性が問われるようになったからである。そこで、経済を発展させて中国の社会主義を延命するため、改革開放政策を実施せざるをえなかった。つまり、改革開放政策の実施はある種の受動的な行為であり、第三次グローバリゼーションとの関わりは、単なる偶然の出会いにすぎなかったと考えられる。したがって、グローバリゼーションという言葉は、1980年代前後の中国ではあまり馴染まなかった。1984年12月に中国でアルビン・トフラーの世界の未来を予見する著書『第三の波』が出版されたことで、中国社会に大きな衝撃を与えた。なぜかというと、『第三の波』は、中国人に中国の立ち遅れた現状を認識させたからである。一時、『第三の波』は流行語となった。また、ゴルバチョフがすすめたペレストロイカ政策も中国社会に影響を与えた。中国の知識人は、中国の現状を再考し、政治体制改革の必要性を再確認したのである。こうした背景によって、1987年後半から1988年前半にかけて、上海の週刊紙『世界経済導報』によって、「地球籍」問題が提起され、大きな反響を呼んだ。多くの知識人が参加し、活発な議論を交わした。議論のなかには、中国の改革の行方について、世界の政治的潮流に見合った改革を行うべきであると強く要求する学者も少なくなかった。政治改革を先行させる旧ソ連より先に経済体制改革を実施した中国では、政治改革において、旧ソ連に追い越される危機感が知識人の間に広がった。ポスト社会主義の転換期を迎える1980年代後半、政治改革に熱意をもった中国の知識人は世界の潮流に取り残されないように努力しなければならないという責任を感じていた。そのために現状のままでは、中国の「地球籍」が維持できないと政治学者である厳家其[*1]は警告を発し、政治体制改革を求めた。「地球籍」の論争はグローバリゼーションに対する最初の認識であ

ると考えられる^(*2)。したがって、1980年代の中国社会では、グローバリゼーションに対する認識は主として政治体制改革に関心を寄せたものといえる。このような認識はあくまでも知識人の間で生まれたことである。

　1989年の天安門事件以降、保守派の台頭により改革開放を後退させた。1992年、江沢民が改革への怠慢に苛立った鄧小平は、改革の最前線である深圳経済特区を視察し、改革しない人間をそのポストから引き下ろすべきと警告を発した。それは鄧小平の「南方講話」である。

　その「南方講話」は中国の市場経済をさらに促す動力となった。その後、外国からの投資が急速に増え、97年までの約5年間、外国資本が洪水のように中国に流れ込んだ。いわば、中国は全力資本主義へと疾走し始めたと考えられる。1990年代前後に、中国政府はグローバリゼーションという時代の流れを認識しながらも、いわゆる「和平演変」^(*3)に過剰な拒絶反応を示した。中国経済を発展させるためには、国際社会からの協力及び投資が不可欠である。にもかかわらず、「和平演変」を批判し、欧米文化の影響、特に欧米の政治体制の影響に強く抵抗した。

　一方、1990年代以降、グローバリゼーションという言葉が頻繁に使われるようになり、それに対しての議論も活発になった。いま、中国の学者はグローバリゼーションを「諸刃の剣」とたとえて解釈している^(*4)。

　グローバリゼーションにおける主な観点を以下のようにまとめてみる。

　　1. グローバリゼーションは単一化と多様化の統一である。
　　2. グローバリゼーションは整合と分裂の統一である。
　　3. グローバリゼーションは集中化と分散化の統一である。

(*1) 厳家其は元中国社会科学院政治学研究所所長で、1988年から趙紫陽の政治体制改革研究グループの主要なメンバーであった。1989年6月4日の天安門事件後にフランスに亡命し、のち、アメリカに移住。
(*2) 1980年代、中国における近代化についての論争は主に近代化が世界発展の潮流説の影響を受けて、当時の知識人は中国の立ち遅れたことや「地球籍」の喪失に憂いを抱いて、四つの近代化（工業、農業、国防、科学技術の四つの分野の近代化）か、五つの近代化（四つの近代化のほか政治の近代化）かに関する論争を引き起こした。参考文献①を参照。
(*3) 「和平演変」とは、アメリカ前国務長官ジョン・フォスター・ダレスが提唱した対ソ連など共産主義国家の政策である。宣伝、交流、援助を通じて、ソ連などの共産主義国家の民主化を引き起こし、政治制度を変えさせることである。
(*4) 参考文献② P.109を参照。

4. グローバリゼーションは国際化と保護主義の並存である。
　5. グローバリゼーションはチャンスと挑戦の並存である。
　6. グローバリゼーションは競争と協力の並存である。
　7. グローバリゼーションは共同発展と分配不均衡の並存である。
　8. グローバリゼーションは平和と衝突の並存である。
　9. グローバリゼーションは相互信頼と自立の並存である。
　10. グローバリゼーションは光と影の並存である。
　そのほかには、グローバリゼーションを政治の民主化であると指摘する人もいる[5]が、現在の中国では、グローバリゼーションを主に経済の面で捉えている人が少なからず、上述したようにいわゆる弁証法を用いて、グローバリゼーションを解釈しているように見えるが、実際のところは、グローバリゼーションに対して、受容と拒絶の態度が並存しているとも見受けられる。

2．グローバリゼーションのなかの中国政治

　中国の改革開放政策は毛沢東の経済政策を否定するものと考えられる。しかし、毛沢東の政治を否定しようとはしていない。毛沢東の政治は中国共産党の支配における合法性と関連するものであり、鄧小平など指導者とも深いかかわりのであった。要するに、鄧小平も毛沢東の政治の一部分であるため、毛沢東の政治を否定することは、自分自身も否定することになる可能性があるからである。また、鄧小平自身は政治的には毛沢東主義者であるため、「四つの基本的原則」を強調して、政治的な変化を拒んできた。しかし、経済の自由化には、政治の自由化を求める声を含むさまざまな声があり、民衆の権利への意識が強まりつつ、中国社会の多元化をもたらしたことも事実である。それは、改革開放政策によってもたらされた、

(*5) 中国社会科学院研究員劉軍寧などいわゆる自由主義的知識人がそういう観点を持っている。劉は論文「全球化と民主化」で、永久な民主主義があってから、はじめて永久な平和を実現することができる。国内の民主化を実現できなければ、世界の平和も実現できないだろうと主張する。もし、自由や民主主義という普遍性を堅持しなければ、グローバリゼーションと言えないだろうと指摘している。http://www.boxun.com/hero/liujn/52_1.shtml を参照。

予期しない効果の一つであるといえる。また、最高権力を獲得するため、鄧小平は毛沢東の政治への反省を装って、民衆の支持を獲得することに成功した。また、鄧小平は毛沢東の権力集中や終身制を批判し、否定することには、当時の最高指導者である華国鋒がもった権力を分散させる狙いがあった。また、鄧小平が表面的に引退することは1989年6月4日天安門事件の後に、鄧小平が一党員の身分で担当した中共中央軍事委員会主席を退けて、江沢民総書記に譲った。ここまでに権力闘争によって引退制度が確立され、政治権力の終身制が廃止された。それは中国政治の進歩と断言することができる。こうした引退制度は、従来の中国政治制度に影響を与え、全体主義の毛沢東時代からポスト全体主義の鄧小平時代に転換する表れであると考えられる。

とはいえ、その後も鄧小平が江沢民に影響を与え、指導し続け、いわゆる「院政」を敷いた。江沢民も胡錦涛に対して「院政」を敷いた。このような「院政」は、すべての権力を習近平に譲った胡錦涛の完全引退によって終結させた。したがって、鄧小平の引退は建前に終身制を廃止させたが、しばらく「院政」政治をおこなったことも事実である。それに対して、胡錦涛の完全引退が中共の歴史上においては、一つの大きな進歩であると評価することができる。

ところが、2018年3月11日、第13期全人代で、憲法修正を通じて国家主席の任期制限を撤廃し、長期政権を可能にした。さらに、すでに党の職から引退した王岐山が国家副主席に就任し、再び政治の表舞台に登場したことで、いままでの慣例を破ったといえるだろう。今後、中国政治に大きな影響を与えると考えられる。

権力の移行においては、毛沢東も鄧小平も指名によって行われていた。毛沢東の指名とは、毛沢東個人の好悪、または政治的目的によるものであった。こうした状況のもとでは、往々にして血で血を洗う権力闘争となるケースが殆どであった。それに対し、鄧小平時代の権力移行は毛沢東時代よりも平和的に行われたものであると考えられる。政治的理念の違いなど原因で、鄧小平は胡耀邦や趙紫陽を失脚させたが、総じて平和的であった。また、鄧小平の指名による政治権力の移行はある種の「談合」の下で

実現したものといえる。つまり、最高指導部には二つの権力の中心が存在していたことを意味する。それは、カリスマ性の後退、ポスト全体主義時代に入ったと言っても過言ではない。鄧小平時代以降で見ると、江沢民、胡錦濤、習近平の諸政権はその類である。したがって、「談合」の下で、指名による権力移行を実行することがポスト全体主義中国の特徴の一つであるといえる。

3. 習近平の政治とイデオロギーの統制

　習近平が最高指導者として登場したことにはさまざまな理由があるといわれている。そのなかでは、人気投票で抜擢されたという説があり、また、江沢民と胡錦濤の確執によって、妥協した結果だとも言われている。しかし、どちらも確認することはできない。それにしても、民主主義的な手続きを通じた権力が移行することではないことだけは確かである。しかし、習近平の前任者である胡錦濤が、鄧小平や江沢民と違って、任期満了に伴い、最重要なポストである中央軍事委員会主席を含むすべての権力を後任に渡すことである。したがって、胡錦濤は中国共産党における政治権力移行に新しい慣行を作ろうとしているとも考えられる。胡錦涛のこの決意は鄧小平の終身制改革よりも一歩進んだと言っても過言ではない。要するに、胡錦涛が示した政治的姿勢は中国政治の一つ重要な模範となっているといえる。但し、その模範的な姿勢は制度としていかに継承されるかは一つの課題となっている。

　胡錦涛の後に最高指導者となった習近平は、中華民族の偉大な復興という「中国の夢」を掲げているが、その中身に関しては、はっきりとしたものとは言えない。「中国の夢」に関して、週刊誌「南方週末」は2014年元旦の社説で、憲政を訴えようとしたが、その内容は検閲機関によって改ざんされた。この問題に対して、一部の市民が当局に抗議を行い、「南方週末」を応援したが、結果的には「南方週末」の編集長と広東省宣伝部長を同時に更迭させた。ここで、習近平の政治手腕とみられたのが、事態を収拾するためには、左右を問わないことである。

ところで、2008年から、改革開放政策に関して、左右からの評価が分かれている。「左」(保守派)は毛沢東を称え、改革開放を攻撃する。それを代表する人物は、重慶市党委員会書記・薄熙来である。彼は一部御用知識人を利用して自分が重慶で行った「打黒唱紅」^(*6)(革命の歌を歌い、マフィアを撲滅すること)を中国の社会主義の形として理論化しようとした。それに対して、「右」(自由主義派)は、改革開放の過ちを指摘しながら、毛沢東の政治を糾弾し、政治の民主化を求める。薄熙来は毛沢東時代の30年を持ち出し、改革開放の30年を否定しようとした。

　左右の論争に関して、前の30年と後の30年は互いに否定すべきではないと習近平が断じた。しかし、毛沢東の30年とは、全体主義の30年のことであり、そこでは社会主義計画経済が実施されたが、改革開放の30年とは、ポスト全体主義の30年であり、そこでは資本主義に近い経済政策が実施された。経済面においても、2つの30年の性格は異なるものであると考えられる。それに対して、習近平はこの2つの30年を調和するように組み合わせようと試みた。

　他方、大学の授業では、普遍的価値、報道の自由、市民社会、市民の権利、党の歴史の誤り、特権貴族的資産階級、司法の独立などの内容を取り上げてはいけないことになっている。すなわち、いわゆる「七不講」のことである。それを口頭で各大学に通達したといわれている。その「七不講」の内容は、中国社会が直面している諸問題ばかりであるため、習近平政権にとっては神経を尖らせる問題であり、どうしても避けたいテーマである。そこで、強硬な態度をとり、大学教育にまで露骨な干渉などを行い、言論の自由を封じ込めようとすることによって、政権における支配の基盤がむしろ弱まる可能性さえ十分考えられる。こうしたイデオロギー統制をおこなっても、完全に毛沢東政治に復帰することはできないものの、毛沢東の政治はいまだに健在していると考えられる。この「七不講」はか

(*6) いわゆるマフィアを撲滅することは、実際には、政治的な報復である。つまり、薄熙来が2009年に重慶に赴任した際に、タクシー会社によるストライキが起き、それに対応する薄熙来は後にこのタクシー会社をマフィア組織として「法」的手続きを通じると装って、多くの冤罪を作り出した。

つて鄧小平が提唱した「四つの基本的原則」^(*7)に似たようなものとみられる。したがって、習近平も鄧小平と同様に毛沢東の影から抜け出せないことを表していると考えられよう。

　そのことを示す例として、2013年12月26日には、習近平をはじめとする中国共産党最高指導部である政治局常務委員会メンバー全員が毛沢東記念堂を参拝したことが指摘できよう。それは、極めて異例なことである。鄧小平時代から胡錦濤時代までの政治局常務委員たちは、そのような行動を起こさなかった。なぜ、習近平時代になって、そのような行動をとるか。それも上述したように習近平は左右を問わず、すべての資源を利用して中国社会の既存の問題に対応しようとする性格をもっていることと無関係ではないからである。つまり、習近平は実用主義者であり、そこでは目標はただ一つ、現存の政治体制を維持していくことである。2014年6月18日、国家新聞出版ラジオ映画テレビ総局は全国報道機関に対し、当局への批判報道は本社の許可が必要だと通達した。また、記者や支局が開設するホームページも禁止する。7月8日、同機関から報道機関各社に対し、「国家機密」などの情報に触れた記者や編集者、ニュースキャスターらに対する管理を強化するような規則を出した。これは、2013年からネット上の言論統制の一環として見ることができる。その年の夏ごろから、中国当局はネット上でさまざまな意見を書き込んだ「微博」（weibo）などを検閲し、デマを流すという罪で代表的な人物を摘発してきた。人々が書き込んだ内容がデマであるかどうかに関しては、当局による説明は一切ない。このようにして民間人の言論空間（微博）から報道機関の言論空間（新聞）まで、さまざまな統制が行われてきた。

(*7)「四つの基本的原則」とは、社会主義の堅持、共産党指導の堅持、プロレタリアート独裁の堅持、マルクス・レーニン主義の堅持といったものである。それは、1979年に中国の体制外の勢力を弾圧する根拠となったものでもある。

4．反腐敗と権力闘争

　鄧小平以後の政権においては、権力闘争も熾烈である。その権力闘争の結果、敗北者は往々にして腐敗した人間とみなされ、法的手続きを通じて糾弾される。権力闘争の本質を隠すため、反腐敗と称するレッテルを張るやり方はいつものパターンである。

　江沢民政権における北京市党委員会書記・陳希同、胡錦濤政権の上海市党委員会書記・陳良宇、そして習近平政権になってからの重慶市党委員会書記・薄熙来などが、各政権における腐敗の代表的人物として糾弾された。当然、それらの人物は全く政治的迫害を受けたわけではなく、むしろ、確実に腐敗した人物であることを明確に断言できる。

　習近平体制に挑戦しようとする元政治局委員・重慶市党書記　薄熙来と手を組んだ元中共中央軍事委員会副主席　徐才厚、郭伯雄、元政治局委員・統一戦線部長　令計劃や元中共政治局常務委員　周永康および彼らの部下たちも汚職問題として刑事告発され、裁判にかけられた。第19期党大会の前にして、政治的ホープとして最も注目されていた前政治局委員・重慶市党書記　孫政才もいわゆる腐敗という理由で失脚させられた。

　腐敗分子として摘発された周永康は江沢民指導部の中枢的メンバーのひとりであり、司法関係の最高責任者でもあるため、習近平のこの「反腐敗」の動きに国民が支持したと考えられる。しかし、この「反腐敗」闘争の本質は権力闘争と考えられる。

　一時期、周永康などの問題は贈収賄や国家秘密の漏洩などとされたが、2017年第19期党大会で、彼らが「野心家、陰謀家」と批判された。それによって、習近平の「反腐敗」闘争は権力闘争にすぎないと明らかである。当然、権力へのチェック機能を持たない状況の中で、腐敗した者として摘発された周永康たちはかつて強大な権力をもったため、権力の乱用や腐敗などと無縁ではないといえる。しかし、習近平がおこなっている一連の「反腐敗」の動きには、権力闘争の要因があると断言できる。

　ポスト鄧小平時代において、反腐敗闘争が権力闘争の代名詞になったことは、改革開放後における権力闘争の特徴の一つである。また、カリスマ

性の欠如という点も、この時代の権力闘争を巧妙化させつつあることを示している。

「カリスマ性をもつ毛沢東や鄧小平は後継者を指名できるが、ポスト鄧小平の世代にはそれなりのカリスマ性を持っていないため、鄧小平以降の権力移行過程では、必ず権力闘争が起きている。江沢民時代にも胡錦濤時代にも習近平時代にも、例外なく権力闘争が起きた。それは、カリスマ性のある政治家が不在のままで、「談合」を通じて後継者を指名することができなくなっていることを意味する。こうした背景に、権力の移行を秩序だって行うことができないものと考えられる。……いざ、内部から権力を獲得すべく、その暗黙のルールを破ろうとする挑戦者が出現すると、必ず、非平和的な争いを引き起こすにいたる」[*8]。

5. 不変の「党国」体制

40年にわたる改革開放政策は、中国経済の急速な近代化をもたらしたが、政治体制の変化は緩慢である。BRICs の中でも G20 の中でも、中国は唯一の非民主主義体制を持つ国家である。経済のグローバル化と政治の民主化とが同時に進行している今日において、中国の政治体制は世界の潮流とは相いれない「党国」体制を堅持している。党が国家を指導し、支配することは、かつて、ロシア革命後の 1918 年にレーニンやスターリンなどによって、創造された体制である。いわゆる「共産主義革命」時の中共は国民党の「一つの主義、一人の領袖」に反対し、「軍隊の国家化」を要求してきたが、中華人民共和国が樹立されてから、「一つの主義」にかわって、マルクス・レーニン主義・毛沢東思想を国家の指導的思想と位置づけ、実質的に毛沢東の思想が唯一の合法的思想として確立された。「一人の領袖」の蔣介石にかわって、毛沢東が「革命家」として神格化された。そして、「軍隊の国家化」の要求から軍隊を党のみに帰属する組織にした。西洋思想に反対しながらも、名ばかりにしても、マルクスやレーニ

(*8) 参考文献③ pp.602～603 日吉秀松「改革開放後の権力闘争についての考察」を参照。

ンといった西洋人の思想を国家への指導的思想として受け入れたことによって、この政党の実用主義的な性格も見てとることができよう。つまり、政権を維持するためなら、どんな思想でも受け入れる傾向がある。

　2014年4月1日、習近平が訪問先であるベルギーのブリュージュにある欧州大学院大学で行った演説の中で、中国は過去において、「立憲君主制、帝政、議会制、多党制、総統制などの実験が行われたが、結果的に不調に終わった。最終的に、中国は社会主義を選択した」[*9]と述べ、制度的実験がすべて失敗に終わったことを強調している。習近平のこの話は、決して彼が初めてではなく、毛沢東も鄧小平も同様な内容をすでに強調していた。要するに、いまの一党体制は最も中国に相応しいものといわんばかりである。それ以後も習近平政権はその一党体制の維持に力を入れ、軍隊への党の役割を強調し、毛沢東以後の諸政権よりも厳しいイデオロギーの統制をおこなっている。したがって、現時点では、習近平体制のもとでは、中国に複数政党制を基盤とした政治の民主化が実現することは極めて困難であると考えられる。

　しかし、民衆の権利意識が高まりつつある今日において、中共は直面しているのが支配の合法性問題である。その合法性を維持するためには、中共にとっては二つの道しかないのである。その二つの道は、政治の民主化と経済発展の持続という道であると考えられる。しかし、持続的経済発展を永久に維持することは非常に困難であり、経済の停滞は必ずやってくる。それは、どんな国でも避けることができない自然現象であるため、持続的経済発展は非現実的なことであるといえる。市場経済の確立および発展を遂げた中国社会には、一定の多元的利益や多元的価値が存在する。それらの多元的利益の調整は、一党独裁体制によって行われることが不可能であると断言できる。そこで、多元的利益や価値に対応できる民主主義体制に移行する必要があるだろう。したがって、政治の民主化こそが最も現実的な道であると考えられる。

(*9)「新華ネット」http://news.xinhuanet.com/world/2014-04/01/c_1110054309_2.htm

6 中国憲法の特色と権威の確立手段

　2017年10月の党大会で、「習近平新時代の中国の特色ある社会主義思想（以下は、「習近平思想」と略称）が党規約に盛り込まれ、さらに、2018年3月に開かれた全人代で憲法を修正し、それを憲法に明記した。本来、憲法の役割は権力を制限し、国民の権利を保障するものであるが、中国憲法は、各最高指導者の思想を憲法に明記されることによって、その指導者の権威が法的に守られるようになる。つまり、中国の憲法とは、最高指導者個人の政治的権威の保護傘となっている。それは、中国憲法の特色の一つであるといえる。中国憲法には、マルクス・レーニン主義、毛沢東思想の外に、「鄧小平理論、三つの代表の重要思想（江沢民の思想）、科学発展観（胡錦濤の思想）」が明記されてある。「反腐敗」キャンペーンを通じて、政敵を摘発したことで習近平の権力基盤が固められてきた。今度は、「習近平思想」を登場させ、中国社会の指導的思想となり、習近平の「政治権威」を確立させようとしている。

　毛沢東時代から習近平時代に至り、それぞれの「政治権威」を確立する方法には共通点がある。延安時代の毛沢東は、「毛沢東思想」を確立させるために、延安整風運動を発動して党内の政敵を一掃した。また、中華人民共和国が樹立される直後の1950年に、毛沢東は「反革命分子」を鎮圧するキャンペーンを発動し、数百万人の旧政権の関係者または敵と見なされる者などを処刑した。それによって、「死」という恐怖感を与え、政権安定を維持させた一方、「政治権威」をも確立させた。

　鄧小平も権力を掌握した後にいわゆる「犯罪活動」を撲滅するキャンペーンを実施し、多くの冤罪を作り、大勢の人を重大な犯罪者として処刑した。毛沢東と同様に「死」という威嚇を通じて、華国鋒から奪い取った権力に権威をつけさせたことになる。

　2018年1月24日、「掃黒除悪（黒社会の一掃と悪の排除）闘争に関する通知」を関係機関に出したと新華社が伝えた。習近平体制の下では、この「掃黒除悪」というキャンペーンを実施することも毛沢東、鄧小平と同様に権威を確立するためであると考えられる。また、「掃黒除悪」という

キャンペーンは「反腐敗」闘争とリンクして新たな大規模な粛清の嵐が吹くことになるだろうと予測できる。

さらに、「習近平思想」に「新時代」の思想と位置づけをし、いままでの毛沢東思想、鄧小平理論、江沢民の三つの代表の思想、胡錦涛の科学発展観と異なるものであると言わんばかりである。また、この「新時代」とは、習近平時代の到来を意味することである。40年間にわたり行われてきた改革開放政策の成果はすべて「新時代」に帰属するかのように宣伝していることで、個人崇拝のような動きも出始め、習近平を神格化することも避けられないだろうと考えられる

7．終わりに

改革開放政策を実施してから40年、中国社会は毛沢東政治から脱皮しつつ、大きな変化を遂げた。その変化は以下の通りに表れている。
1）改革開放以来、大学生の人数は大幅に増えていること。
2）海外に留学して帰国する人数は増えていること。
3）外国との交流の機会は大幅に増え、外国文化との接触チャンスも増えていること。
4）多くの外資企業の中国進出によって企業文化の変化をもたらすこと。
5）経済発展によって、民衆の権利意識も高まりつつあること。

それらの変化は、毛沢東時代には見られなかった光景であり、中国社会が多元化になりつつあると否定できない。それらの変化のなかに、権利意識の高まりは、市民社会の形成に大きな影響を与えるものと考えられる。さらに、インターネットの発達によって、言論統制を打破することもできる。数億のインターネット人口を擁する中国社会を統制することは簡単ではない。もちろん、完全な統制や制御などできないからといって、当局が統制や制御を中止することもないだろう。そこに、当局が設けている高い敷居を皆の努力で踏み続ければ、敷居の高さも徐々に低くなっていくだろう。こうした場合には時の英雄が求められることになる。つまり、中国の

民主化を実現するための皆の努力が必要があるものの、ゴルバチョフのような真の改革家の誕生に期待するしかない。

(日吉秀松)

参考文献

①徐貫『中國語境中的全球化，現代性和民族國家』(中国にとってのグローバリゼーション、近代性と民族国家) http://blog.udn.com/ http://blog.udn.com/ ChenBoDa/7545
②宋国誠編『21世紀中国—全球化與中国之発展』国立政治大学国際関係研究中心出版、2002年
③日吉秀松「改革開放後の権力闘争について考察」『政経研究』第50巻3号、2014年

14章　日本政治の諸問題

> **本章のねらい**
> ・わが国の政治は全体的には良好と評価するものの、まだまだ改善すべき余地は多い。より良い政治を目指すための問題点は何かを考える。
> ・全般的に問題点を把握するために、政治のあり方、歴史、文化、制度、過程に視点を設定した

　今、世界が激動しつつある。とりわけ政治や経済に顕著で、「ポピュリズム」や独裁体制の台頭、「格差」やナショナリズムに起因する各種紛争の拡大に有効に対処できない現状を眼前にして、民主主義・資本主義を初めとする既存の理念や価値観への批判が声高に叫ばれている。先行きに大きな不安を抱えた現況に当然わが国も無縁でありえない。このような時こそ政治の原点に立ち返って、現状における問題点を探り出し、今後の課題として検討することが求められる。
　そもそも政治とは、権力によって社会を形成、維持しようとする働きである。ここには「社会的動物」とされる人間が深く関わり、人間関係の総和としての共同体（社会）が作られ、維持される。しかもこれが権力（具体的には権力者）によって強制的・制裁的かつ人為的に行われるところにこそ政治の特質がある。さらに権力は人類の歴史的経験から、本質的に「悪」であり、必ず「腐敗」することを認識しておく必要がある。わが国においては伝統的に権力との距離が概して希薄であるから、政治を見てゆく際に特に肝に銘じておかなければならない。
　さて改めて日本の政治の問題点や課題を検討するに当たって、留意すべ

き点を考えておこう。長い政治の歴史の中で、近代以降、欧米において辿り着いた政治のあるべき姿は、個人が尊厳をもって人間らしく生きることができる社会の構築であったと言ってよい。そのために必要であったのが「自由」、「平等」、「民主主義」、「人権」、「福祉」、などの理念であり、それらを実現するための制度であった。加えて政治の実行に不可欠の権力をどう抑制的に行使するかが重要な課題であった。

特に今日のわが国の政治への必須の視点は、1945年8月第2次世界大戦での敗戦と復興、占領軍による「民主化」と「非軍事化」の指令、日本国憲法制定という歴史的事実である。これらは戦後70年以上が過ぎた現在においてなお、日本社会全体にとっての原点となっており、また種々の政治的議論や対立の要因ともなっている。そのような中でもゼロに近い状態であった民主主義の理念や制度を一定程度根づかせてきたことは評価に値する。ただ欧米の現状を見るにつけ、民主主義の成熟には長い年月と努力とが必要であることを痛感させられる。ましてや根づいたとは言え発育の緒に就いたばかりの日本にはいっそうの努力と経験が求められる。今や未熟な現状に甘んじている暇はない。以下、民主主義の未熟さを前提として日本の政治の問題点や課題を検討する。

1．理念・構想なき政治

日本政治の問題点として第1に指摘すべきは、政治に理念や構想が貧困であるということである。本来政治は社会を形成・維持する働きであるが、成り行き任せではあり得ない。より良い社会を目指すのであれば目標とすべき社会像（理念）と実現に向けた方策を併せ持つ確たる将来構想が必要である。まさに構想を練りその実現に向けて努力する任務を帯びているのが政治家である。もちろんこのような理想に合致した政治家は、古今東西稀であることを承知しつつも、最近の政治や政治家に理念の喪失、方策の稚拙化、構想の劣化を強く感じるのは深刻な問題である。そこでなぜそうなったのかを歴史的に検討してみよう。

理念が特に必要になるのは社会の激動期である。第2次世界大戦後のわ

が国においては、敗戦という事実に立った新たな国づくりが急務とされ「民主化」と「非軍事化」が政治理念となったが、これは占領国なかんずく米国に主導されてのものであった。そこで1952年に占領が終了し、独立を回復すると国のあり方が問われることとなった。当時の吉田茂首相や岸信介首相は対米協調を基調とする安全保障の構想を打ち出し、1952年に吉田が（旧）安保条約を，岸が1960年に（新）安保条約を締結した。両者の構想は安全を米国に依存しつつ経済の発展を目論む吉田と、対等な関係での安保条約を強く求める岸とでは本質的に相違していた。なお「安保騒動」ともいわれた混乱の中、国会での強行採決によって成立した日米安保条約はその後も憲法や日本の安全保障に関わる重要な争点として、激しい政治的対立を生んできている。吉田と岸の間でソ連との関係を重視する鳩山一郎首相は、1957年に日ソの国交回復を実現させた。国の安全のかたちが方向づけられたところで、続く池田勇人内閣は政治を棚上げにして経済成長に主力を注ぐ国づくりを理念として掲げ、経済成長を目標に所得倍増計画、全国総合開発計画等々の政策を実施した。次の佐藤栄作内閣も経済成長を基本としたが、公害が顕在化するところとなり、それへの対応に追われた。「待ちの政治家」ともいわれたように佐藤は、国内政治の面では何事にせよ慎重であったが、好機を待って巧みに利用することで長期政権を達成した。この間、対外的には第2次大戦後、米国の施政権下におかれていた沖縄の本土復帰を実現させた。次の田中角栄首相は日中間の戦争状態の終結・国交の正常化を図った。ただ日本列島改造論と称された彼の構想は「石油危機」と「金脈問題」によって退陣を余儀なくされたため日の目を見ずに終った。田中を継いだ中曾根康弘内閣は「田中曽根内閣」と揶揄され、日米貿易摩擦等の難題を抱えつつも国鉄の分割民営化を含む行政改革に取り組んだ。改革は必ずしも意図した通りには進まず、中曽根が当初掲げた「戦後政治の総決算」は徹底されずに終わった。

　中曽根までが自民党の第一世代に当たる首相たちで、ほとんどが派閥の領袖であった。彼らは政治的経験と実績を積み重ねながら、過酷な権力闘争を勝ち抜き最高権力者の地位に就いた。こうしたプロセスを経ることで、彼らの構想力と手腕に磨きがかかったと思われる。

しかし世代交代とともに状況は一変した。竹下登首相以後の第二世代 4 人の首相は、いずれも党内最大派閥田中派の意向で誕生した。世論の批判もあって、彼らによる 6 年間の内閣は弱く、不安定で、独自色を発揮できないまま短命に終わった。

1990 年に崩壊したバブル後の 10 年間は「失われた 10 年」と呼ばれたが、失われた状態は未だに解消されないままである。同じ頃政治にも大きな転機があった。1993 年 7 月の総選挙の結果、38 年間続いた自民党政権が終わり、大きな期待を担って細川内閣が誕生したことである。こうした事態に際して、政治に新たなるビジョンが求められた。そして確かにこの内閣は政治改革の実行による世直しを旗印に掲げた。しかし組閣が突然であったことから政権を担当するための周到な準備を欠き、加えて、首相に 8 党派の寄り合う連立政権を切り盛りする能力がなかったこともあって、ビジョンを実行に移す間もなく、わずか 8 ヵ月の短命に終わった（1994 年 4 月）。これを引き継いだ羽田内閣も社会党が連立政権から離脱したため、1994 年 6 月再び自民党の政権復帰を許すことになった。数で勝る自民党が社会党の村山富市を首相に担ぐことで実を取ったのである。権力闘争という意味での政治において自民党は非常にしたたかであったと言えよう。1950 年代後半から常に激しく対立してきた当の相手を前面に立てて政権を取り戻したのである。万年野党と言われながら、細川政権ではじめて政権を手にした社会党にとっても、権力は大いなる魅力であったのであろう。思い起こすと 1989 年の米ソ和解に続く 90 年代の世界的混迷の中で、その余波を受けてわが国の堅固な「55 年体制」もあえなく崩壊した。したがってわが国の政治には 55 年体制以後の新しい体制を構築すべきビジョンが絶対かつ早急に必要であった。しかしこの政権は自民・社会両党の利害の一致の産物でしかなく、日本社会の大きな舵取りは望むべくもなかった。村山内閣以降、自民党中心の連立内閣（橋本龍太郎、小渕恵三、森喜朗、小泉純一郎、安倍晋三、福田康夫、麻生太郎各首相）が組織されたが、小泉と橋本を除けば、いずれも 2 年未満の短期に止まった。

2009 年 9 月民主・社民・国民新党による連立政権の誕生は日本政治の新時代の始まりと大きな期待をもって受け入れられた。しかし 3 内閣（鳩山

由紀夫、菅直人、野田佳彦各首相）いずれも政権担当能力の欠如を露呈するところとなり、わずか3年3か月で自民・公明両党の連立政権に戻った。現在の自民党一強体制及び政治の停滞を招いた民主党の責任は重大である。

　中曽根内閣後すでに30年以上が経ち、この間17人の総理大臣が輩出されたが、一定の構想を持ち実行に奮闘したのは小泉純一郎だけというのは言い過ぎであろうか。もちろん首相になるからには何らかの構想は有するであろうが、多くは政治的力量不足から成果を得ずに終っている。

　さて、冷戦構造の崩壊、高度成長から低成長への変化、バブルの発生、格差の拡大に象徴的な資本主義の危機、中東や北東アジアにおける地域紛争の激化、民主主義を大きく揺さぶるポピュリズム、自国第一主義、難民問題等々、次々に生起する難題を前にして政治家が有効な解決策を提示できず、その場しのぎの対応に終始している現状は危機的ですらあることを強く認識しなければならない。

　なお政治と理念に関しては憲法問題に触れておかなくてはならない。憲法制定以後わが国の政治は常に憲法の理念（国民主権、基本的人権の尊重、平和主義）との関わりにおいて展開されてきたといっても過言でない。とりわけ憲法第9条、日米安保条約、自衛隊問題を含む平和主義については無理な解釈と司法の判断回避を重ねて今日に至っている。そのために政治の基本・根本をなす法律である憲法を巡って国論が二分されているのは正常とは言い難い。まずは第9条を初めとする諸理念などについて徹底的に議論がした上で、存続か改正かを決定することが必要である。

2．劣化する政治家

　問題点の第2は、政治家の能力・資質が最近とみに低下してきていることである。そのため政治家の口から理念や構想が語られることが少なくなった。いや、語れなくなったのかもしれない。理念や構想をもち、それを実現させるのは政治家に必須の条件とされるが、われわれ国民は従来からそのような政治家を育ててこなかった。それ以前にわが国においてはそのような政治家が育ちにくい事情もある。なぜそうなのかを考えてみよ

う。民主政治の下では権力は選挙によって争われる。したがって権力追求者である多くの政治家にとっての最大関心事は次の選挙に当選することである。また政治家特有の心理として、「猿は木から落ちても猿であるが、政治家は一度落ちればただの人」と言われるように、彼らは選挙で落選し、権力を失い、ただの人になるのが怖いのである。そこで選挙に当選するために自らの後援会組織を作り、その維持・強化に忙殺される。「金帰火来」との言葉があるように、週末はほとんど選挙区に帰り、後援会活動、地元の諸行事、結婚式や葬式への参列、選挙民・諸団体からの陳情受付などに多忙な時間を費やす。週明けに東京に戻れば、政務や党務や閥務に追われる。政治資金集めにパーティを開催したり、企業や団体回りもしなければならないといった具合で、国政の課題や将来像をじっくり考え検討する暇がないのが現状である。

　政治家をこのような政治家に止めている責任の一半は有権者にもある。多くの政治家が地元や後援会への利益のために奔走するのはそれを彼らが求めているからであり、選挙での得票に効果があるからである。選挙が真に政策で争われるようになるならば、また現在のように偏った、しかも低投票率の選挙ではなく、より広範な有権者が投票所に足を運ぶようになれば、候補者や政党は構想や政策づくりに磨きをかけることになるであろう。

　明治時代の初めからわが国には「欧米に追いつき追い越せ」という国家目標があった。しかしもはや欧米に追いついたとされる現在、「人口急減」、「国力の衰退」、「IT革命に伴う社会の変化」等への対応が新たな課題として浮上してきている。遠・近の将来を見据えた国づくりの構想が緊急に必要である。加えて周辺地域における紛争、国際テロから原発・鉄道・道路・ビル等の公共建造物事故、さらには地震・火山噴火・風水害・地球温暖化をはじめとする種々の自然災害、事故等々への危機管理も急務である。しかし政治の対応は場当たり的で、明確なビジョンは未だに見えてこない。より短期的には政界の再編成が重要な課題である。これに関しても政党が結集するための理念（対立軸）が創造されねばならないが、特に野党の怠慢から依然確たるものが打ち出されないままである。

3. 政治文化の観点からの問題点

　第3は、政治文化の観点からの問題点である。政治と文化は一見無関係のようだが、文化を「ある民族・地域・社会などでつくり出され、その社会の人々に共有・習得されながら受け継がれてきた固有の行動様式・生活様式の総体。」(『明鏡国語辞典』) と捉えれば、両者には深い関係があることがわかる。政治文化論は文化の中の政治的側面に注目し、そこにはどのような特徴と問題点があるかを解明しようとする。具体的には日本の政治文化を考察するために、対象とする文化の中から固有的特徴を有する事象を見つけ出し、それらをキーワードでくくって説明する方法がある。

　ルース・ベネディクトが日本の文化を「恥」の文化、欧米の文化を「罪」の文化としたのはその典型例である。他にも日本の文化は他の研究者たちによって、「自然村」(神島二郎)、「なるの論理」(篠原一)、「同調と競争」(石田雄)、「甘えの構造」(土居健郎)、「タテ社会」(中根千枝)、「権威主義的性格」(アドルノ) 等々さまざまなキーワードによって説明されている。これらから引き出せる政治文化的特徴は、権威主義的性格、集団主義・派閥、他者指向、状況依存的、楽観的態度、「場」の重視 (年功序列)、「タテマエとホンネ」、忖度。腹芸、寝技などである。

　日本人の国民性に色濃く見られるとされる権威主義的性格について、若干説明を加えておこう。権威主義的性格とは「権威をたたえそれに服従しようとする。しかし同時にみずからが権威となって他のものを服従させたいと願う」といった特徴を持つ性格を意味する。アドルノらはドイツ人を対象として研究を行い、貴重な成果を得た。そこからは日本人にも同様の性格傾向を見て取れ、日本の政治文化の説明にも有用である。知見のポイントは、権威主義的性格を根本で特徴づけるのは「力への欲求」に根ざすサディズムとマゾヒズム、人間を外面的基準によってのみ判断するステレオタイプ化した偏見、自主性・自律性を欠いて成長したパーソナリティによる歪められたエネルギーの発動であり、これらを背景として表出される①伝統的な因襲に対する無批判な同調、②権威に対する非合理的な服従、③弱者への攻撃性、④理想主義に対するシニシズムなどの態度である (『権

威主義的性格』1950年)。上述のように権威主義とは、世の中の権威と思われるものに対しては極めて服従的である反面、自分より劣った者、弱い者に対しては、自らが権威となってこれを服従させようとする性格を意味する言葉であるが、確かに日本社会では多くの物事が序列化され、序列の頂点にあるものを権威として極端に崇めるところがある。政治に例をとれば、日本人は常日頃から権力者や政府は自らの上に位置する権威(「お上」)であるから、これに従うのは当然だと考えている(「お上」意識)。権威主義を如実に示す「寄らば大樹の陰」、「泣く子と地頭には勝てぬ」、「長い物には巻かれろ」などの言葉は今でも無くなってはいない。単に政府に税金を払う行為を「納税」(役所に税をお納めする)、公務員の再就職を「天下り」(天すなわち役所から下々のところへ下りてゆく)などの表現は健在である限り、「言葉は意識を規定する」から、お上意識は日本の政治文化を特徴づけていると言えよう。お上意識から権力者と民衆の関係を見るとそこにあるのは断絶、乖離、敵対といった関係ではなく、総じて両者の間から看取できるのは親近感や一体感、安心感などである。日本人に広く存在する「政治はお上にお任せ」との意識はこれを明確に示している。政治に親近感や安心感をもてることは必ずしも悪いことではない。だがこれが伝統型政治的無関心者及び棄権者の増大、傍観者的民主主義の拡大の一因となっている点はしっかり認識されなければならない。「権力は腐敗する」とは歴史的経験から得られた政治の鉄則である。民主主義を全うするには絶えざる監視とチェックが、腐敗した権力に対しては積極果敢な異議申し立て行動が必要である。

　なおいくつかの点に言及しておくと、派閥は政界のみならず日本社会に広く見られるが、これは「恥の文化」で説明される。恥は他者(他人、世間、多数意見など)との関係を意識し、他者と異なる思考や行動をする際に感ずるものであり、日本人は極力恥をかくことを回避しようとする。全会一致、横並び、派閥、談合等々の集団主義的現象はそうしたことの表れである。状況依存的、楽観的態度については「なるの論理」に見て取れる。「なる」とは「なるがまま」、すなわち状況に逆らわずに身を任せることであり、また「どうにかなる」、すなわち先行きに対して楽観的であるこ

とをも意味する。日本人の思考・行動様式の中にこのような傾向があることは確かである。解決を迫られている危機や難問に政治家も国民も案外鈍感で楽観的なのはこのせいであろうか。

4．政治制度の観点からの問題点

　第4に、政治制度上の問題点を考えてみよう。現在多くの国が基本的な政治制度として採用しているのは、大別すれば議院内閣制か大統領制である（わが国は議院内閣制）。どちらも民主主義の制度であるが、双方に長所と短所があって優劣をつけ難い。従っていずれの制度を採るにせよ、制度上の短所を抑制して長所を発揮するような運用をすることが肝要である。

　この点からするとわが国の場合問題なしとしない。議院内閣制の利点は政権政党を媒介として立法部と行政部とを有機的に結合し、両府の協働によって強力かつ円滑な政治を推進しようとするところにある。その場合の必須の条件は媒介役の政党が適宜交代することである。わが国のように特定の政党が長期に扇の要の役割を担い続けるならば、立法部と行政部が癒着し、政治に緊張感が欠け、権力の濫用や政治腐敗のおそれが生じてくる。また政権交代がないことから、本来政治的に中立であるべき行政機構や官僚が、政権政党寄りになり、これに奉仕するという弊害を引き起こすおそれが出てくるからである。

　選挙制度に関しても重要な問題点を指摘できる。民主政治にとって選挙は民意を表す最重要の機会であることは言うまでもない。本来民意は多様なかたちで表明されることが望ましいが、わが国では民意を表明することへの意識も行動も希薄なため、選挙が唯一の機会となってしまっている。これでは民主主義を殺してしまう。

　さらに今日、選挙は普通選挙・平等選挙・直接選挙・秘密選挙の四つを原則として実施されている。年来の選挙権年齢を18歳へ引き下げる件が実現したことで普通選挙の原則はようやく先進国並みとなった。間接選挙や秘密選挙は実行されている。ただ平等選挙の原則に関し一票の価値の平等を巡る問題が早急に解決すべき課題として残されたままである。

これは選挙において有権者の投ずる貴重な一票に不平等があってはならないという考えに端を発する。確かに誰でもが一票を持つという点での平等（一人一票）は達成された。しかしながら、平等性をいっそう高めるには各人の一票が同じ価値を持つようになること（一票一価）が必要であるとの主張である。ここでの価値とは代表者を選ぶことができるという意味での価値であり、代表者（当選者）一人当たりを何人の有権者で選んでいるかという形で数値化される。さらに選挙区ごとにこれを計算し、算出された数値の大小で格差（不平等性）が判断される。その平等性に関しては選挙区間の格差を最大でも2倍以内に収めるというのが、常識となっており、米英独などの国々では制度的にこれを維持しようと努めている。翻ってわが国においては国会の対応、最高裁判所の判決、メディアの報道、国民の意識、いずれを取っても消極的と言わざるを得ない。ただ全体的な傾向は大きく変わったとは言えないものの、処々に改善の兆しは見える。民主政治を行う上での基本中の基本の問題だけに、今後とも事の重要性をしっかり認識し続けなければならない。

　国会議員等の代表者を選ぶ仕組みや方法は、時に国政を大きく左右する可能性があるため十分かつ慎重な検討が必要である。国政への影響が最も大きい衆院選議員選挙を例に事情を説明しよう。現行の衆院選議員選挙「小選挙区比例代表並立制」は1993年に成立したが、発端は1980年代末、長期に及んだ「55年体制」下で派閥の横行、政治とカネをめぐる不祥事の続出などから、政治腐敗批判が沸騰したことに遡る。こうした事態に政治改革が強く望まれたが徹底的な議論がされず、残念ながら腐敗の原因を選挙制度（中選挙区制）に矮小化して終った。

　中選挙区制は1選挙区から3～5人の当選者を出す制度であるので、自民党は複数人の候補者を立てる。これが選挙にカネがかかり、派閥を横行させ、政治腐敗の元凶となったのである。そこで選挙制度を変えるべきとの流れになった。次いで、どのような選挙制度を採用するのかについても党利党略から小選挙区制と比例代表制が主張され、結局は妥協の産物として現行の制度に決まった。

　さらに選挙活動の自由が制約されている点も問題である。わが国の選挙

は公職選挙法の下で実施されるが、禁止や制限が多いことから「べからず」選挙とも言われる。現状では有権者が候補者を知る機会が極めて少ない。戸別訪問の導入や立会い演説会の復活などはもっと議論されてしかるべきであろう。

次に地方自治制度について、ここにも大きな問題がある。第2次世界大戦後、民主化を推進するためには「民主主義の小学校」ともいわれる地方自治制度の実質化が不可欠であった。それは憲法にも1章を当てて規定され、自治の制度や組織が広範に整備され、役所に勤める人たちは「官吏」ではなく「公務員」と改称された。しかし歴史的に自治の経験に乏しいわが国においては、地方自治は所詮よそからの借り物に過ぎず、外見に反し中身が伴ってこなかった。未だに中央の省庁が強力な権限を持って地方（都道府県・市町村）を末端まで統制しているのが実態である。本来政府という点では国、都道府県、市町村は対等なはずだが、実際にはこれらはピラミッド型に序列化され、地方は上意下達の機関にとどまっている。また税財政面でも国に依存する仕組みとなっていて自主的に活動することが制約されている。そのため自らが望む地域を自発的につくり運営することが難しい。さらに問題なのは地方公務員だけでなく住民の多くもこれを是認していることである。自分たちが住む地域を自らの意思と手で運営することこそが地方自治の原点であるとするならば、わが国の現状は重い課題を背負っていると言わざるを得ない。問題の解決には自覚と時間と地道な努力が必要である。ただ住民と自治体が一体となって地域づくりを実践する試みが、全国的に少しずつ増えてきていることも事実で、今後に期待したい。

5．政治過程の観点からの問題点

第5は政治過程上の問題点であるが、これまで述べてきたことと重なる点も見受けられる。したがって、ここでは検討のポイントを、（1）政治が「正当性」をもって進行しているか、政治システムが正常に機能しているか、（2）国民（有権者）、政治家、官僚（機構）、議会、政党、圧力団

体、マスメディアなどの諸アクターが本来期待されている役割や機能を充分に果たしているか、に絞った。

（1）については政治が全体として理念・制度・法に沿って正しく行われているか、入・出力やフィードバックを含めて政治システムが円滑に作動しているかが考察の対象となる。

（2）に関しては、まず各アクターに期待される役割や機能は何か。国民（有権者）については、日常的な政治への関心と学習、前近代的な意識の払拭、有効性感覚の育成、選挙への主体的参加、等々であろう。政治家に求められるのは国民の代表であることを強く自覚し、公共利益の実現に努力する姿であり、M.ウェーバーの説く3条件（目測力、情熱、責任感）を備えた真の「政治家」(statesman)である。実態は残念ながら逆で、大多数が私的利益や次の選挙にのみ腐心する「政治屋」(politician)であると思われている。「政治業者」などと揶揄されることのない、本来の政治家であるのかどうか。金権選挙、組織ぐるみ選挙、一票の価値の不均衡、世襲議員などが取り沙汰される中で、選挙の代表機能や正当性調達機能は十分に果たされているか、議会は民意を踏まえ、最も重要な審議・立法機能を十分に果たしているか、あわせて行政府を監視し統制する機能はどうか。政党は国民の意思を広く正しく吸収し、それを政治運営に耐えうる政策にまとめあげ、実現に向けての努力を行っているか、そのための党組織が確立されているか、将来の有為な人材の募集・育成に怠りはないか、また与野党それぞれが各々の任務を全うしているか。圧力団体は特定の人たちによって組織され、票と金を武器に（時に不正な手段を用い）、もっぱら特定の対象（例えば自民党や官僚機構）と癒着し、自己利益の実現にのみ走っていないか。さらに官僚が予算や法律をはじめとする政策決定過程に強い影響力を行使する結果、官僚政治の弊害を招いていないかどうか。マスメディアは過度の営利や娯楽提供に陥ることなく、正常な世論形成機能を果たしているかどうか。以上の点についてはいずれも十分とは言えず、むしろ問題山積といった状態である。このような現状を正しく認識した上で、一つ一つ問題を解決して行くしかない。政治を良くするというのは途方もなく根気の要ることである。

以上わが国における政治の問題点を縷々指摘してきたが、わが国の政治が決して絶望的というわけではない。世界各国と比べれば国は比較的安定しているし、国民の政治や生活に対する満足度ももまずまずである。問題はこうした現状に安住していることである。安住は停滞と堕落を招くだけである。常により良い政治・社会を目指すべきであるし、わが国民にはそのため能力も十分に備わっている。先にも指摘したように、眼前に多くの難問を抱えたわが国の現状を厳しく正しく認識し、改革への意欲を奮い立たせることが今、最も求められている。

（秋山和宏）

参考文献

① R. ベネディクト／長谷川松治訳『菊と刀―日本文化の型』社会思想社、1972 年
② G. カーティス／山岡清二訳『日本型政治の本質―自民党支配の民主主義』TBS ブリタニカ、1987 年
③ K.V. ウォルフレン／篠原勝訳『日本／権力構造の謎　上・下』早川書房、1990 年
④ 村松岐夫・伊藤光利・辻中豊『日本の政治』〔第 2 版〕有斐閣、2001 年
⑤ 京極純一『日本人と政治』東京大学出版会、1986 年
⑥ 篠原一『日本の政治風土』岩波書店、1983 年
⑦ 山口定・神野直彦編『2025 年日本の構想』岩波書店、2000 年
⑧ 猪口孝『現代日本政治の基層』NTT 出版、2002 年

索 引

A～Z

Inter-Parliamentary Union 60
IPU 60
NGO 91, 143
NPO 91, 141
NPOの定義 141
politician 159
statesman 159

あ

アクター 85, 166
麻生太郎 157
アダム・スミス 24
Up or Out 型昇進管理 75
圧力団体 132
圧力団体の機能 133
圧力団体の定義 132
安倍一強 123
「安倍一強」体制 124
安倍晋三 157
天下り 76
アリーナ 166
アリーナ型議会 191
アンダーソン，B 21

い

イーストン，D 86
石破茂 157
威信 12, 13
一強多弱 123
一党制 120, 121
一党独裁 211
一党優位政党制 120, 121
一票一価 224
一票の較差 57

う

ヴィスコシティ（viscosity：粘着性） 192
ウェーバー 66, 160, 226
迂回献金問題 152
失われた 10 年 218

え

エトニ 18, 21
エンゲルス 29

お

大野伴睦 150
「お上」意識 76, 222
穏健な多党制 120, 122
オンブズマン制度 72

か

ガーフィールド大統領暗殺事件 67
改革開放政策 202
改革クラブ 126
会期 187
会期制 185
会期不継続 188
会計検査院 196
会計年度 193
概算要求基準（シーリング） 195
下院 36
閣議 186
学閥 75
革命権 23
閣僚人事 124
家産制 66
価値剥奪的強制 4
カリスマ的支配 13
環境NGO 144
関係モデル 6
監獄の社会化 9

監視カメラ 9
官尊民卑 76
菅直人 163
官民人材交流センター 80
官吏服務規律 73
官僚主義 70
官僚主導 162
官僚制 65
官僚制の逆機能 70
官僚内閣制 92

き

議院内閣制 35, 89, 183
議員立法 95
岸田文雄 157
議事日程 94, 188
記者クラブ 177
記者クラブ制度 91
規制緩和 78
寄付（献金） 152
希望の党 127
基本法 95
「キャリア」官僚 73
旧・無党派 111
共感 24
行政改革 78
行政監視機能 190
行政国家 65
行政国家化 31
行政指導 77
行政府 27, 31
強制力 4
行政ロビイング 136
極端な多党制 120, 122
許認可権 77
拒否権 37
金帰火来 150
近代産業社会 20

索 引 | 229

く

クオータ制 61, 154
グローバリゼーション 201
『君主論』 160

け

経済財政諮問会議 195
結果責任 160
ゲルナー. E 20
権威 12, 13
権威主義的性格 221
原子化政党制 120, 122
現代的無関心 107
原発事故被災者支援法 145
憲法問題 219
権力 87, 88
権力核 9, 10, 12
権力(国家)からの自由 31
権力装置 10, 11
権力の経済 4
権力の資源 5
権力の暴走 179
権力(国家)への自由 31
権力欲 158

こ

小泉純一郎 156, 162
小泉純一郎政権 79
公職選挙法 98
構造的権力モデル 8
拘束名簿式 54
候補者公募制 153
候補者男女均等法 61
公明新党 126
公約 162
国際環境NGO FoE Japan 144
国際協力NGO 143
国民 22, 26, 28
国民国家 19, 21, 22, 28, 33
国民国家(nation state) 17
国民主権 26
国民政治協会 140
国民代表 59
国民代表機能 190

国民(ネイション) 20
国民の声 126
個人後援会 90
個人の尊厳 24, 25
国会議員 149
国会機能論 192
国会無能論 191
国家権力 3
国家公務員採用総合職試験 73
国家公務員法 73
国家公務員倫理規定 80
国家公務員倫理法 80
国家(政府) 23

さ

最高平均法 55
最大剰余法 55
裁判所 90
佐藤栄作 155
参議院議員提出法案(参法) 182
参議院の緊急集会 150
三権分立 17, 27, 35
暫定予算 194

し

ジェファーソン 67
ジェンダー・クオータ制 61
資格任用制(merit system) 68
自殺対策基本法 142
支持政党なし 110
自然権 24
事前審査 186
自然法 24
実体モデル 6
実体モデルと関係モデル 5
支配の正当性 13
死票 52
司法府 27
資本家階級 30
資本主義 17, 24
市民運動 146
市民階級 17, 19, 22, 23, 25,

27, 28, 32
市民革命 19, 22
市民社会 19, 25, 27, 32
事務次官等会議 185
社会契約 19
社会契約説 24, 26
社会主義 22
ジャクソン 67
自由 22, 24
衆議院議員提出法案(衆法) 182
宗教改革 19
自由主義 17, 22, 24, 30
自由選挙の原則 51
自由党 126
重複立候補 57
自由放任主義 23, 29, 31
主権 26
準・無党派 110
純・無党派層 111
上院 36
消極的自由 31
小選挙区制 36, 52, 224
小選挙区比例代表並立制 56, 224
省庁再編 79
常任委員会 188
情報の提供機能 133
職業としての政治 160
知る権利 179
審議(争点明示)機能 190
人権 17, 22, 24
人権宣言 25
新進党 126
新生党 126
新党さきがけ 126
新党平和 126
新党友愛 126
シンボル操作 5
新・無党派 111
新有権者 100
心理的強制 4

せ

政権交代 162
政権政党 162

制限選挙制 26
政策 88
政策決定 181
政策決定過程 90
政策立案過程 139
政治意識 107
政治家 149, 159
政治改革関連 4 法案 152
政治過程 83, 85, 88
政治過程論 83, 84
政治家とカネ 151
「政治家の官僚化」 163
政治家のリクルートメント 152
政治献金 140
政治権力 3
政治権力の強大性 15
政治権力の経済性 15
政治権力の再生産性 16
政治権力の補完性 15
政治行動論 85
政治資金 151
政治資金規正法 152, 156
政治資金団体 152
政治資金パーティー 152
政治システム論 85, 86, 88
政治主導 161
政治的権威 15
政治的資質 158
政治の神話 12, 14, 15
政治の人間 158
政治的任用（political appointee）68
政治的不平等 26
政治的利益集団 131
政治風土 155
政治文化 221
政治分野における男女共同参画推進法 61, 154
政治屋 149, 159
政党 90
政党支部 152
政党助成法 140
政党制 120
正統性の付与 50
正統性付与機能 190

政党選択 103
政党の意義 113
政党の活動 115
政党の機能 116
　広報活動（政党の広報活動）116
　政策立案活動（政党の政策立案活動）116
　情宣活動（政党の情宣活動）116
　政治指導者の補充機能（政党の政治指導者の補充機能）117
　政治教育機能（政党の政治教育機能）117
　政治的社会化機能（政党の政治的社会化機能）117
政党の定義 114
政党の利益集約機能 117
政党の政府形成機能 117
政党の機能統合機能 117
政党の離合集散 125
惜敗率 57
石油カルテル事件判決 77
セクショナリズム 75
世襲議員（二世、三世議員）155
積極的自由 31
絶対王政 17, 19, 20, 22, 25, 26
絶対君主 18
絶対多数代表制 53
選挙区 52
選挙区制 52
選挙権年齢 97, 98
選挙制度 50
選挙の原則 50
全国的な反原発市民運動 147
戦争機械 33
全体主義 201

そ

操作力 4

想像の共同体 21
相対多数代表制 53
争点明確化機能 119

た

代議士 149
代議制 26
代議制民主主義 26
大衆 30
大衆社会 30, 31, 32
大衆操作 5
大衆民主主義 26, 32, 33
大臣責任 40
大選挙区制 52
大統領 35, 191
大統領内閣制 35
代表制 53
多数代表制 53
脱・記者クラブ宣言 178
脱政治的態度 106
縦割行政 70
弾劾訴追 37

ち

地域代表 59
地域代表性の補完機能 133
地方議員 149
地方自治制度 225
地方分権改革 79
中選挙区制 56, 224
直接選挙の原則 51

つ

通常国会 150

て

抵抗権 23
帝国大学令 73
定住外国人 61
デカルト 19
鉄の三角同盟 137
デモクラシーの安定化機能 133
テレポリティクス 170
天安門事件 203

伝統的支配 13
伝統的無関心 106
天皇の官吏 73

と

党議拘束 187
『統治過程論』 84
統治者意識 76
党内人事 124
統廃合 78
投票行動 101
トーリー党 113
特殊法人 76,79
特定非営利活動促進法 141
特別委員会 188
特別国会 150
独立行政法人 76
徒党 113
ドント式 55

な

内閣人事局 138
内閣制度 91
内閣提出法案 182
内閣法制局審査 185
内務省 73
ナショナリズム 21, 22
ナチス 33
縄張り根性 70

に

「二重の駒形」昇進モデル 74
二党制 120, 121
日本維新の会 127
日本歯科医師連盟の闇献金事件 152
日本新党 126
日本未来の党 127

ね

ネイション 18, 20, 21, 28

の

農業革命 29
「ノンキャリア」官僚 73

は

恥の文化 221, 222
橋本行革 79
橋本龍太郎 79
橋本龍太郎政権 162
鳩山由紀夫政権 80
派閥 153
派閥の効用 124
パワーエリート 7
反政治的態度 106
半大統領制 35
藩閥 75

ひ

非拘束名簿式 54
必要悪 (necessary evil) 24
一人一票 224
秘密選挙の原則 51
平等主義 30, 32
平等選挙の原則 50, 223
比例代表制 53, 224

ふ

ファシズム 22
普通選挙制度 30
普通選挙の原則 50
復活折衝 195
物理的強制 4
物理的強制力 11, 15
プラス・サム・ゲームモデル 8
プラス・サム・モデル 7
フランス革命 19, 20, 27
資本家階級 29
賃金労働者 29

へ

米軍基地建設反対の市民運動 146
ヘゲモニー政党制 120, 121
変換型議会 191
ペンドルトン法（アメリカ連邦公務員法）67
ベントレー.A 84

ほ

ホイッグ党 113
法規万能主義 76
法の支配 25
法の下の平等 26
細川護熙政権 152
ホッブス 19, 23
本会議 189

ま

マートン.R.K 70
マイノリティ選挙区 154
マイノリティの政治家 154
マキャヴェリ.N 160
マクロの予算編成 194
マスメディア 91, 165
マスメディアと政治権力 175
マスメディアの機能 166
マスメディアの世論形成能力 167
マニフェスト 162
マルクス 29

み

見えざる手 24
ミクロの予算編成 194
ミラー 166
ミル 28
「民意の残余」を代表する機能 119
民主主義 17, 23, 26, 30, 32, 49

む

無政治的態度 106
無党派現象 109
無党派層 109
村山富市 79

め

メディア支配　172
メディア戦略　171
メディアと政治権力　174
メディアの信頼度　169
メディアへの圧力　172

も

モラル・ハザード　78
モンテスキュー　27

や

薬害エイズ事件　163
夜警国家　31
夜警国家説　24
野党の機能　118

ゆ

有権者資格　97
有権者年齢　98
郵政民営化選挙　162

よ

予算　193
予算過程　193
予算の循環　193
予算編成過程　194
与党チェック・監督機能　118

ら

ラスウェル, H. D　158

り

利益集団　91, 131
利益団体　132
利己心　24
立憲主義　17, 25, 27
立憲主義 (constitutionalism)　25
立憲民主党　127
立法過程　181
立法機能　190
立法府　27, 31
両院協議会　190
猟官制（spoils system）67

稟議制　76, 183
臨時行政調査会　78
臨時国会　150

る

ルネサンス　19

れ

レク　76
列国議会同盟　60, 153
連帯責任　40

ろ

ロック　19, 23, 24, 27, 28

わ

ワイマール憲法　33
若者の政治離れ　99

編著者	秋山和宏	日本大学大学院法学研究科講師（6章、14章）
	照屋寛之	沖縄国際大学法学部教授（7章、8章、9章、11章）
執筆者	石川晃司	日本大学文理学部教授（2章）
	上岡　敦	政策研究大学院大学比較議会情報プロジェクトスタッフ、日本大学文理学部講師（4章、6章、8章、12章）
	椙沢栄一	埼玉女子短期大学学長、商学科教授（1章）
	田才徳彦	日本大学・埼玉女子短期大学講師（5章、10章）
	日吉秀松	日本大学スポーツ科学部准教授（3章、13章）

（50音順）

新編 現代政治過程

2018年9月19日　第1版第1刷発行
2020年5月12日　第1版第2刷発行
2022年4月15日　第1版第3刷発行

編著者　秋山和宏
　　　　照屋寛之
©2022 Kazuhiro Akiyama
Hiroyuki Teruya

発行者　髙橋　考
発　行　三和書籍

〒112-0013　東京都文京区音羽2-2-2
電話 03-5395-4630　FAX 03-5395-4632
sanwa@sanwa-co.com
http://www.sanwa-co.com/
印刷／製本　モリモト印刷株式会社

乱丁、落丁本はお取替えいたします。定価はカバーに表示しています。
本書の一部または全部を無断で複写、複製転載することを禁じます。

ISBN978-4-86251-317-5　C1031

三和書籍の好評図書

Sanwa co.,Ltd.

日本の国際認識
【地域研究250年　認識・論争・成果年表】

浦野起央　著
A5判／並製／480頁／定価8,000円+税

日本はどのように海外知識を摂取していったか、開国と対外関係のかかわりがどのように始まり、国際法がどのように受容されてきたか、そこにおける日本の認識と理解はどういうものであったか、また漢字文化圏にあった日本はどういう形で欧米文明を導入し理解し近代普遍的文明化世界の一員となったか、その時の国際情勢等、地域研究と国際関係を関連づけ時系列にまとめた。

――ビジュアル版　地図と年表で見る――
日本の領土問題

浦野起央　著
B5判／並製／110頁／定価1,400円+税

南シナ海、琉球諸島、沖縄トラフの領有までもうかがう中国との尖閣諸島問題。いっこうに実現しないロシアからの北方領土返還。さらに、韓国との竹島をめぐる領有問題。これらの問題をわかりやすく、地図と年表・図を用いてビジュアルに解説。

南シナ海の領土問題
【分析・資料・文献】

浦野起央　著
A5判／上製／375頁／定価8,800円+税

南シナ海紛争分析の集大成！日本に対する中国の尖閣諸島領有主張をはじめとし、北東アジアの安全保障は、南シナ海における中国の海洋進出と結合している。その中国の行動の本心が、チャイナドリーム実現にあるからである。わが国も、安全のためには南シナ海の状況を座視しているわけにはいかない。入手困難なものを含め、豊富な資料文献にもとづき南シナ海領有紛争の経緯と現状を分析する。

三和書籍の好評図書
Sanwa co.,Ltd.

朝鮮の領土
【分析・資料・文献】

浦野起央 著

A5判／上製／418頁／定価10,000円+税

本書は、朝鮮の領土、国境、領海、海洋主権を分析した関係資料を収めている。朝鮮の領土問題は単なる画定・帰属の域を超え、民族の理解をふまえた十分な理解が必要である。著者自身が、韓国・中国・北朝鮮の生活を見聞して、朝鮮の領土関係の資料集成と分析を行ったものであるが、領土問題の認識ばかりではなく、広く朝鮮を理解する上で役立つ一冊である。

増補版 尖閣諸島・琉球・中国
【分析・資料・文献】

浦野起央 著

A5判／上製／324頁／定価10,000円+税

海洋国家日本にとって、尖閣諸島の問題は日本存続の鍵となる論点である。尖閣諸島をめぐる国際関係史から、各当事者の主張をめぐる比較検討を行い、客観的立場で記述した待望の書。2002年刊の増補版。

日本の国境
【分析・資料・文献】

浦野起央 著

A5判／上製／520頁／定価10,000円+税

領土・領海・領空に関する紛争とその外交交渉の経緯を、日本と相手国そして第三国の各時代の文献や法律条文・外交文書・声明文といった客観的資料を、豊富に掲載して分析するとともに、国境はどのように認識され、成立してきたのかという、議論の土台となる点についても資料をもとに冷静な考察を加える。

三和書籍の好評図書
Sanwa co.,Ltd.

国民国家と憲法

石川晃司　著
A5判／並製／217頁／定価2,100円+税

本書の第1部は、国民国家の形成との関係で憲法や平和の問題をとらえた論説で構成されている。次いで第2部では、日本国憲法を取り上げている。憲法が私たちの考え方や生活の中にどのように息づいているのか、現実の政治や社会の運営にどのように反映されているのか、このような視点で、具体的な問題提起を行った箇所も多い。

立憲主義と安全保障法制

松浦一夫　著
A5判／上製／507頁／定価6,800円+税

同盟戦略に対応するドイツ連邦憲法裁判所の判例法形成！本書はドイツ連邦憲法裁判所による冷戦後の防衛憲法の判例法的形成と、これに基づく安全保障立法の特徴と同盟政策の影響を明らかにしたものである。

「一強多弱」政党制の分析
──得票の動きからみる過去・現在──

久保谷政義　著
A5判／並製／224頁／定価3,500円+税

本書では、長期間にわたる国政選挙の得票行動の分析を通じて「なぜ同じ政治制度が初期の二大政党制と、現在の一強多弱政党制の双方を生み出すのか」という問いを探りつつ、今日のわが国の政党政治に生起している動向・変化の背景を明らかにすることを試みる。

三和書籍の好評図書

Sanwa co.,Ltd.

——国際日本学とは何か？——
内と外からのまなざし

星野 勉　著
A5判／並製／316頁／定価3,500円+税

本書は、国際シンポジウム「日本学とは何か—ヨーロッパから見た日本研究、日本から見た日本研究」の研究成果を取りまとめたものである。

——国際日本学とは何か？——
周恩来たちの日本留学　百年後の考察

王 敏　著
A5判／上製／401頁／定価4,800円+税

日中の交流は遣隋・遣唐使以来、留学の歴史ともいえる。中国で学ぶ日本人留学生は、2014年末で1万7000人。日本で学ぶ中国人留学生のほうは約8万人という。中国人の日本留学生が増えた背景として歴史的な事情のあることはいうまでもない。清国の若者たちが日本への留学のレールを敷いた明治期を見逃せない。当時の資料を検証するにつれ日本側の懸命の努力が浮かび上がってくる。

もうひとつのチャイナリスク
——知財大国中国の恐るべき国家戦略——

依久井祐　著
四六判／並製／237頁／定価1,500円+税

もはや、陳腐な模倣品が横行する「困った国」ではない！中国は、特許・実用新案権・商標権を攻撃手段に変え、日本と世界からカネをしぼり取る「恐怖の国家」へ変貌したのだ！　中国の憲法、法令を読めば、その戦略と対応策が手に取るように見えてくる。

三和書籍の好評図書
Sanwa co.,Ltd.

復刻版
戦争放棄編
参議院事務局 編

『帝国憲法改正審議録 戦争放棄編』抜粋 (1952)
寺島俊穂（抜粋・解説）
A5判 400頁 定価：3,500円＋税
付録／「平野文書」B6判 16頁

改憲派も護憲派も必読！

今、問われる軍備全廃の決意‼

　日本国憲法が施行されて70年が過ぎた。戦後の平和を守ってきた世界に冠たる平和憲法であるが、今まさに憲法論議が喧しい。そこで原点に立ち返って日本国憲法が生まれた経緯や、その意義について「帝国憲法改正審議録」を紐解くのが、その精神を見るのに最もふさわしい。
　「本書はもともと国会・政府・裁判所はいうに及ばず、日本国憲法下の国民たるものは、ひとしく座右に備えて、随時繙くべきもの」（市川正義）というように、すべての国民に座右の書として読んでもらうため、口語体で読みやすく編集した本である。ぜひ、多くの方に憲法を考えるための道しるべとして読んでいただきたいと願っている。

日本国憲法の原点がここにある！
＜衆議院・貴族院の真摯なやり取りが明白に‼＞

☆新憲法は日本人の意思に反して、総司令部の方から迫られたんじゃないかと聞かれるのだが、私に関してはそうじゃない。（幣原喜重郎）

☆政府に対して憲法を改正しろという指令はなかった。（吉田 茂）

日本国憲法施行70周年記念出版